U0672744

本书承蒙

教育部人文社科青年基金（13YJCZH041）

浙江省教育厅人文社科一般项目（Y201329914）

浙江大学董氏文史哲研究奖励基金

资助出版

The Chinese Diaspora Communities in Britain:
In the Case of Chinese New Year Celebrations

春节视角下的旅英华人社群

傅翼 著

图书在版编目（CIP）数据

春节视角下的旅英华人社群 / 傅翼著. —杭州：浙江大学出版社，2017.8
ISBN 978-7-308-17151-9

Ⅰ.①春… Ⅱ.①傅… Ⅲ.①华人—风俗习惯史—研究—英国 Ⅳ.①D634.356.1

中国版本图书馆 CIP 数据核字（2017）第 176668 号

春节视角下的旅英华人社群
傅　翼　著

责任编辑　杨利军
文字编辑　孙　鹏
封面设计　十木米
出版发行　浙江大学出版社
（杭州市天目山路 148 号　邮政编码 310007）
（网址：http://www.zjupress.com）
排　　版　浙江时代出版服务有限公司
印　　刷　杭州日报报业集团盛元印务有限公司
开　　本　710mm×1000mm　1/16
印　　张　16.75
字　　数　301 千
版 印 次　2017 年 8 月第 1 版　2017 年 8 月第 1 次印刷
书　　号　ISBN 978-7-308-17151-9
定　　价　48.00 元

浙江大学出版社发行中心联系方式：（0571）88925591；http://zjdxcbs.tmall.com

序　言

如今，在这个流动性很强的世界里，每个国家都有旅外社群（diaspora），他们在原籍国之外安居立业，形成自己的社群，但是依然与以前的故国家园保持着紧密的联系。这些社群的成员在生活和工作中保持丰富多元的身份认同（identity），因为他们不仅需要在他们安居地的社会、经济环境里斡旋，披荆斩棘地开辟生存发展之道，而且同时还得维持以"家园"（home）为根基发展起来的，联系彼此、沟通家庭及网罗事业的纽带。对旅外社群而言，身份认同经常是对抗的、角力的（contested）。年轻的一代代并不总是和父辈、第一代移民有着共同的记忆，他们似乎更容易适应和融入那种远离祖先和故乡文化的生活里。在语言、宗教及各种文化实践方面的同化程度和适应度的差异会引发旅外社群代际和社会子群之间的紧张关系。

在旅外人民适应与协调安居地的过程中——不管这个安居地是永久的还是暂时的，文化遗产在他们的生活中扮演了一个极其重要的角色。当我们谈起文化遗产，我们往往想到的是建筑和古迹，它们能帮助我们定义我们的环境和我们在其中的位置。但是，文化遗产也可以指家庭使用的、世代流传的可移动的、便携的物品，它们提醒我们那些独一无二的关于"家园"的点点滴滴。照片、装饰品、衣服，甚至厨房用具都可以是记忆之锚，其指向也提醒我们被我们留在身后的文化。这其中，非物质文化遗产发挥着重要作用。在个人和家庭层面，非物质文化遗产就是世代流传的记忆，和故事一样。它也可以是一个食谱或一个特定的家庭仪式，帮助人们理解那些存在着的和消失了的东西。在更加社会化、公共化的层面上，非物质文化遗产是让人们（再）强化其在一个文化群体中的身份认同的核心要素。

节日是被大众普遍认可的、（多数情况下）已经制度化、有明确程式的场合，其允许社群（成员）向更广阔的社会环境表达和展示他们的身份认同——这也是他们参与到更广阔的世界里的一种方式。节日在不同的社会、政治和经济层面上发挥着作用，但对于旅外社群（的成员）来说，尤为重要的是，节日作为一种手段，能使他们在东道主(host)社会中建立关系，增进外界对他们的文化的了解和认同。节日是非物质文化遗产的一种形式，但它能在其标准化的环境之外再现。它经历了一个重大的扩张时期，其反映了全球的流动性和边界的流动性。中国的节日就是一个很好的例子。它最初在中国本土社会产生，如今世界上许多角落都有中国节日的庆祝活动。

现在，在英国，华人春节已经植根于许多都市、城镇的社会和文化生活里。从局外人的角度来看，春节被众多社会群体广泛庆祝，被认为是多姿多彩的、和谐的场合，反映了旅英华人社群(Chinese diaspora)的悠久历史。然而，从这种外部角度来看，我们实际上对华人春节在华人社群内部扮演的角色知之甚少，比如华人春节对于各个华人子群的意义。本书的重要性在于，它开创了对在英举办的华人春节庆典的学术考查的先河，它将旅英华人春节置于一个更为广阔的体现中英关系和所谓的"中国城"发展的历史语境中。傅翼认为，旅英华人春节远不止表达中华文化那么简单，更为重要的是，它是体现高度复杂的当地社群政治(包括子群间的紧张关系和团结)的重要场合，是华人磨合其"杂糅的"(hybrid)身份认同的重要时刻。在针对英国城市——谢菲尔德的华人春节的细致、深入的研究中，她拆解了那些参与举办春节庆典的利益相关者之间的关系，并由此揭示了这些关系是如何反映华人子群之间复杂的权力关系，尤以来自中国内地、香港及东南亚其他地区的华人为例。本书极具洞察力，展现了旅外华人节日的"后台故事"，以此重点揭示了旅外华人社群内部的权力群体之间、代际的冲突与协调，以及当代英国城市生活现实和"想象的中国"(imagined China)两者之间的矛盾。

麦克·罗宾逊教授
英国伯明翰大学铁桥峡国际文化遗产研究院院长
2017 年 6 月 30 日

目　录

插图目录

插表目录

绪 论

一、华人春节和英国的华人社群

对海内外华人来说，春节是一年一度最重要的节日。在华人传统里，春节的庆祝主要围绕家庭展开(Zhao, 1998)，春节是一家人在辛苦工作一年之后齐聚一堂的欢乐时刻。在英国的伦敦、利物浦、曼彻斯特、诺丁汉、谢菲尔德、利兹和纽卡斯尔等城市，春节庆典已演变为当地重要的公共庆典。除了英国，其他国家里拥有较多华人人口的城市也普遍存在类似的公共性春节庆典，比如美国的洛杉矶、澳大利亚的悉尼等(Lau, 2002)。在春节庆祝过程中，当地居民和外来游客可以观看各种文化表演，包括传统的武术、舞龙舞狮、杂技等，还可以品尝中华美食。一些地方政府和旅游组织还将一年一度的春节庆典视为吸引游客、促进城市旅游发展以及发展地方经济的重要途径。① 但是，现存文献中有关旅外华人春节的研究寥寥无几，除了极少数学者在相关研究中对某些节俗一笔带过，比如 Benton 和 Gomez(2001)，Christiansen(1998)。因此，本研究立足于英国的华人春节节俗，将弥补现存华人研究的空白。

2001 年英国的人口普查(Dobbs et al.,2006)显示，在英华人人数已达 243258 人。2011 年的普查中这一数字很可能会显著增长，因为在 2007 年，实验统计的数据已经表明英格兰和威尔士的华人人数为 408800 人(Office for National Statistics,2010)，其涵盖出生于不同国家和地区的华人群体，包括出生于中国、越南、马来西亚、印度尼西亚、新加坡等的华人群体。根据杜维明的观

① 英国旅行社和地方政府的网站往往使用春节来促进各个城市旅游业的发展。可参阅以下旅游公司网站 http://www.worldtravels.com/Cities/England/London/Events (于 2011 年 6 月 20 日访问)，以及地方政府网站 http://www.birmingham.gov.uk/cny (于 2011 年 6 月 20 日访问)。

点,他们都来自于“文化中国”(Cultural China),但是彼此之间的差异非常明显,包括持不同的语言,有不同的移民历史,信奉不同的宗教,等等。Benton和 Gomez(2011)将英国的华人社群和信奉伊斯兰教和印度教的南亚社群进行比较,提出了更为激进的观点,即华人社群往往缺乏一致的身份认同及共同的精神纽带。这些观点往往是基于对经济政治活动、社团活动、移民历史等的研究,无一基于节日研究。依据本研究的结果,如果根据出生地和母语划分,英国的华人社群确实可以分成若干个“子群”(更多论述请参见本书第五、七、八章)。但是,尽管这些“子群”存在着明显的异质性,但他们在组织和展现春节这一共同的节日时却表现出明显的同质性和团结。因此,调查这些异质的“子群”如何在春节庆典中通过合作、妥协实现社群团结、提升社群凝聚力对于揭示英国华人社群的内部机理有着非常重要的意义。

二、研究定位:旅外社群节日研究

传统社会的节日通常与宗教和传统紧密相关(Falassi, 1987; Pieper, 1999),但其在世界各地的表现形式各不相同。现代社会的节日既有可能是由传统社会的节日多年嬗变而来的(如圣诞节),也有可能是人类为顺应社会、政治、人口和经济现实而创造的新事物(如展会或文化节)(Picard et al., 2006)。不管以什么样的形式呈现,节日始终是一种促进社会了解的媒介(Bauman, 1992; Stoeltje, 1992)。很多学者研究了节日和社会的关系,包括:Bakhtin (1984), Eagleton(1981), Eco(1984), Gluckman(1963a), Geertz(1973), Humphrey(2001), Magliocco(2006), Stallybrass 和 White(1986), 以及 Turner(1967)。这些学者的研究为节日与社会权力、冲突、结构之间的关系分析提供了有益的启示。不同于人类学家和社会学家进行的传统节日的研究,有些学者从节日旅游和节事管理(event management)的视角研究现代社会的节日(庆祝),包括:Getz(1997,2008),Larson(2002), Larson 和 Wikström (2001), 以及 Wood 和 Thomas (2006)。这些学者通常关注节事对旅游和经济的影响,以及节事的组织、策划和管理。

尽管关于节日的研究非常丰富,但鲜有针对旅外社群节日的系统研究。现存有限的针对旅外社群节日的研究大多是案例研究,其将旅外社群节日当成特殊的节俗现象,因此,在这一领域还未建立起成熟的理论。旅外社群的节日是一种比较新近的节日形式,与 20 世纪(尤其从 20 世纪 60 年代开始)的国际移民潮大约同时出现(Green et al., 2007)。Getz(2010)曾按话语将节日研究进行分类。[①] 作者参考Getz的理论和方法,将现存有关旅外社群节日的研究按照理论框架和主题分成以下三类。

第一类研究尤其关注旅外社群节日的政治、社会、文化、美学意义和功能。这类研究在人文学科得到了充分发展,例如人类学、社会学、视觉艺术、表演及外国语言和文学(Crichow et al., 2010)。旅外社群节日让移居他国的社群追溯其祖先的历史,表达社群身份认同,创建社群团结(Becker, 2002)。旅外社群节日的庆典还可以成为政治场合,人们在这种场合下表达对自由、平等或反抗的渴望(Ferris, 2010; Cohen, 1982)。同一个节日里不尽相同的节俗往往传递着多元的信息,其反映该旅外群体内部的"子群"在移民经历、宗教信仰、身份认同或(及)与客国的关系等方面存在差异(Eberhardt, 2009; Sinn et al., 2005)。在多元文化背景下庆祝旅外社群的节日是传统的一种嬗变,其是组织化的干预、种族关系的博弈、文化差异模糊化的结果(Johnson, 2007)。例如,狂欢节的多方位的审美形式象征着加勒比地区旅外人民多元的文化形态,这不仅是他们漫长的殖民历史的体现,而且是他们目前进行种族多元化博弈的一种方式(Alleyne-Dettmers, 1998)。这类研究通常使用定性研究的方法,包括民族志、田野作业、参与式观察、访谈和档案文件考察(Avieli, 2005; Johnson, 2007; Bankston et al., 2010; Alleyne-Dettmers, 1998; Jackson, 1992)。

第二类研究注重旅外社群节日与旅游的关系,包括旅外社群节日吸引游客到特定景点,促进城市或地区营销(包括形象树立和目的地品牌化)(Ahmed, 1992; Maclinchey, 2008)。旅外社群节日中民族身份的构建和表征被视作节日营销、创造商业利益的有力工具(Zeitler, 2009)。旅外社群节日的商品化有着正面效应,能增加到访城市的游客数量,促进城市经济发展(Bankston et al., 2010)。

第三类研究聚焦旅外社群节日的管理,包括旅外社群节日的规划过程和利益相关者(stakeholder)(Spiropoulos et al., 2006; Getz, 2010)。这类研究深受节事管理研究(event management studies)的影响。例如,调查如何规划旅外社群节日及其利益相关者之间如何相处。这些研究可以为旅外社群节日管理的从业者提供有用结果(Getz, 2010)。

以上讨论的旅外社群节日的第二类和第三类研究通常既会使用定性也会

---

① Getz(2010)[4] 将"话语"定义成推理和知识创造的结构线,包括理论发展和实际应用。

使用定量的研究策略与方法，但后者应用的频率可能更高（Bankston et al., 2010; Maclinchey, 2008; Spiropoulos et al.,2006）。

就现存文献来看，这三类研究在理论框架和研究方法上泾渭分明，尤其是第一类和其他两类之间。其原因可能在于研究旅外社群节日的政治、社会、文化、美学意义及功能的学者通常对节日的组织和经济效果不够关心。但是，对旅游和节日管理有兴趣的学者将节日定义为娱乐事件，而忽略人们举行节庆或其他社会节事背后的社会、文化原因（Getz, 2010）[4]。但是，就“话语”而言——推理和知识创造（包括理论及应用）的结构化线条，这三类研究彼此之间息息相关。因此，以寻找它们彼此之间的联系而进行的研究很有价值。Robertson, Chambers 和 Frew 在 2007 年已经认识到在节日研究领域进行跨学科话语的研究势在必行。本研究拟从人类学、社会学和节事管理的角度研究旅英华人社群的春节庆典。

有些旅外社群的节日已得到了充分研究，有些则不然。加勒比狂欢节很可能是最受关注的旅外社群节日，如伦敦的诺丁山狂欢节（Cohen, 1982; Jackson, 1987; Ferris, 2010; Alleyne-Dettmers, 1998）、多伦多的加勒比狂欢节（Jackson, 1992），还有纽约布鲁克林的狂欢节（Scher, 1999）。这一现象与西方国家的宗教信仰及其和加勒比地区的殖民关系密切相关。因此，狂欢节往往有相似的主题，其反映了加勒比地区旅外社群在所属的社会秩序中为争取合法权益和提升社会地位不断抗争，揭示了处于从属地位的旅外群体和处于主导地位的社群间的冲突。相比有关狂欢节的研究，对南亚旅外社群和欧洲旅外社群节日的研究较少（Carnegie et al., 2006; Eberhardt, 2009; Shukla, 1997; Bankston et al., 2010; Johnson, 2007）。有关东亚旅外社群节日的研究似乎是最少的，包括日本、韩国和中国的旅外社群节日研究（Avieli, 2005; Newell, 1989; Petrucci et al., 2008）。本研究调查旅英华人社群的春节庆典，将会填补这一空白。

多数研究旅外社群节日的学者都受到了移民研究的启发（Green et al., 2007）。在移民研究里，民族认同是一个热门话题，这是对一个既定事实做出的回应，即当小体量的外族社群移居到体量大得多的（民族）国家的时候，该国家的主流民族意识形态会对这些少数民族群体造成冲击（Cohen, 1982）。什么时候民族认同会成为一个问题？Cohen（1982）认为其通常发生在民族国家里文化群体间互动、甚至发生冲突的时候，尤其是发生在主流民族社群和少数民族社群之间。这种现象同时还意味着旅外社群的节日研究通常在种族关系（race relations）的背景下探讨民族认同，却很少关注旅外社群内部“子群”的民族性。

大多数旅外社群的节日具有构建、表征和强化民族认同的功能(Bankston et al., 2010; Cohen, 1982; Carnegie et al., 2006; Labrador, 2002; Sinn et al., 2005; Becker, 2002; Spiropoulos et al., 2006)。一个旅外社群的泛民族认同(pan-ethnic identity)往往被反复强调。事实上,部分学者已经发现异质性是旅外社群的重要特征,例如加勒比地区的旅外社群和华人旅外社群的节日庆典都表现了多元而非单一的认同(Jackson,1992;Sinn et al.,2005)。但鲜有研究细致、深入地探讨旅外社群的内部环境,例如旅外社群的内部异质性、分层以及这些问题对社群关系产生的影响等。本研究将通过揭示旅外社群内部的复杂性来填补这一空白,具体来说,即在春节的情境下探讨旅英华人子群之间的关系。

三、研究主旨与目标

本研究旨在探讨在英国参与、组织和举办春节庆典的各个华人群体间的关系。因此,本研究需要实现以下五个目标:

(1)确定哪些华人群体组成当地的华人社群并参与、组织和举办春节庆典;

(2)分析这些群体参与华人春节庆典的原因和动机;

(3)分析这些群体在组织和举办春节庆典的过程中是如何合作的;

(4)探讨春节庆典如何影响这些华人群体间的关系;

(5)分析华人群体间的关系是如何通过春节庆典得以表征的,比如表演和装饰。

为实现第一个目标,即确定哪些华人群体参与、组织和举办春节庆典,需要分析各个群体的特征、发展历史及群体之间的关系。Sinn 和 Wong(2005)在研究潮州人和福建人的盂兰盆节的时候,就调查了这两个群体的历史发展(如移民史)和特征(如宗教信仰和社会等级)。Eberhardt(2009)也是先调查了泰国农村和市区的掸族的特征,然后再对他们在同一节日里不同的庆祝活动进行比较、分析。各个华人群体的历史发展与自身特点为解释他们参与春节的原因和动机提供了背景信息。了解这些群体的特征后,还需要对其相同点和不同点加以比较,这些相同和不同可能会影响各个群体在春节庆典以及在当地“整个华人社群”里扮演的角色。

第二个目标是要了解这些华人群体组织和举办春节庆典的原因和动机。传统意义上，春节是以家庭为中心展开的，但在英国，人们在公共场合集体庆祝春节，而且这样的春节庆典往往是多个华人群体共同组织和举办的。本文探讨产生这一变化的原因，旨在揭示这些华人群体组织、举办春节庆典的动机和预期目标。由于各个华人群体的内部结构、移民经历、职业、社会地位和母语都不一样，它们的动机和预期目标也会存在差异。这些差异很可能在群体合作时影响它们之间的关系——这个观点可参见 Larson 和 Wikström(2001)对瑞典的数个节事活动的研究，即参与节事的利益相关者有着不同的利益和目标，这会影响他们在节事活动里的互动和相互之间的关系。

第三个目标是探究春节庆典的组织和举办过程，其可以反映各个华人群体之间的关系。为了实现这个目标，作者跟踪调查了春节庆典的整个组织过程，包括庆典组织机构(及其成员)如何寻求庆典活动的赞助、管理财务、规划和设计庆典的内容与节目、挑选和录用表演人员、宣传和推广庆典活动等。研究人员若想研究社会关系是如何在节日庆典里得以激发和表现的，仅靠在一旁欣赏庆典活动是不可行的，必须融入节日参与者的动态互动中(Magliocco, 2006)，因为只有这样，才有可能洞察组织者如何分担工作任务、履行义务，揭示冲突、合作、权力分配的动力。

第四个目标是评估春节庆典对英国各个华人群体的关系产生的影响。节日研究和旅外社群的节日研究都已考察过(旅外社群)节日和社会关系两者之间的联系。节日研究发现节日可以用来表达对社会权力的反抗，揭示社会冲突，或者促进一个文化社会内部的社群团结(Turner, 1995; Gluckman, 1963b; Magliocco, 2006)；旅外社群的节日研究通常关注旅外社群节日对主导群体和少数群体两者之间的关系具备怎样的功能或影响(Cohen, 1982; Jackson, 1987; Ferris, 2010)。基于此，作者试图探究春节庆典如何影响各个华人群体之间的关系。

第五个目标是分析华人群体间的关系是如何在春节庆典的语境下得以表征的，比如表演、装饰和其他物质文化，这是从人类学和社会学角度出发的传统的节日研究方法。Coyaud(1987)，Magliocco(2006)和 Labrador(2002)等就采用了这种方法，由此得到与春节的表征相关的数据，并将其与另外一组关注春节的组织过程的数据进行对照、复核。数据的交叉比对有助于增加数据的有效性和说服力(Denscombe,1998)。

四、各章提要

本书分为九章，在此简要介绍这九章的内容提要。第一、二、三章为文献综述，讨论现存的节日研究、旅外社群节日研究、移民研究和海外华人研究的相关文献。第四章讨论本研究的研究策略、研究方法与研究伦理。第五章讨论英国华人社群的历史发展和当前概况。第六、七、八章以实证数据为主，探讨华人群体之间的关系在春节庆典中的表征与发展。第九章总结了本研究的发现、贡献和局限。

第一章回顾了节日研究的两种主要思路。第一种思路从人类学和社会学的角度出发，关注参与者在节日里的社会互动，节日的文化内涵、审美符号和叙述话语。采用这种思路的研究大多探讨节日和社群的关系，尤其是节日和身份认同、社会关系、社会结构之间的关系（Gluckman，1963a；Eco，1984；Humphrey，2001；Stallybrass et al.，1986；Geertz，1973）。第二种思路从节事管理的角度出发，关注节事管理。采用这种思路的研究大多发现节日的利益相关者之间有着多重关系，包括合作（Getz et al.，2007；Getz，2008）、冲突（Fjell，2007；Larson et al.，2001）和权力关系（Larson，2002；Spiropoulos et al.，2006）。

本研究旨在探索春节语境下华人群体之间的关系。如果将这些群体放在一个大社会中观察，它们就是某个城市里的“一个华人社群”内部的各个子群，它们组成“一个华人社群”，共同举办春节庆典——这通常是上文提到的第一种研究思路的关注焦点。如果以春节为一个节事语境考察这些子群，它们可以被称为春节庆典的利益相关者——这是上文提到的第二种研究思路的关注焦点。这两种思路下的某些理论和观点都对本研究有益，因此本研究试结合这两种思路来研究英国的华人节日庆典。

第二章是有关旅外社群的文献梳理与讨论，重点关注当代旅外社群的特征。这一章开篇就探讨了旅外人民（群）（diaspora）这一术语在概念上的变化和全球移民的发展。从 20 世纪 60 年代中期开始，国际移民的空间流动性变大，迁居地点的变更也愈加频繁。“永久居住”不再是当代旅外人民的必要特征（Brah，1996；Clifford，1992）。开展“旅居”（Clifford，1992）的人们暂时离开家乡，跨越国界，暂时在别处安家置业的人也可以被称为旅外人民（群）（Brah，1996；Clifford，1992；Shuval，2000）。这些人在客观行为上或心理上都与自己的母国和客国有着联系。因此，在本研究的视角下，与英籍华裔一起参与春节庆典的中国学生和学者虽然是英国的非永久性居民，但也是华人社群的重要组成部分。这一章讨论了华人社群如何组织春节庆典活动以建立本社群与母国、客国的联系，还探讨了这些活动的功能（Esman，2009a；Ionescu，2005）。

第三章回顾了有关海外华人社群的文献。截至目前，大多数学者基于中国城（或唐人街）及华人社团研究华人社群的社会结构及其实践活动（Benton et al.，2001；White et al.，1987；Lyman，1974；Wong，1982；Skinner，1957；Wang，1994；Lew et al.，2004），这是因为传统的华人社群大多聚居在中国城，以华人社团为主要的组织和管理形式。本研究沿用这种方法研究英国的华人社群。但是，当代华人社群积极与母国、客国互动，这与“两耳不闻窗外事”的传统海外华人社群有显著的差异（Wong，1982；Lew et al.，2004；Christiansen，1998）。当代华人社群流动性更高，迁移更频繁，多方向迁移，积极与母国和客国互动；传统海外华人社群最显著的特征是其成员仍然保留着移居海外之前的、与原居住地的华人社会极其类似的社会结构和核心价值，例如他们可以根据姓氏、语言被划分。因此，本研究在考量当代华人社群的社会关系的时候，充分考虑了复杂的外部因素对其的影响，例如国际关系对华人社群的商业竞争的影响（Christiansen，2003）。另外，这一章也对学术界有关华人文化中的“关系”理论的争论进行了梳理，尤其关注其功能和负面影响。“关系”是本书的一个关键视角，本书的第五、六、七章运用实证讨论了在春节庆典的语境下“关系”是如何影响华人社群的生活和社会活动的。

第四章介绍了本研究的方法论。本研究采用案例研究的策略和定性研究的方法以实现研究目标，即分析春节庆典语境里的华人群体之间的关系。本研究以谢菲尔德的春节庆典为主要案例，同时以纽卡斯尔、曼彻斯特、利物浦和诺丁汉的春节庆典为补充（具体原因请参见第四章）。作者通过参与式观察、直接观察、半结构式访谈和档案文件考察搜集数据，之后设计三角验证反复比对这些数据。这一章也介绍了存储和分析数据的方法。最后，作者讨论了本研究可能涉及的伦理问题。

第五章回顾了自 19 世纪中期起英国华人社群的历史，试图为研究春节庆典的诞生和发展提供更广阔的背景。目前英国的华人社群具有以下显著特征：分层清晰（Christiansen，1998；Watson，1977a），与来自中英两国的社会身份多元的人员进行跨国互动（Christiansen，2003；Benton et al.，2011）。由于祖籍是中国香港和内地的华人群体是目前英国华人社群的主要群体

(Dobbs et al., 2006),且在春节庆典中扮演主要角色,这一章对这两大群体的历史发展和特点做了论述。和大多数研究华人社会活动的学者一样(White et al., 1987; Lyman, 1974; Wong, 1982; Wang, 1994; Lew et al., 2004)[①],作者在研究中也以华人社团为基础,调查华人个体和华人群体参与春节庆典的情况。因此,这一章也讨论和分析了英国华人社团的发展历程和功能。由于本研究以谢菲尔德的春节庆典为主要案例,这一章重点讨论了该市华人社群的发展、当地春节庆典的历史以及当地华人社团的活动和功能,这为之后的数据章节(第六、七、八章)的论述提供了背景信息。

第六章探讨了华人群体和社团如何通过协作方式组织、举办春节庆典,包括成立联合机构、寻找赞助商(机构)、招募表演人员等。这一章分析了华人个体、社团和群体尽管拥有各自多元的利益诉求和预期目标却相互协作、共同举办春节庆典的动机,并指出了华人群体的个体成员通过使用私人"关系"寻求赞助,招募表演者,支持春节庆典。在讨论了华人群体组织、举办春节庆典的协作过程之后,这一章还考察了中华文化是如何在春节庆典里得以表征的。春节庆典的表演、装饰构建并象征着不同的华人群体所共有的华人身份认同,这是因为它们都与"文化中国"有着共同的精神联系。此外,这一章还揭示了春节庆典对促进华人群体相互协作的功能和意义。

第七章分析了春节语境下华人群体之间产生的冲突。因为祖籍是中国香港和内地的华人个体和华人群体在组织、举办春节庆典里扮演主要角色,所以他们成了这章讨论的焦点。这一章提出了华人群体组织和举办春节庆典中的三个关键问题,其往往诱发华人群体之间的矛盾冲突:选择哪些庆典内容(节目)与设定哪些人为目标观众;谁能领导春节委员会和代表整个华人社群;如何在春节庆典里分享关系、社会美誉等无形资源。这一章还论述了祖籍是中国香港和内地的两大华人群体如何维护本方立场、与对方斡旋协商及缓解紧张关系。这一章也充分讨论了春节庆典的一些核心参与者(包括个人和组织)在春节以外的场合的活动及彼此间的互动,因为其会影响他们在春节庆典里的关系。这一章最后深入分析了华人群体间的矛盾冲突的根源。

第八章探讨了华人群体在协作组织、举办春节庆典的语境里体现的权力关系。首先,这一章探讨了春节联合组织内部的权力等级,这主要体现在领导权和财务管理权方面。这一章明确指出祖籍是中国香港的华人群体通常在春节联合组织中有更高的权力地位,还讨论了其他群体面对这一局面的态度和

---

① 更多论述请参见本书第三章。

行为。其次，这一章分析了春节联合组织内部存在“紧密关系”和“疏远关系”的划分，并对这种划分于华人社群间的关系的影响予以评估。综合这些论述，作者指出了华人群体在春节庆典中的权力竞争产生的消极影响。

第九章对本书进行总结，综合研究的主要发现和见解，试图为读者提供一幅有关春节庆典中华人群体相互关系的全景图。春节不仅体现而且影响了华人群体间的关系。这一章明确总结了在春节语境下“（私人）关系”体现的正、负面影响，这为“关系”理论提供了独特视角，尤其是针对其对旅外社群产生的正面和负面影响。这一章还讨论了本研究的理论贡献，并为节日庆典的利益相关者提供建议，帮助他们在庆典过程中建立健康（协作）关系。受制于本研究的范围及作者的自然属性（祖籍、母语等），本研究存在一定的局限性，但是本研究对华人群体的相互关系进行了全面分析，为旅外社群的节日研究做出了一定的贡献。

第一章　节日和社会关系

当前的节日研究可以分为三个阵营(Getz,2010)。第一个阵营主要由人类学家及社会学家主导,他们对各类仪式、庆祝、庆典、文化表演和祭祀进行描述与分析。这类研究通常注重社会互动、文化意义、审美符号和叙述话语。第二个阵营针对节庆旅游,探讨节日的经济影响——这种视野下的节日是作为游客和参与者的消费产品而成为研究对象的。第三个阵营针对节日管理,其主要立足于管理学。因为本书的研究目标是探讨华人群体在组织和举办春节庆典过程中的互动关系,所以本章主要从人类学、社会学和管理学角度对节日研究进行文献评述。

本章分为五个部分。第一、二部分立足于人类学和社会学,概述节日概念的演变及节日类型的变迁,从理论角度论述节日和社会的关系,讨论有关节日和社会权力、社群团结、社群矛盾之间的关系的重要问题。第三部分基于管理学的视角,分析有关节日参与者的合作、矛盾和权力关系方面的文献。第四部分则针对目前这两种视角下的旅外社群节日研究,分析旅外社群节日与旅外社群、母国和客国之间的关系,探讨旅外社群节日的表征形式。第五部分为本章的小结。

一、节日的定义和类型

究其词源,英语"festival"一词源自拉丁语 festum 或 feria(Falassi,1987)。Festum 意为"公众欢乐、愉快、狂欢"(Falassi, 1987)[1-2];feria 意为"以向上帝致敬的名义停止劳动、休息"。随着 festum 和 feria 这两类活动的融合,这两个词也逐渐成为同义词(Falassi, 1987)[2]。

在当代英语中,festival(中文译为"节日")有以下几个意思:(1)以特殊纪念仪式为标志的庆祝,如某一个宗教仪式或一年一度的(某一个社群的)名人纪念日和丰收庆祝;(2)宴飨;(3)含艺术表演的文化活动节目,有时是某艺术家的专场表演或特定类型的表演,通常一年一次,每次持续几天或几周;(4)快乐、喜庆、高兴;(5)展会(Gove, 1961;Onions, 1973)。综上所述,英语中的festival所指的节日可分为四类:神圣的宗教节日;社群内部为名人、重要事件或丰收而举办的世俗庆祝;当代的文化节日,如艺术节、电影节、图书节;展会。

在中文里,"节日"这个词最初并没有"庆祝""娱乐"的含义。"节"指的是时间节点,指一个特殊的时间,即节气、节令——这些不同的时间节点反映气候的变化和季节的更替。在古代中国的农耕社会里,一年中的二十四节气告诉人们如何安排农业劳动、家庭事务、社会生活及宗教活动。可见,古代社会里的"节"帮助人们根据气候变化进行时间管理。在那之后,人们逐渐选择一些季节或特定时间,如某一天("日"),举办具有象征意义的社会文化活动。这样,和西方文化里"festival"接近的"节日"逐渐形成并确立了。

当代中国的节日可能有以下几种含义:(1)与农业文化相关的节日,它们的时间大多和节气重合。例如现在农民依旧在意诸如立春、雨水、夏至、霜降、小寒、大寒等节气,因为它们与农业劳动紧密相关,包括播种、灌溉、丰收、收割等;(2)与宗教或信仰有关的节日,如清明节;(3)以对人或事物的纪念为标志的节日,如端午节;(4)社会性的节日,很多具有休闲、游乐的特征,如春节;(5)假日。

Falassi(1987)为节日的类型做了区分,如神圣节日与世俗节日之分,城市节日与乡村节日之分,以及基于社会权力、阶级结构和社会角色形成的节日之分。但是,严格区分节日类型并不可行,因为每种节日类型与其他节日类型常有交叉,即每种类型的节日往往含有其他类型的节日的某些元素。Pieper(1999)认为神圣节日和世俗节日两者之间很难划清界限,在他看来,不管是世俗的节日还是宗教性的节日,其本质都植根于敬拜仪式(ritual of worship)。节日不可能"仅仅源于代表大会的立法或决策"(Pieper, 1999)[34]。"节日似乎是传统的,传统……从最严格意义上来说是这样的一个概念:其是人类接受于一个超人类的起源(super source),然后被毫发未损地传承,接受,再一次传承。"(Pieper, 1999)[35]①

---

① Pieper将英语中的tradition这个词与拉丁语traditum予以联系,说明前者在一个特殊层面上包含后者"超人类"的含义。Howard也论证了tradition和traditum的关系,认为前者源自后者。参见BLANK T J, HOWARD R G. Tradition in the Twenty-first Century[M]. Utah: Utah State University Press, 2013.

在 Pieper 看来，节日正是对"超人类的起源"的不断肯定，这不仅是对神的存在的肯定，而且是对整个世界(一切外部事实和存在)的肯定。该观点在一定程度上有局限性，因为 Pieper 强调节庆中内在的"仪式纯洁"。在 20 世纪 60 年代，Pieper 或许还没能预见节日会像现在这样在全世界遍地开花，种类丰繁复杂，其中有一些是戴着"(传统)节日"的帽子的展会或文化项目。如今，一些古老的节日被"重新发现"，重新创造，再现活力；还有一些节日则是对社会、政治、人口和经济现实的响应(Picard et al., 2006)。但是，重视节日的内在本质依然是非常有价值的，即节日到底庆祝什么，可能是传统，也可能是其他事物。

二、节日和社会

从广义上来说，节日是人们理解社会关系和社会生活的媒介(Bauman, 1992; Stoeltje, 1992)。首先，节日是一种关于社会的表达形式，人们通过这种形式表达对社会的理解和信息(Bauman, 1992)。节日不仅可以传递社会共同价值观的相关信息，还能传达社会内部各个群体的声音，这些群体可能以阶级、性别、年龄、职业、种族等各种因素为标志(Stoeltje, 1992)。其次，节日是输送和获取社会资源的方式(Bauman, 1992)。由于社会成员获取的资源不一样，节日通常能反映社会的层级结构(Bauman, 1992)。正如 Stoeltje (1992)[261-263]所说：

> 节日是一种集体现象，能满足根植于群体生活的需求……因为一个节日让群体成员汇聚在一起，他们就社会本身以及各自在社会内部的角色展开交流。任何想要改变或规范社会生活的努力都会通过与节日的特定关系予以表达。

众多研究节日和社会或节日和群体的关系的学者会围绕节日和社会权力、社群团结、社群冲突的关系进行讨论，但是他们的观点往往不一。下文就这几个方面将一些重要的理论和观点予以评述。

(一)节日和社会权力

很多学者都已注意到节日和社会权力的联系，这类研究关注节日如何涉及并影响正在发生的政治、经济和社会变化。一方面，一些学者认为节日是一个集中暴露社会内部强权专制和社群冲突的场合，失去私有财产、边缘化的社会成员可以通过节日一抒己见，比如 Bakhtin (1984)，Picard 和 Robinson (2006)，Melucci (1996) 及 Gluckman(1963b)等。Bakhtin(1984)认为，狂欢是倒置和越界的场合，是反对等级地位、特权和规范的时刻。Picard 和 Robinson(2006)认为节日以其虚拟的上层建筑塑造或重塑民族和帝国的起源及内部结构，通过成文立法的象征符号和仪式，确立并维护社会的延续和权力的传统结构。按照 Melucci(1996)的说法，节日可以被看作社会活动，体现一种文化的或仪式化的反抗。基于对非洲仪式的研究，Gluckman(1963b)认为节日和狂欢是通过象征性地释放焦虑与失望对业已建立的社会秩序和权力的"制度性反抗"(instituted protest)。

但是，很多学者质疑节日或狂欢在多大程度上会像社会运动、社会变革那样激进，因为它们反抗现存的社会结构和社会权力的方式是短暂的、合法的，且表现和组织形式也是小心翼翼的。Gluckman(1963a)断言节日的目标并不在于改变现有的社会和政治秩序，而在于维持并强化现有的秩序。所以节日、狂欢和仪式只是反抗的形式，而非变革。Eagleton(1981)[148]认为：

> 狂欢节从头到尾不过是获得官方许可证的喜庆活动，一次被允许的对强权的打破，一次受限制的大众情绪的宣泄。狂欢节就像革命性的艺术作品，让人不安，但效果甚微。

与 Eagleton 相似，Eco(1984) 强调，古老的节日往往功在加强专制强权，而不是维护人们突破陈规、变革图新的权利。Stallybrass 和 White(1986)不仅质疑节日在抗议社会权力方面所能产生的政治革新影响，而且声明节日是一个对"更高权力"和"更低权力"二元对立的调解、杂交或混合的过程。同样的，Humphrey(2001)[33-34]基于对中世纪英国的狂欢节的研究，指出节日"不可否认能带来乐趣，但是这是人们当众展示其社会底层地位的场合，它却并没有把人们从任何束缚他们的经济体制中解放出来"。

探讨仪式与社会权力间的关系的研究，通常的视角是节日与社会权力或社会结构的关系，其分析对象是整个社会或民族(国家)的政治形态。在一个等级森严的民族(国家)或社会里，阶级冲突常常会通过节日表现出来。但当我们借由节日仔细观察参加节日的某一社群时，又会发现这个社群里的各个子群及其成员之间存在怎样的关系呢？对社会的阶层分化与相关权力关系的传统分析可否适用于节日语境里这些子群及其成员之间的关系分析呢？除了少数几个学者从这个视角研究节日，例如 Magliocco(2006)探讨了节日组织团队内部的政治(下文会详细分析),这一方面的研究相当贫瘠。还有一些有关节日语境里的权力关系的研究采用了二元对立的两分法,这些对立关系可以体现在参与者与观众(Gauthier, 2009)、组织者与参与者(Bauman et al., 1991),以及观众与表演者(Brenneis, 1993)等上。Bauman 和 Swain(1991)[290]强调节日组织者对权力的巩固:

> 节日是根据权力关系、凌驾于真实性与合法性之上的权力结构,以及对价值观的差别控制组织起来的。节日的表征形式往往巩固了节日组织举办者拥有的权力和权威。他们毕竟是组织、策划和资助节日的人。他们借由节日传播自己的意识形态,将节日参与者视为被动的、物化的交流工具,为其更宏大的信息传播服务。

除了 Magliocco 之外,其他学者还从理论层面来探讨节日语境里社群内部的权力关系,但是这些探讨大多缺乏实证研究的支持。因此,本研究基于实证的田野作业,通过对旅外社群节日的案例研究,探讨英国华人社群内部的社会(权力)关系及其表现形式,试图为这个领域的研究做出贡献。

(二)节日和社群团结、社群冲突

人类学家发现仪式和节日的一大功能是促进社群团结,如 Durkheim (1976),Turner(1995)和 Winthrop(1991)。Winthrop(1991)[247]视仪式为“社会生活的产物,必须通过社会成员的互动模式和集体观念来加以理解”。Durkheim(1976)对澳大利亚的原始宗教生活进行研究后发现,仪式是社会的符号表现,人们定期举行仪式,并不是要带来可能的物质结果,而是要实现它的社会功能——维系社会,比如强化个体的社会性,唤醒社会成员的共同情感,增强集体凝聚力。仪式作为集体的宗教活动,能构建并加强个人与社会的联系(Durkheim, 1976)。Turner(1995)以生活在赞比亚的恩丹布族(Ndembu)为例,说明虽然该族群等级森严,内部的不同群体之间存在冲突,但是该族群举行仪式却证明了恩丹布人持有相同的价值观,而这很可能是解决该族群固有的社会冲突的基础。他认为仪式为社会提供了阈限空间(liminal space)——一个独立的社会空间。在阈限空间里,社会等级可能会被暂时倒置;在仪式进行期间,互有冲突的群体可以建立对所处社会的理解,从而联结在一起(Turner,1967)。按照 Magliocco (2006)的发现,很多研究撒丁岛的传统节日的学者持类似的观点。

以上述研究为基础,一些学者认为节日和节日里的各种仪式可以被视为神话、传奇或民间故事的文本或叙事，包括 Durkheim（1976），Ederhard（1987），Young（1994）。Falassi（1987）认为“这些叙事的主题通常起源于神话、建国或迁居传说、军事胜利，其体现了举办节日的社群拥有的神秘的历史记忆”。这些叙事让社群成员重温其社群的辉煌岁月、苦难或其他历史过往（Beezley et al.，1994；Falassi，1987）。Anderson（1983）认为这些关乎历史或名人的叙事旨在构建社群意识——让人们对自身进行思考，将自身与他人联系，最终将所有人团结在一个“想象的共同体”里。这可以解释为什么在旅外社群的叙事中，例如在有关旅外社群的小说里，文本的潜台词都与“家”（如故乡、故国等）相关（Fu，2005）。这些旅外社群的叙事构建了个人与集体之间的联系。

但是，节日中除了团结，还有矛盾冲突。这些矛盾冲突可能是代际冲突，也可能与性别、语言（方言）、意识形态、历史起源、内部权力分配或其他因素相关。从这个方面研究节日的学者们通常将节日与社会、经济和文化各方面的变迁联系起来，如 Magliocco（2006），Dundes 和 Falassi（1975），Geertz（1973），MacAloon（1983）。Geertz（1973）认为这些矛盾冲突在社会变革的时候尤其明显，因为这个时候传统社会结构受到影响，人们的意识形态发生冲突，社会出现分裂，社会—文化系统与社会系统的发展不相平衡。正如节日可能会暴露阶级冲突，同一社群内的不同子群虽然共同组织节日活动，但却在表达不同的声音，在社群里扮演不同的角色，争取实现各自的利益，创造、重新创造或强化各自的权力，这些都可能会引发社群内的冲突。

（三）节日的形态学和表征

学者们从多元的视角探讨了节日的结构和意义，包括古老的节日及现代社会的节日（Falassi，1987；Bruner，1983；Coyaud，1987；Humphrey，2001；Stoeltje，1992）。Falassi（1987）在分析节日结构时运用了由 Vladimir Propp 建立的叙述理论形态学，后者主要用这一理论研究文本的线性序列。Falassi 认为节日由若干重要模块——“仪式”（rite）[①]组成，就像神话叙事的“情节”一样。每一个仪式都有其功能和象征意义。Falassi 罗列的节日仪式包括净化仪式、过渡仪式、倒置仪式、炫耀性展示仪式、炫耀性消费仪式、戏剧仪式、交换

① Falassi 用 rite 一词来形容组成节日的模块。Rite 的概念要小于 ritual。在中文里，虽然这两者都可以被翻译成“仪式”，但是 ritual 主要指的是宗教性的节日和典礼，rite 是组成 ritual 的模块。

仪式、竞赛仪式、世俗化仪式。[①] Falassi 的理论很适合用来研究中国的春节，如腊月开始的扫尘（净化仪式）、发压岁钱及送礼（交换仪式）、年夜饭（炫耀性消费仪式）及中国中央电视台播出的春节联欢晚会（戏剧仪式）。Falassi 认为现代节日很少包括他所罗列的全部仪式。今天，很多古老的节日都已被分割、简化为若干个节庆活动，每一个节庆活动集中表现一个极其重要的仪式。例如在美国，感恩节的重点是节日大餐，而圣诞节的重点是交换礼物。本研究将揭示英国的华人春节是否有着完整的符号系统，并且说明影响春节庆祝活动变化的因素。Coyaud（1987）运用形态学研究日本节日，他探讨了不同节日发展历程中的"仪式"组合，并分析了"仪式"是如何被组织成一个节日的。类似的，每个"仪式"都有其独特的标志和象征意义。Stoeltje（1992）将节日描述成事件结构，这种方法其实与 Falassi 和 Coyaud 的方法类似——强调节日由不同子事件构成，同时，在 Stoeltje 看来，节日还是社会参与的结构系统，反映出各个子群不同的利益和关注点。

此外，学者们在对节日的分析上还关注物质文化的表征，如装饰、服装、宣传册、合同和节目单。Misetic 和 Sabotic（2006）通过对克罗地亚的斯普利特市的一个街头民俗节日"Days of Radunica"（"拉杜尼萨日"）的研究，证明这是一个集传统和现代元素组合的表征系统。在研究中，他们调查和分析了节日的构成元素，包括名称、宣传媒介、语言（如公开演说）、场馆、表演者和游客的服装、食物和酒水。本书也运用这种方法，选择合适元素，研究春节的表征。

但是，Magliocco（2006）认为，关注社群固有矛盾的学者，不仅需要调查节日表演或节日本身，还需要考察节日的组织过程（如实际会议等）。Magliocco 强调在节日的组织过程中，各类机构和群体的代表明争暗斗，以求在节日里展示各自的价值和认同。而仅靠观察节日表演通常是察觉不到这一点的。因此，在本研究中，作者不仅探讨春节的表征及形态，还考察春节的组织和形成过程。

---

① 净化仪式是节日开始的标志性环节，节日开始需要对日常空间进行净化，也需要空出一段专门的神圣化的时间。如果说净化是节日的开始，那么世俗化仪式就象征节日的结束，其意味着"神化"的时空又转变为日常的世俗时空。

三、节日参与者与关系互动

如前所述，关注节日和社会关系的传统节日研究多考察节日和社群的关系，包括节日的社会功能、节日对于社群的意义等。在这些从人类学、社会学角度出发的传统节日研究中，参与节日的社群往往依据民族、宗教、阶级、性别等社会文化因素被划分。而现代节事研究（event studies）①多从管理学的角度，以职能划分节日参与者（actor）或利益相关者（stakeholder），从而考察他们之间的关系。②

在节事研究领域，传统节日被视为现代节事的一个门类，属于一种节事。每一个节日或节事可以被视为项目（Muir，1986），其特点是关系建立——“关系互动”（Larson et al.，2001），这是因为众多参与者参与到被称为节日的项目中共同使之实现。很多学者认为节日的参与者之间的“关系建立”意义重大，包括 Getz（1997），Long（2000）及 Watt（1998）。Watt（1998）[43]认为，节日的参与者在“关系互动”的项目中工作会“（给节日）带来好处，因为他们各有所长，各有资源，也都能吸引到资金赞助”。研究节日参与者的关系互动的相关文献通常重点考察他们彼此间的合作、冲突和权力关系，如 Jamal 和 Getz（1995），Larson 和 Wikström（2001），Larson（2002），Pfeffer 和 Salancik（1978），Yaghmour和 Scott（2009）。

（一）节日利益相关者之间的合作、矛盾和权力竞争

节日通常需要方方面面的利益相关者进行合作，如政府、非营利组织、商

① “Event studies”在中国有多种译法，包括节事研究、事件研究、会展研究、活动研究等。根据 Getz（2007）的分类，节事研究领域的节事（event）都具有策划（planned）的特点，包括传统节日（festivals）、文化庆祝（主要是神圣性的庆祝）、以纪念文化遗产为标志的时间（如国庆节等）、集会游行、宗教事件、政治和国家事件（如王室婚礼、全球峰会等）、艺术和娱乐活动、有关表演艺术的活动、文学性的活动、视觉艺术事件、商贸事件、会议、展览、会展、（基于 BIE 协定的）世界博览会、教育和科学事件、体育事件、休闲事件、私人事件（如婚礼等）等。

② 尽管在节事研究领域，节事包括节日，但是在大多数从事节日研究的学者看来，节日不能被简单地包括在节事当中，因为节事研究往往从经济学、管理学、公共政策研究等方面考量节事，节日研究主要从社会学、人类学的视角观察节日，两者的理论和研究方法都相去甚远。因此，在下文评述相关文献的时候，如果原文使用“节事”（event）、“节日”（festival）或同时使用两者，作者将尊重原作，不擅自更改。

业公司等(Getz et al., 2007; Getz, 2008)。合作为原来缺乏组织的利益相关者提供了一个组织机制。在这种机制下,每个利益相关者根据协商的规则进行独立工作,但是这不是一蹴而就的,他们需要经历一个允许他们为节日建立短暂规则的过程,并且在这个过程中不断反思和重建彼此之间的关系(Day et al., 1977)。所以合作这个概念的重点在于:合作是一个过程——一起工作的整个过程。这与 Long(1997)[237]对合作的定义——“联合工作”遥相呼应。不同的参与者或利益相关者尽管有各自利益,但为了合作会做出必要的妥协,通过商议寻求合作的共同利益(Trist, 1977)。对于节日的目的和利益,所有参与者需要达成一致,否则无法开展合作(Watt, 1998)。本书中的合作指为了顺利进行春节庆典,个人、组织和群体出于共同利益,就组织和举办春节庆典的相关问题共同做出决策的过程。

此外,那些能够提供资源并将之与他人分享的节日参与者通常能促进合作(Snavely et al., 2000)。一方面,对利益相关者个体来说,合作可以“克服单个机构的资源局限”(Pfeffer et al., 1978)[153];另一方面,为了合作,利益相关者必须能够提供资源和技术(能力),这些资源可以是有形的,如资金或场地,也可以是无形的,如知识、名誉或信誉(Hellgren et al., 1995)。利益相关者之间形成合作关系通常是为了获得或加强对稀缺资源的掌控权(Pfeffer et al., 1978)。由于每个利益相关者能获取的资源不同,他们为同一节日贡献的资源也不一样。利益相关者贡献的资源在节日中会被同化吸收,这个过程就是合作。但是,很少有文献关注稀缺资源的具体含义,利益相关者能获取不同资源的原因,以及不同利益相关者获取资源有多有少的原因。这可能与社群或利益相关者的自身特点相关。有些社会学家在这方面有所建树,作者稍后会做介绍。因此,合作离不开两个重要的动机因素:不同利益相关者共同或共享的利益;分享资源以克服个体资源局限的必要性。

抛开共同利益、目的和目标,节日参与者在策划和宣传节日的时候自然有各自不同的利益(Larson et al., 2001)。Crepsi-Vallbona 和 Richard(2007)强调,当代社会中的文化节日和文化活动已然成为话语场所,人们可以表达自己对文化环境、社会和政治问题的不同见解。政府机构可能旨在发展社会、文化和经济环境,私营机构则会争取从节日中获得经济利益(Getz, 1997)。除了实现共同利益和目标外,节日参与者的互动也缘于他们对实现个体目标的期望(Larson et al., 2001)。当个体目标和集体共同目标不一致,或者个体目标不受其他利益相关者认可时,矛盾就会产生(Larson et al., 2001)。这样一来,矛盾可以被定义为“个体或群体间不相容的行为、看法或目标”(Little et al., 1989)[32]。

Fjell(2007)运用实证方法研究了节日参与者的矛盾冲突。在他看来，现代节日融合了多种观点和意识形态，其举办和组织过程中一定会出现利益冲突。他用两个案例佐证了这一论断：一个是挪威小型的音乐节——“迷失在周末”(Lost Weekend)，另一个是苏格兰设得兰(Shetland)群岛上历史悠久的维京节日——圣火节(Up-Helly-Aa)。起初这两个节日都不以营利为目的，它们的组织者强调节日要体现当地城镇“原汁原味”的特色，试图只对当地社群开放。他们想用节日来捍卫、维系当地社群的传统价值观，因此并没有通过节日谋取商业利益的强烈欲望。但是，节日组织者的这种意识及相应的宗旨、目标和策略与一些节日参与者产生冲突，如媒体、商店经营者、商业机构、政府官员、赞助商等，这些节日参与者希望节日活动能够迎合全国甚至国际社群的需求。与节日组织者相比，这些节日参与者不太关心当地社群的传统价值观，而是想将节日打造成面向全国市场，甚至是国际市场的活动，创造更多的商业利益，而这当然也会给他们带来更多的利益，尤其是商人和政客。最终，当双方都企图在节日中体现各自目标，并扩大自身利益时，冲突就出现了。冲突的两方可以被描述为文化传统主义者和自由化的重商主义者。

有些学者认为在节日组织过程中，除了合作，利益相关者的互动还体现出竞争和权力关系的特征，例如 Gummesson(1996)，Larson(2002)，Larson 和 Wikström(2001)。在合作项目中，参与者会努力扩张权力，以求实现自己的目标，并授予弱势参与者一定的权力(Huxham，1996)。握有更多权力的参与者在开发和营销节日上会有更大的影响力，因此更有机会实现自身利益，例如，他们可能会运用手中的权力互相竞争，吸引观众光顾各自的产品(Larson，2002)。以瑞典 Storsjöyran 音乐节为例，节日参与者采用不同的策略以强化自身高于他者的权力地位，实现个人目标，包括为节日(及其相关产品)把关、谈判协商和构建身份认同等(Larson，2002)。Spiropoulos 等(2006)以澳大利亚悉尼第十届“希腊节”(Greek Festival of Sydney)为例，说明这个节日组委会的两个社群——出生于希腊、移民到澳大利亚的与祖籍是希腊、出生于澳大利亚的不断进行权力竞争以求在节日中成为“旅居澳大利亚的希腊裔移民”的代表。

权力是一个利益相关者拥有的或可以获得的能力，利益相关者能利用权力在一段关系中施加个体意志(Mitchell et al.，1997)，从而“影响他者的决策或行为”(Thorelli，1986)[38]。权力是解决利益冲突的媒介，还会影响利益相关者在何时以何种方式获取何种所得(Morgan，1986)。权力可以被视为一种资源或社会依赖关系(对他者施加影响)(Morgan，1986)。在分析节日这样的关系网络项目时，应该考虑权力这一关键概念。因此，节日和 Thorelli 描述的其他关系网络项目一样，都具有政治性(Thorelli, 1986)。Roche(1994)和 Larson(2002) 都使用政治研究的方法来理解节日的组织和营销。政治过程可以揭示权力所有者在节日规划中扮演的角色(Roche, 1994)。Morgan (1986)对权力来源做了以下分类：拥有正式的权威；掌控稀缺资源；掌控决策过程；控制界限；人际联盟；象征主义。

至于权力和资源的关系，Preffer 和 Salancik(1978)做了如下解释：一个组织对另一个组织的影响源自该方对另一方所需资源的绝对控制，这导致另一方依赖这种资源，缺乏抵消资源或替换资源。对资源的这种控制权在资源稀缺时表现出最大的作用，其体现在诸多方面：资源的拥有；资源的获取；资源的实际使用和谁在控制资源的使用；就资源所属、分配和使用制定规则或进行管理的能力；这些规定的执行。但是，这样一来，权力和资源在某一范围内的集中就会形成权力，其必然结果就是造成集中的对抗势力(Pfeffer et al., 1978)。这就可以解释为什么掌控资源的利益方与缺乏这种控制的利益方会发生冲突。

权力是基于对利益相关者至关重要的资源的控制，其是一种有助于解决利益差异和行为倾向分歧的手段(Pfeffer et al., 1978)。Fjell(2007)[142]在理论上推测文化和经济资本的聚集对于在节日中实现“特定权威的合法化”非常重要，因为其是权力来源。这意味着节日参与者(Fjell 称之为“中介”) 如果拥有更多有效的文化和经济资本，就有更多渠道在节日中树立权威，如在节日管理方面。在组织节日时，他们可以使用权力关系的形式来体现自己的意识形态，如通过竞争、互动、抗争等。

(二)节日的利益相关者

本章前面部分讨论了节日参与者关系互动的一些重要方面。在这一部分，作者将重新讨论节日参与者的定义。从广义上讲，节日参与者通常指节日利益相关者。Freeman(1984)[25]将利益相关者定义为“任何可以影响公司完成其目标或因公司要完成其目标而受影响的组织或个人”。节日利益相关者包括所有参与节日活动的团体：赞助商和拨款人(机构)；社群代表；以及任何受到节日活动影响的人或机构，如政府、非营利组织和公司(Getz, 1997,2008; Getz et al.,2007)。Spiropoulos 及其同事(2006)研究了节日利益相关者的功能，如他们在节日营销、管理或策划方面的功能。Larson(2002)[126]对节日利益相关者进行了详细的分类，具体如下：节日组织者；文艺行业①；传媒业②；地方贸易行业和工业③；赞助商④；公共权威⑤；协会和俱乐部⑥；“搭便车者”⑦。一些文献认为节日利益相关者的定义和分类不是唯一的，可以从多种视角确定节日利益相关者并研究他（它）们之间的关系互动。但是，这些讨论均没有考虑旅外社群的节日的特征。对旅外社群或民族的节日的研究非常有限，而且现存的这类研究大多关注旅外社群的节日在旅外社群现居国的社会文化功能和政治功能，如培养集体精神、集体自豪感和社群身份认同等，Labrador（2002）和 Vahed（2002）的研究就是如此。鲜有学者探讨旅外社群的节日是如何组织和产生的，旅外社群或民族节日有哪些利益相关者，以及他们之间又是如何互动的。正如Spiropoulos（2006）对民族节日研究领域的评论，“民族节日管理”的研究非常有限，如对其利益相关者的确认和区分。

事实上，旅外社群可能是旅外社群节日的主要甚至唯一的利益相关者。旅外社群的特征在很大程度上会影响旅外社群节日的利益相关者之间的关系。因此，不能将对旅外社群节日的研究完全独立于旅外社群的研究，而应该找到两者之间的联系，既要研究旅外社群内部的社会关系，也要研究旅外社群节日的利益相关者之间的关系互动。

四、旅外社群节日研究

旅外社群节日研究是一个相对较新的学术领域，在这一领域还没有形成系统理论。学者们在研究旅外社群节日时，常借用节日研究的相关理论。与节日研究类似，现有的旅外社群节日研究也可以分为三类。

---

① 包括音乐表演者、乐队及其签约人（机构）。

② 代表电视、电台、报纸、杂志的媒体记者。Larson 没有提到网络媒体的记者，但是如今网络媒体的记者无疑也是节日关系网络里传媒业方面重要的利益相关者。

③ 产品和服务提供商创造节日产品。

④ 公司将节日作为营销工具使用。

⑤ 公共权威指地方政府和公共组织。

⑥ 俱乐部成员为节日工作是为了给自己的组织赚钱，而参与节日的俱乐部则会举行不同的活动。

⑦ “搭便车者”指除节日举办场所以外向游客宣传和销售产品或服务的机构。这类机构可以是也可以不是节日利益相关者，因为节日期间这些机构照常营业，从节日中获利。通常他们不是节日组织、策划机构的成员。

第一类研究在人类学、社会学、视觉艺术、外国语言和文学等人文学科得到了充分发展(Crichow et al., 2010)。这些研究大多受到旅外社群研究的启发(Green et al., 2007),通常探讨旅外社群节日的含义和意义,如Carnegie和Smith(2006)对爱丁堡迷拉狂欢节(Edinburgh Mela)的研究,以及Labrador(2002)对夏威夷菲律宾人“爱我母国”节(Pag-ibig sa Tinubuang Lupa)的研究。

第二类研究注重节日和旅游的关系,尤其是节日对旅游业的贡献,包括吸引游客到特定地方,促进地方营销(包括形象塑造和目的地品牌化),为地方经济创造商业利益(Bankston et al., 2010;Ahmed, 1992;Maclinchey, 2008)。比如,由加勒比地区旅外社群组织的伦敦诺丁山狂欢节在其两天的庆祝活动中吸引了超过200万的游客,其消费金额达到大约3000万英镑(O'Sullivan et al.,2002)[325]。其他的旅外社群节日,如布鲁克林、纽约的狂欢节,爱丁堡的米拉节,伦敦的华人春节都已成为主办城市的旅游热点(Carnegie et al.,2006;Fu et al.,2015)。

第三类研究注重旅外社群节日的管理,讨论和探究这类节日的管理、利益相关者如何共同举办活动等(Getz, 2010)。Spiropoulos (2006)对澳大利亚悉尼的“希腊节”的研究就属于这一类。考虑到本研究的目标,作者试图结合节日研究的两种思路——从人类学和社会学的角度与从管理学的角度,它们在过去通常都是被独立使用的。

下文将解释旅外社群节日的概念,分析这些节日的内容,探讨其在旅外社群中扮演的角色。这些问题的探讨将有助于我们了解旅外社群与母国、客国的关系互动,以及旅外社群节日的表征。

(一)旅外社群节日——连接旅外社群、母国和客国

“在不同程度上展现、交流和重建旅外社群文化的节日和事件称为旅外社群节日。”(Carnegie et al., 2006)[255]节日是保留旅外社群传统的一种方式,其提供了一个可以追寻正在消失的移民风俗的机会,这些风俗在人们庆祝节日时会自然而然地展现出来(Mayfield et al., 1995;Spiropoulos et al., 2006)。通过节日,旅外社群的成员们构建、加强或肯定自身的民族身份,并营造社群团结(Kaeppler, 1987;Becker, 2002)。

旅外社群节日仿佛是一座桥梁,不仅将旅外社群的成员连接在一起,而且将客国同宗同祖的旅外社群与更为广阔的国家(民族)文化环境连接在一起(Mayfield et al., 1995)。Labrador(2006)以夏威夷的菲律宾人的节日——

“爱我母国”节为例，证明了新近菲律宾移民，尤其是年轻的菲律宾人，如何以叙事创造并传播他们的社群、文化和身份认同的观点和意识形态。对Labrador而言，这个节日的叙事不仅唤醒了菲律宾人的文化意识和自豪感，将这些菲律宾人与“母国”——可追溯祖先的地方相连，而且讲述了建造跨国“家园”的故事。这个节日的庆祝过程体现了夏威夷的菲律宾人对“自己”的重新思考、阐释、锻造。

民族节日的主题如果与客国相关，通常会涉及反抗、解放或自由等(Cohen, 1982;Ferris, 2010)。大多数对狂欢节的研究都证明了加勒比地区的旅外社群为了获取客国社会秩序内的合法资格和社会地位不断进行抗争，这揭示了处于从属地位的旅外社群与处于主导地位的社群之间的冲突(Cohen, 1982;Jackson, 1987;Ferris, 2010)。近几年，学者们发现旅外社群节日展现了旅外社群与客国社会之间存在多元互动关系，而非简单的“斗争”关系(Cohen, 1982)[24]。例如，Johnson(2007)强调新西兰的“灯节”(Festival of Lights)是传统在多文化背景下的变形，是组织干预、种族关系斡旋及模糊文化差异的综合结果。

(二)旅外社群节日的表征

旅外社群节日研究常会探讨节日的表征问题，如Carnegie和Smith(2006),Labrador(2002)及Spiropoulos等(2006)都做过这方面的研究。在讨论旅外社群节日的表征之前，作者将首先探讨表征的政治性问题，因为其影响了对旅外社群节日的表征的研究。从广义上来说，民族社群的表征有着双重含义。

首先，表征和权威密不可分，其核心问题即“谁”被授予为他者代言的权威(Labrador,2002; Rattansi,1995)。这反过来又指向了民族社群内部及民族社群之间的霸权和权力关系，还点出了叙事、形象和通俗文化在形成集体身份认同方面的重要性(Labrador,2002; Rattansi,1995)。这与Ritchie(1993)[368]就表征的政治性的观点一致，他认为，对于那些被授权的(社群)代表而言，表征是现代的大师叙述(master narrative)，可以同化差异，简化多元性。尽管在西方民主国家中，表征应该包含对少数(民族)社群的个体性和差异性的体现，但它本质上主要是为人口占大多数的社群服务的。

在研究“爱我母国”节的时候，Labrador (2002)对菲律宾人身份认同的分析为讨论表征的政治性提供了实证证据。Labrador(2002)[292]认为，“爱我母国”节的庆祝是短暂的，它仿佛是“某个历史时期特定的权力关系中，一场展现自我归属与外部归类的演出”，在这个演出过程中，菲律宾人的身份认同得以构建，因此这种构建也是临时的、不完整的、有选择性的。在“爱我母国”节中，表征的文化政治从根本上是由叙事者即卡蒂普南（Katipunan）成员反映的，他们有权力控制形象和话语。“一个故事的发生取决于故事是如何被讲述的，其最终会告诉我们故事与哪些人有关。”（Labrador，2002）[302]

其次，表征还指“在资源分配和再分配过程中通常由国家和地方机构发出的声音”（Rattansi，1995）[258]。这第二层含义揭示了民族社群内部和民族社群之间的冲突来源，以及民族群体内部与民族社群之间不对称的权力配置。因此，如果一个旅外社群内部的各个子群资源占有、分配不平衡，这会影响该旅外社群的表征——能使用更多资源的子群很可能有权为整个旅外社群代言。作者将在后文通过案例分析检验这个观点。这个观点呼应了前文有关节日政治的讨论，尤其是节日和社会权力的关系。以前的旅外社群研究忽略了社群内部的权力关系及其表征，本书将就此做出补充。

不是所有研究旅外社群节日的学者都关注政治表征。Carnegie 和 Smith（2006）指出，英国的南亚米拉节（Mela）最初并没有注重政治功能。例如，爱丁堡的米拉节主要庆祝来自印度的人民的传统民俗文化及身份认同，其整合了音乐、舞蹈、时装、美食、电影及其他各式各样的艺术表演（Carnegie et al.，2006）。但是，布拉德福德、莱斯特、伦敦等英国其他城市和地区的米拉节与爱丁堡的米拉节就大为不同，它们与地方政治的联系更明显。

近年来，研究旅外社群节日的学者们非常关注现代化、跨国主义和全球化大背景下旅外社群节日的文化表征。在 Mogliocco（2006）看来，当节日被纳入消费经济时，外来人的多元需求就会改变节日文化表征的杂糅性本质。正是因为旅外社群节日的商品化影响了节日的文化表征，节日里民族身份的构建成为推广节日、创造商业利润的工具（Zeitler，2009）。Carnegie 和 Smith（2006）认为爱丁堡的米拉节正逐渐成为一个展现具有全球化、杂糅化特征的印度文化的窗口。值得一提的是，这里的“杂糅化”（hybridised）强调旅外社群节日拥有丰富多样的艺术形式和文化内涵，这是受多元因素影响的，包括节日的商品化、跨国移民、不同文化之间的互动、公共文化政策的发展及全球化等。因此，此处节日的“杂糅化”不同于 Bhabha（1994）提出的“杂糅化”（hybridisation）的概念，后者主要讨论在后殖民主义语境里种族对立和不平等情况下文化和身份认同的构建。①

文化真实性、纯粹性或艺术完整性也是旅外社群节日研究领域极为重要的问题，其与节日组织者拓展新观众的意图密切相关。文化纯粹主义者可能会反对旅外社群节日存在“杂糅”的文化和艺术的表达与表现。就游客而言，“民族节日在视觉吸引力和盛景效果上做得越成功，就越会将其表现的内容归类为艺术，也越会冒一味迎合视觉享受主义者的危险”(Kirshenblatt-Gimblett, 1998)[72-73]。Macleod (2006) 认为游客参加旅外社群节日的核心原因是受消费纯正(民族特色)商品和体验的驱动。但是，在全球化背景下讨论民族文化的纯粹性何其之难，因为每种文化都与其他文化杂糅、混合。旅外社群在客国里通过节日展现怎样的文化可以反映节日组织者的动机以及他们如何针对市场需求制订策略、做出回应，这也可以理解为节日组织团队在多大程度上希望自己的节日被客国社会接受。

在前文讨论节日和社会的关系的时候，作者曾提到有些学者将旅外社群节日视作文本。Young(1994)[347-348]认为将历史本源等同于“文本”或“厚描”是有问题的，因为历史活动者(历史学家)“扭曲事实(或单纯遵循了他们自己的内在逻辑)，或只能讲述部分事实，而其他重要的能解释事实的元素可能藏在这些文本之下，或已经超越意识、感知、语言所能达到的极限”。据此，Young (1994)[349]认为旅外社群节日仿佛是“文本”，可以被看成是“全部或大部分文化秩序的一个微观世界”，也或者是“重点讲述了部分本质性的组织原则：于细微处见大世界”。Guss(2000)[9]也认为节日“可能会表达多个不同的观点，在时间的长河中其会在宗教信仰、民族团结、政治反抗、民族认同甚至是商业景观之间游移不定”。因此，即便旅外社群节日是选择性地展现事实，其表征仍可以有效反映历史和当代情境。最终展现给观众的“文本”可能永远摆脱不了政治表征，这反映了旅外社群节日的利益相关者与旅外社群内部的各个子群之间包括权力关系在内的关系互动。

五、结　语

本章回顾了节日研究的两种思路——从人类学和社会学的角度和从管理

① 第五章将会探讨“杂糅化”(hybridised)的华人身份认同(Benton et al., 2011)，其反映了华人社群内部的复杂性和异质性。这与后殖民主义的“杂糅”概念也不同。更多细节请参见第五章。

学的角度。旅外社群节日研究领域的发展主要受节日研究理论的影响。通过梳理节日和旅外社群节日的相关文献，本章讨论了（旅外社群）节日、社会与节日利益相关者之间的关系，主要针对这几个方面：权力关系，社会内部的团结与冲突，利益相关者之间的团结与冲突。社群内部、节日利益相关者之间的社会关系不仅可以通过节日本身的结构、表征、含义和功能表现出来，还能在节日的组织和产生过程中得到体现（Magliocco，2006）。

至于节日和社会关系的联系，传统节日研究比较注重节日和社群的联系，而现代的节事管理研究强调利益相关者之间的关系。前者强调节日对一个社群的意义、功能和影响，后者关注节日利益相关者之间的互动。两种方法似乎独立，这暗示着在现实世界中，节日利益相关者是独立于社群的存在，而社群的社会特征（内部子群及阶级或年龄的划分）不会影响节日利益相关者之间的关系。换句话说，节日的社会学、人类学意义与节日的管理学意义没有关系。受此影响，当前的旅外社群节日研究大多遵循两者取一的策略，很少将这两种方法予以结合。但是，实际上，旅外社群与其节日利益相关者之间关系密切。本研究结合这两种方法探讨英国的华人春节。为此，只有首先从社会学、人类学的角度了解旅外社群的社会特征才能解释这些社群为什么以及如何在节日的情境下进行关系互动，后者即管理学层面的意义。因此，下一章将基于当前旅外社群研究领域的理论和研究成果，讨论旅外社群的重要特征，帮助读者在一个更加广阔的社会背景下了解这些社群，尤其是组织和举办旅外社群节日的群体。

第二章　旅外社群、跨国联系和社会权力关系

旅外社群的相关文献有助于我们分析由少数民族社群组织的节日和文化活动(Long et al., 2006)。本书第一章中也提到,社群特征深刻地影响着社群节日。为此,本章会简要回顾旅外社群理论。旅外社群的文献主要集中在移民研究(migration studies)、民族研究(ethnic studies)和文化研究领域,尤其是在后殖民主义、全球化、跨国主义和民族国家的情境下展开的研究(Cohen, 1997;Esman, 1986b; Ma, 2003; Clifford, 1994; Shuval, 2000)。

本章分为五个部分。第一部分探讨旅外社群的概念,并围绕这一概念的争论核心进行讨论,尤其是"旅外"或"流散"的传统内涵在当今社会的适用性,包括旅外社群成员背井离乡的经历,与母国(家园)的联系,以及在客国永久居住的必要性。第二部分探讨旅外社群与母国、客国的互动,以及影响这三者互动的因素,分析旅外社群的关键因素——社会资本,强调该因素对加强社群认同和团结的重要性。第三部分重点讨论旅外社群的社群认同、团结和异质性。社群认同和团结通常被视为旅外社群的重要特征,承载着个体和集体的精神、心理和实际需求。但是,异质性广泛存在于旅外社群,往往或多或少地展现了社群内部的子群间潜在的紧张关系和冲突,以及它们与外界大社会的融合。第四部分主要从理论层面讨论旅外社群内部的权力关系,并说明这一方面还未引起当前的旅外社群研究的足够重视,但本书会对此进行考察。第五部分为本章的小结。

本章基于社会学家和人类学家对全球范围内不同民族的旅外社群的研究,对旅外社群的相关理论进行梳理,探讨当代旅外社群与母国、客国之间的跨国互动,为下一章研究华人旅外社群奠定广义的理论基础。

一、旅外社群的概念

从词源分析，diaspora 一词由来已久。按照 Cohen（1997）的说法，英语中的 diaspora 来源于希腊语，由动词 speiro（散布）和介词 dia（在……上）转变而来。最初，该词指那些因受到迫害和流放而不得不离开出生地的人们（Cohen, 1997）。Cohen（1997），Safran（1991）和 Clifford（1994）等学者认为 diaspora这一概念与犹太人被迫流亡国外的历史有关。还有些学者根据非洲黑人和爱尔兰民族的被迫移居他国的历史，对这一概念进行了进一步的阐释，包括 Cohen（1997）和 Gilroy（1993）。在中文里，diaspora 也有多种译法，包括流散、旅居（社群）等，也有学者直接将之等同于“移民”（migrant）。本书将 diaspora译为“旅外（社群）”，主要原因是 diaspora 这个词已经逐渐抛弃了其原有的消极含义，但是又区别于移民，具体阐述如下。

Ashcroft（1998）提出，旅外社群的传统理解出自于后殖民主义理论家之手。这个词常被运用在殖民主义话语中，体现了“殖民化的核心事实”（Ashcroft, 1998）[68]，指人们或自愿或被迫地从母国迁居到新地方，前者可能因为新地方蕴含新机会，后者可能因为遭受经济或政治迫害。他们的后代成长在一个新的国家，感觉自己与其他社群在文化上格格不入，这一群人就可以被确认为旅外社群，即使这个词没有直接被用来形容他们。参照早前对旅外社群（diaspora）一词的解读，不难发现“旅外社群”这个概念的根源其实是创伤和灾难，正如 Cohen（1997）[177]所说：

> 2500 多年来，“旅外社群”都由一个观念支配着——这个观念强调灾难起源、被迫流散和在居住地遭遇的疏离。

但是，伴随着移居形式的多元化发展，旅外社群的现代理解逐渐突破了其传统定义，被赋予了更丰富的内涵。如今，旅外社群的概念不再仅仅暗示创伤（Cohen, 1997），而是成为一个描述各类人群的“隐喻称呼”，简单说来，旅外社群包括“被流放国外的、被驱逐的政治难民、外来居民、移民及少数民族和种族”（Safran, 1991）[83]。

在有关旅外社群的定义的争论中，一个主要焦点是旅外社群在多大程度上保留与母国的联系。有些学者认为流散的起点“故乡”（或母国）在调解旅外社群代际身份认同上扮演着重要角色（Sheffer, 1986; Esman, 1986b;

Safran，1991）。例如 Esman(1986b)[333]将旅外社群定义为“仍与出生地保持情感或物质联系的少数民族移民”。照此说法，无论是英裔澳大利亚人还是南非的欧洲裔白人，都不能被视为旅外社群，因为他们已建立国家，也在很大程度上断绝了与母国直接的政治和经济联系。Cohen（1997）和 Clifford（1994）认为过于强调起源和返回母国的期望对于定义和理解旅外社群是有问题的。更需要强调的是，旅外社群的身份认同不仅与母国有关，也与客国及居住在其他国家却有着相同民族起源的人有关（Cohen，1997）。所以，Clifford（1994）认为考察旅外社群在客国的生活也是有一定意义的。总而言之，旅外社群的特点在于其与母国和客国都保持着物质或精神联系。

有些旅外社群的母国如果发生诸如国家政权被篡夺、领土遭侵占等变故，这些旅外社群的成员就不可能返回故土了。因此，他们经常会创造一个假想的母国，“以最遥远的方式模拟母国的历史起源和地理风貌”（Cohen，1997）[23]。例如，对于锡克人（Sikh）而言，他们的故乡旁遮普自从被印度人占领之后就确确实实地消失了（Cohen，1997）。尽管锡克人要求建立一个锡克人的国家政权的呼吁没有成为现实，但是他们运用自己对故乡的记忆和渴望，创造了一个可与世界各地的锡克人分享的想象的共同体。在此，有必要提及 Said（1978）和 Anderson（1983）两位学者，他们曾提出“家”和“家乡”不一定就是实实在在的地方或有固定的地点。家可以是 Said（1978）所说的“想象的地理或历史”，也可以是 Anderson（1983）所说的“想象的共同体”，它帮助人们“通过戏剧化地处理近距离事物和远距离事物两者间的差距与区别，增强对自我的理解”（Said，1978）[55]。

另一个争论焦点是旅外社群是否必须是客国的永久居民。Sheffer（2003）[10-11]将旅外社群定义为“社会政治的产物，是自愿或被迫移民的结果，其成员认为自己有着相同的种族或民族起源，以少数民族的身份在一个或多个国家永久居住”。“永久居住”曾被认为是旅外社群不可或缺的属性，但是这种绝对化的观点将临时和中期居民排除在旅外社群的范围之外。这种观点可能适用于 20 世纪 60 年代中期以前的国际移民模式，其主要特征是“永久地、单向地、一次性地从一个国家移居到另一个国家”（Ma，2003）[1]。但近来，移民的空间流动性更大了，所谓的“永久居住”有了更多或大或小的变化。今天，更多的人在进行跨国活动，这些临时和中期居民都应被纳入旅外社群的门类中，因为他们的移居就是一段段“流散旅程”，意味着在“别处”扎根（Brah，1996）[182]，即便他们还不是永久居民。正如 Brah（1996）和 Clifford（1992）所说的，那些离开家园、跨越国界、在新的地方安居或工作的人都是旅外社群的一部分。

Shuval(2000)[41]认为，如今旅外社群这个词的使用颇有比喻意味，它不再单指某一类群体，而是“包含多种群体：政治难民、外国居民、外来工人、移民、被驱逐者、少数种族(民族)及海外社群”。这些群体有一个共同点，就是它们的成员都有在存在差异的文化环境中生存的经历(Hall，1990)。所有的旅外社群都生活在文化的边界地带，与“多孔边界”(porous boundaries)①共享空间体验(Ma，2003)[22]。因此，旅外社群以沟通协商的方式构建身份认同，这体现母国和客国的文化影响及各个旅外社群间的差异(Shi，2005)。Chan(1999)认为，世界各地的华人共享“华人”的身份认同，但是这种身份认同又是一种对全球华人社群内部存在异质性和多样性的认同。在他看来，华人的身份认同不需要国家、王国或政体的界定，它是一种状态——一种不管在任何地方只要有华人(社群)就能得以维持的状态。因此，Shi(2005)和Zweig(2008)两位学者认为美国的华人学生和专业人士属于全球华人旅外社群，因为他们也参与了华人社群的活动——连接母国和客国的活动，并且共享华人身份认同。这些研究表明，旅外社群的传统概念已然受到挑战，该词在现代社会的意义应该更加广泛、全面。旅外社群不一定要被贴上“永久居民”的标签。

以上这点认识对本研究格外重要。本研究涉及的一些春节庆典的参与者，包括华人学生和学者，虽然并不是英国的永久居民，但都与英籍华人一起组织和举办春节庆典，并且与这些人一起共享身为华人的身份认同②。因此，本研究在考察华人春节庆典时，也将他们纳入华人旅外社群中。

仅依据创伤起源、与母国的牢固联系、公民身份和(或)永久居住这些狭窄标准就对旅英华人进行界定是不明智的。正如Sheffer(1986)[9]指出，“较之一个简洁但可能忽视周边具有重要特征的现象的定义”——一个更综合的定义更值得被采用——一个为研究结果服务的可操作的定义。有些旅外社群理论家认为旅外社群理论需要更扎根的研究以缩小理论、历史和实践的差距。例如Clifford(1994)[302]写道：“有时候文本中有关旅外社群理论、旅外社群话语和旅外社群独特的历史经验的论述和描述是脱节的。”Bruner引用Marcus(1994)[424]的话，写道：“这个领域需要的理论必须能构建我们的对象，这样才可以使他们通过田野作业及更为传统的民族志方法得以研究。”因此，本研究除了接受一般化的旅外社群理论——尤其是华人旅外社群理论的指导之外，还

① 这里的“多孔边界”指一个充满了文化渗透的空间。这是为了强调旅外社群生活的空间充满了多种文化的相互影响。

② 更多详细论述请参见第六章。

将进行实证的田野作业,即通过英国的华人春节调查旅英华人社群的具体情态,因为"(旅外社群的)分类和理论构建如若没有实例,都是空谈"(Cohen,1997)。

二、旅外社群的跨国互动:连接母国和客国

如上所述,尽管旅外社群的概念存在一定的争议,但不可否认的是,当代旅外社群有一个非常重要的特征,那就是开展联结母国和客国的跨国活动(Edmondson, 1986;Sheffer, 1986; Shuval, 2000)。换言之,与母国和客国开展跨国活动是当代旅外社群的必备特征。本研究中,旅外华人社群与母国和客国都有着跨国联系。

Edmondson(1986)[167]写了这样一段话:

> 无论何时我们将一个"旅外社群"作为一个分析单位,这个概念就不仅仅与特定的旅外社群的内部事务相关,而且还需要囊括该群体动态的外部关系……从一开始就强调这一点非常重要。

Edmondson 指出,要理解旅外社群,不仅需要考虑社群本身,还需要考虑其外部关系。他认为这里的"外部关系"可以理解为国际关系分析的三个相互联系的层面:外交政策、跨国和国际体系层面(Edmondson, 1986)。尽管Edmondson的观点经常被政治研究领域引用,但其实他的观点对于旅外社群研究也有广泛意义,因为大量研究发现旅外社群不仅仅参与国家和跨国政治性事务,而且参与母国和客国的文化、教育、经济和宗教事务(Sheffer, 1986)。在所有"外部关系"中,旅外社群与母国、客国的关系可以说是最重要的(Shuval, 2000)。

对旅外社群与母国、客国的多向性互动进行系统研究的学者为数不多,Milton J. Esman 是其中一位。Esman(2009a)从政治学视角出发,总结出旅外社群与母国、客国互动的九种类型,并指出旅外社群在国际关系中扮演重要的角色。Zweig,Fung 和 Han (2008)指出"旅外选择"成为将"人才外流"转变为"人才循环"的新方式,旅外科学人才有助于在科技领域将母国和客国连接在一起。这样一来,旅外社群的潜在贡献不仅仅是发展技术和知识,还包括为海外移民建立社会专业网络(Meyer et al., 1999)。Ionescu (2005) 明确指出旅外社群通过调动人力、社会、情感、财政和地方资本等五类资本,已经在现实

层面成为帮助母国和客国发展的代理人。政府应该对旅外社群拥有的这五大资本进行管理，建立旅外社群与母国、客国的跨国合作，力求创造三方共赢的局面（Ionescu, 2005）。

当前旅外社群与母国、客国的互动关系的研究有三个特征。首先，很多学者关注旅外社群和母国的联系，而非旅外社群与客国的关系（Cohen, 1997; Sheffer, 1986）。这解释了一个既定事实，即长久以来旅外社群和母国的关系被广泛认为是旅外社群活动的核心（Cohen, 1997; Edmondson, 1986）。但是，这在现代社会未必是事实。其次，大多数研究主要关注旅外社群对母国的经济和政治的影响，而旅外社群带来的社会文化影响容易受到忽视（Sheffer, 1986; Djuric, 2003;Ionescu, 2005）。再次，大多数研究强调旅外社群的跨国活动对母国、客国和其本身是利大于弊的（Brinkherhoff, 2006）。

旅外社群进行的活动能在旅外社群与母国、客国之间搭建起桥梁，这些活动的范围和深度由三个因素决定：旅外社群调动个体及组织可用资源的能力；旅外社群的意向或动机；环境因素，包括母国和客国的两国关系，母国对旅外社群或客国对少数民族人民的方针政策（Brinkherhoff, 2006; Esman, 1986b）。这里主要考察前两个因素。第三章和第五章则探讨影响英国华人社群跨国活动的情境因素，包括中国的海外华人政策（第三章），英国的移民和种族关系管理政策，以及中国和英国地方城市的互动（第五章）。

（一）社会资本：调动旅外社群、母国和客国的资源

Brinkherhoff (2006)[11]指出旅外社群调动资源的能力可以在网络理论和社会资本理论中得到部分解释："有普遍共识的是，有效调动（资源）的必需要素是创造团结和集体认同。"整合社会资本或建立牢固的网络关系能创造共享的身份认同，激发集体行动（Brinkherhoff, 2006）。除了旅外社群里个体的能力（个人的处理人际关系的技巧和经验），社会资本对于旅外社群的集体行为也是很重要的，因为其有助于管理多种资源（物质资源、技能、组织资源）和能力（Brinkherhoff, 2006）[11]。在 Brinkherhoff 看来，一个旅外社群是由各种各样的网络构成的，社群成员不仅为社群贡献自己的观点、技能和资源以求赢得集体成就，同时也在追求能够体现社会资本连接的多元网络结构。这样说来，对于了解旅外社群调动资源的活动，社会资本是一个非常重要的概念。因此有必要在此对社会资本的含义进行分析。

在 20 世纪 80 年代，Bourdieu（1986）[249]提出了社会资本的概念，并做了如下定义：

> 社会资本是实际的或潜在的资源的集合体，这些资源与拥有一个持续的网络紧密相关。这一网络或多或少体现了机构化的关系，网络中的个体之间是彼此认识、互相认可的——换句话说，即拥有一个集团的成员资格——使集团成员们获得了集体资本的支持，这是一个可以为他们赢得声望的凭证。

1995 年，Putnam(1995a, 1995b)根据自己长期的实证研究和大量有关美国社会的定量数据，普及了社会资本的概念。他认为，社会资本与社会联系及与之共生的准则和信任相关，可以通过开放的、集体的、合作的网络得到，它使“成员高效共事，追求共同目标”(Putnam, 1995b)[664-665]。在这层意义上，社会资本与“公民参与”高度相关，他认为这种参与体现“人们与他们的社群生活之间的联系”(Putnam, 1995b)[665]。换言之，社会资本只能通过与他人的某种关系才能得到累积。个体、协会、团体和社群都可以从社会资本网络中获利(Putnam, 1995b)。社会资本不是越用越少，而是随着成员参与度的加强不断增加(Ostrom, 2000)。这样一来，建立和加入旅外社群组织及参与社群活动都可以被看成是发展社会资本的途径。Brinkherhoff(2006)[12]指出：“旅外社群的发展体现社会资本的连接，这通过各类旅外社群协会或更正式的组织得以实现。”Arcodia 和 Whitford(2007)的研究证明了通过不同群体的合作，节日庆祝可以增加主办方社群的社会资本。

Bourdieu(1986)[249]认为，社群成员的身份或社会资本带来的利益是“物质的，如关系带来的各种服务，同时也是象征性的，如那些通过与罕见的但负有名望的群体建立联系而获得的”①。这就意味着，首先，社群成员可以获得群体中其他与他(她)相联系的人提供的服务(本书中称为资源)。其次，社群和其成员间的关系是双向的。在理想状态下，个体参与者为社群带来的资源越多，社群拥有的社会资本就越多，每个社群成员获得的利益也就越多。此外，社会资本的网络越大，社群的社会资本就越多，每个社群成员获得的利益也就越多。由此，我们联系旅外社群与母国、客国之间的关系，可以推断如果旅外社群将社会资本网络从本社群拓展到母国和客国的社会，该社群就能聚集和调动更多的资源，其成员也能获得更多的利益。Cheung(2004)对印尼华人社群的研究就是证明这个论断的一个很好的例子。在 1997 年以前，印尼排名前

① Bourdieu(1986)以名流俱乐部为例。这类俱乐部由各种各样的群体组成，包括“某个罕见的、负有名望的群体”。因此，俱乐部成员可以从这个“罕见的、负有名望的群体”获得象征性利益，即便他们并不属于这个群体。

十位的商业集团中有九个是由印尼华人掌控的，那个时候华人社群在印尼拥有突出的经济实力。这一现象产生的本质原因是印尼华人的社会资本的发展。首先，他们高度团结。其次，他们将网络拓展至印尼当权，增加自己的社会资本，这使得他们通过“恩庇—侍从关系”(patron-client ties)打造自己的经济王国(Cheung，2004)[669-671]。

Bourdieu(1986)从理论上探讨了社群内部的合法代表和代理垄断、盗用社会资本可能带来的影响。在他看来，一旦个人或小群体成为一个大群体或社群的代表，其就有权集中社会资本，甚至有可能盗用这些资本。该论点强调社群代表的地位有助于垄断社群资源。代表和代理也是旅外社群普遍的现象，通常有个人或领导社团两种形式。本书的数据分析章节(第八章)将会以华人社群为例，用案例分析证实 Bourdieu 的理论探索。

(二)旅外社群的动机

旅外社群试图连接社群与母国、客国的动机大多来源于社群本身，可能出于个体成员的倾向，也可能出于社群身份认同激发的集体意向(Brinkherhoff，2006)。Esman(1986b)就曾指出，旅外社群或其成员用来连接社群和母国的活动往往是非正式的，而且一般都出于个体动机和渴望。如果旅外社群行为的动机被解读成加强团结、发挥集体影响的渴望，那么动员(行动)的能力就指旅外社群集体意识的存在(Brinkherhoff，2006；Esman，1986b)。这正好与上文探讨的社会资本相呼应，解释了旅外社群为什么要发展社会资本以重申社群身份认同，进行集体行动。

这部分从理论视角展现了旅外社群与母国、客国的互动关系，这与旅外社群调动资源的能力及动机相关。通过发展社群的社会资本，旅外社群能提高在社群内部甚至是从社群外部调动资源的能力。构建并增强社群的身份认同与团结是激励旅外社群与母国、客国进行集体互动的重要动机。

三、旅外社群的社群认同、团结和异质性

旅外社群成员通常有着较强的社群认同，Cohen(1997)指出：

> 所有旅外社群成员都在其出生地(或假想的出生地)以外的地方安居，他们都意识到“那个古老国家”——一个深埋在语言、宗教、习惯或民俗中的观念——总会要求他们(对其)保持忠诚与感情依恋。这种要求在

特定环境或历史时期里或强或弱、或直截了当或遮遮掩掩地表达出来，但都体现了旅外社群成员与过往移民历史无法割断的纽带，以及与有着相似背景的人共享的民族感。

Cohen(1997)强调，旅外社群成员有着很强的社群感，与同一地区的民族同胞紧密团结。与其类似，Tajada 引用 Bordes-Benayoun 和 Schnapper 的话，认为旅外社群这一概念的有效性就是源于团结的价值，而团结是通过逾越国家界限的集体认同表达予以体现的。强烈的社群意识的发展，根深蒂固的集体凝聚力，是旅外社群的关键特征。

这种强烈的社群认同和团结一般是基于旅外社群对其家园的依附，无论这个家园是他们真正的出生地，还是假想出来的。对于世界各地最初几代的旅外人民来说，与家园维持情感依恋和心理联系是一个普遍现象。很多旅外作家都会通过诗歌和小说等虚构作品来表达对故乡的怀念，重寻社群认同感。例如，一位乌兹别克斯坦作家写的《故乡》一诗就唤起了同胞们对逝去故园的乡愁(Barrett，1973)[31-32]：

噢，故乡，你是那快乐之源……
当你一切安好，我的内心充盈着快乐和满足，
当你一切安好，世界的光辉在我的灵魂里跳舞。
当太阳把头埋入你夜晚的地平线时，
我含着欢喜之泪，把头倚在你的胸前……
理解你骄傲的那一刻，我多么欢喜。
你的爱占据着我的内心，
你的爱成了我心中的乐曲，
若没有这乐曲，我的灵魂会多么悲伤孤寂……

较之第一代移民，想象的故乡对第二代、第三代移民而言更重要，他们可能与家乡的祖先已无实际联系，往往与想象中的家乡——“想象的地理或历史”或“想象的共同体”构建精神联系，这将旅外社群的成员团结在一起，尽管“他们可能永远不会认识其他社群成员，不会相遇，甚至不会听说彼此，但在他们心中都有与对方沟通的画面”(Anderson，1983)[6]。无论个人还是集体，都能感受到对家乡或想象的家乡的怀念或向往。

为什么旅外社群会构建社群团结？除了有对事实家乡或想象的家乡的精神和心理怀念外，还有实际原因。Esman(1986)[149-150]用两个理论来解释为什么大多数旅外华人坚持维系自己的民族身份认同和社群团结，即使是在东南

亚面临着被客国文化同化的巨大压力的时候。其原因之一在于华人担心即便他们放弃华人的文化认同,也可能会被客国社会边缘化和被拒绝进入客国主流文化,这反而增强了他们对母国文化的忠诚。另一个原因是他们有可能因为过度被客国文化同化而失去与华人企业的联系,从而付出经济代价。

旅外社群的社群认同和团结也可以在客国社会构建,还可以与散布在其他国家的同民族同胞共同构建(Cohen, 1997)。旅外社群的团结归因于个体和集体的精神、心理或务实因素。但是,这种团结必须是集体而非个人的。旅外社群只有团结才能维持和增进社群成员之间持续的接触,这些接触包括政治、经济、社会或(和)文化方面。有了这些接触,旅外社群才能有组织地开展活动(Sheffer, 1986)。旅外社群的社团活动是一个引人瞩目的展示旅外社群的团结、表达旅外社群的社群认同的方式(Brinkherhoff, 2006)。旅外社群还设立专门的组织以增进社群内不同子群间的团结,在母国和客国促进并维护子群的语言、文化、宗教和经济利益(Sheffer, 1986; Kumar, 2004)。Brinkherhoff(2006)指出,形成旅外社群组织可以鼓励身份认同的表达,而且以母国的名义承办活动可以加强这种表达。

有些学者强调,当代旅外社群在寻找并创造多样化的社群团结(Abdel-Hady, 2004)。Abdel-Hady(2004)以全球化为背景对纽约、蒙特利尔和巴黎的黎巴嫩裔旅外社群进行研究,发现这些黎巴嫩移民从属于不同的社群集团——从属于他们的母国、客国及更广泛的旅外社群。因此,Abdel-Hady 指出黎巴嫩移民在寻找并维持促进全球团结的多种形式,这与 Gilroy(1993)对旅外社群的身份认同的看法一致,尽管后者仅仅考察了旅外社群与母国、客国的联系。旅外社群的身份认同产生于“(至少)两种伟大的文化集合体之间,这两种文化在当代社会的进程中形成,也在当代社会的进程中变化,并进行着新的结构重组”(Gilroy, 1993)[1]。可以看出,多数研究注重旅外社群的社群凝聚力和团结。这种团结通常基于旅外社群成员们与“家园”有着共同的物质和精神纽带、相似的移民或游历经验,以及在客国可能相似的生活。但是,旅外社群的团结并不是绝对的。

正如 Louie(1997)发现,旅外社群内部的异质性是显而易见的,但是多数旅外社群研究忽视了这点。旅外社群可以按照阶级利益,在客国的居住时间,子群的民族性、宗教或种姓起源分类,这些因素会引发目标和策略冲突(Esman, 1986b)[343]。与之相似,Helweg(1986)通过研究世界各国的印度裔旅外社群指出,旅外社群的子群对民族家乡的含义有不同的理解。Kumar(2004)的研究显示了全球达利特社群如何构建社群团结,但是也揭示了印度裔旅外社群中达利特人和非达利特人之间的种姓歧视。Esman(1986b)将马来西亚的华人社群分为三类，即共产主义者、资本主义者和他们的客户，以及城市中产阶级专业人士，他指出这三个子群出于不同的倾向和动机来维持社群团结，促进自身利益。Smith 和 Wilson(1997)[845] 对旅外社群的社群团结的理解如下：

> 旅外社群的社群团结不是与生俱来的，而是一种象征性构建，决定它的是调度资源的实践经历及旅外社群的各个发言人彼此竞争的过程，后者是为了获得定义旅外社群身份认同的权力。

但遗憾的是，大多数学者并未分析旅外社群内部异质性的影响，这在作者看来是旅外社群现存研究的缺陷。正如 Garapich(2008)指出，在探讨移民的公民参与和社群构建时，需要考虑旅外社群内部的异质性、冲突和身份政治等问题。因此，本研究除了考察已经广泛受到关注的旅外社群的社群团结之外，还对这一方面进行研究。

四、旅外社群和社会权力关系

之前讨论过，除了对母国和客国的关系进行理论研究外，研究旅外社群政治、国际关系和跨文化等方面的学者也纷纷开始考察在母国和客国社会中旅外社群和权力的关系(Tsagarousianou，2004；Torres，2001)。

在后殖民背景下，学者们普遍认为旅外社群在客国处于社会的边缘空间里，如 Ashcroft(1998)和 Ang(2001)。Ang(2001)[9] 描述自己的父辈在 20 世纪 70 年代时背井离乡，努力融入现代西方社会中去："不仅是因为这样有望踏入舒适、富足的安全世界，更重要的是还可能实现社会上升(upward mobility)。"尽管后殖民时期大多数移民将"社会上升"视为生存之道，但这并没有改变他们处在社会最底层的现实。此外，基于对美国的古巴移民的历史和生存环境的研究，Torres(2001)提出，这一旅外社群在母国和客国社会都处于边缘地位，社群成员离开家乡意味着他们被排除在母国的权力结构以外，因此，他们必须为民主化而奋斗。

这些传统的有关旅外社群和社会权力关系的讨论主要针对的是民族国家里的层级权力结构，在这样的民族国家里，特定的旅外社群相对其他社群来说是一个整体。但是，民族群体内部的分割俨然一幅权力形态图，如果一个子群被另外一个子群体称作“他者”,就意味着等级结构的存在(Garapich,2008)。Garapich(2008)指出,如果人们认为一个旅外社群是有界实体,这不仅将社群内部的权力关系合法化、固化,而且还否决了社群里个体质疑既定社会结构和主导话语的能力。因此,旅外社群中存在的一种普遍现象就是子群间就权力关系进行斡旋,在旅外社群内部加强自身权力地位。但这一现象还未引起足够的重视。

近来有少许实证研究开始关注旅外社群内部的权力关系。Garapich 曾就英国的波兰移民展开过民族志调查,分析了两类移民——出于政治原因移民的老一辈人和出于经济原因移民的年轻一辈的意识形态,正是他们相去甚远的意识形态确立了波兰裔在英移民的等级结构。他还指出,这样的既定权力关系正受到新移民潮的挑战。Bhattacharya(2008)对纽约的印度裔旅外社群开展的研究表明,印度社会阶级结构被印度裔旅外社群移植到了纽约,这决定了该社群内部子群间的社会权力等级结构——印度裔雇主和印度裔服务劳工。但是,整体而言,这方面的研究还不足。本书将通过探讨英国华人社群间的权力关系,试图填补这一领域的空白。

五、结　语

由于旅外社群的特征会影响旅外社群节日的组织和举办,本章回顾了旅外社群研究的相关文献。一直以来,提起旅外社群,人们通常会关注社群成员背井离乡的痛苦经历、与家乡持续的情感联系和在客国的永久居住状况。但现在我们需要更新视角了,我们还需要考虑文化差异和身份政治(Clifford,1994),因为旅外社群有多种类型,不同社群的成员的迁居(移民)过程各有不同,与家乡(现实层面的或想象的“家乡”)和客国的互动也呈多元化。

构建旅外社群、母国和客国间的跨国联系是当代旅外社群的显著特征(Shuval, 2000)。而旅外社群调动可用资源的能力、倾向或动机都会影响这种互动(Brinkherhoff, 2006; Esman, 1986b)。凭借社会资本,旅外社群可以发展社群的内外关系网络,获取资源渠道,但这还需要普遍的集体认同和团结。同时,旅外社群内部的异质性也是显而易见的(Esman, 1986b; Helweg, 1986; Kumar, 2004),其可能会带来一些冲突、紧张局势和权力竞争,这在现有研究中还未得到全面分析,本书将填补这一空白。下一章将专门讨论有关旅外华人社群的研究。

第三章　旅外华人社群

由于旅外社群的特征会影响旅外社群节日（第一章），第二章对旅外社群进行了理论探讨。本章着重讨论旅外华人社群的相关研究，考察旅外华人社群的历史发展及其在当代社会的特征。

自20世纪60年代起，随着华人移民形态和出游经历发生变化——这与第二章中提到的这个时期全世界移民态势的新特点基本相符，学者开始采用“旅外华人”（chinese diaspora）一词（Ma，2003；Pan，1999；Skeldon，1994）。在该词未成为被广泛使用的学术词汇前，“海外华人”和“华侨”被使用得较广泛（Cheung，2004；Wang，2003a）。“旅外华人”与“海外华人”“华侨”相比，前者更强调离开母国的人们在客国形成的自身特征，后者更多的是揭示移民与母国的联系（Cheung，2004；Wang，1991），且不包括还未获得客国公民身份的人群，如华人学生和学者（Christianse，1998）。“华侨”一词带有更强烈的爱国思想（Cheung，2004；Wang，1991）；“旅外华人”一词强调跨国活动体现的空间性和暂时性，符合全球化背景下旅居的模式，这是“海外华人”和“华侨”这两个术语无法体现的（Cheung，2004；Sum，1999）。正如第二章的讨论，当代旅外社群的主要特征是与母国、客国进行跨国互动，这也解释了为什么本研究主要借鉴旅外社群的相关理论。本研究中的旅外华人（社群）指居住在海外并开展跨国活动的华人个体（社群）。

本章分为四个部分。第一部分讨论传统旅外华人社群的特征。第二部分分析当代旅外华人社群的特征和结构，尤其关注中国城（即唐人街，下文统称中国城）和华人组织的功能转变、旅外华人社群的构成和其进行的活动。与世界各地其他民族的旅外社群一样，当代旅外华人社群与母国、客国都有着积极互动。这部分还讨论并分析“关系”作为一种调动资源的方式如何在旅外华人社群里发挥作用，阐释了“关系”和“社会资本”之间的联系。第三部分主要讨论旅外华人社群的团结和子群间的潜在冲突。第四部分为本章的小结。

一、20世纪中期之前的传统旅外华人社群

由于东南亚和美国的华人移民历史比欧洲的华人移民历史更悠久，华人数量也更多，所以传统的旅外华人社群研究多集中在这两个地区。这些研究可以分为两类。第一类研究将旅外华人社群视为中国境内传统社会的延伸或移植(Crissman, 1967; Lyman, 1974; Skinner, 1957; Wong, 1982)。第二类研究认为旅外华人社群的社会结构或其他特征较之传统中国社会的社会结构和特征已经发生变化(Willmott, 1960)。传统中国社会的特征可以从人们的出身、地域和职业的区分得以体现，它们是一个城市(镇)里各民族社群开展生活要遵循的原则(Crissman, 1967; Benton et al., 2001)[①]。

第一类研究通常以中国城为基础，考察华人活动和旅外华人社群的社会结构，揭示旅外华人社群和中国国内社群在社会结构上的高度一致性。Lyman(1974)指出美国的华人社群的最显著特征是将19世纪中国故乡的文化、机构和社会组织都移植到了新的安居地。根据对美国的中国城的社团研究，Wong(1982)[13]指出每个中国城的华人社群是由不同社团组织的，而其根据是"早期华人移民在中国的时候(成立和经营)社会组织的传统准则"。Wang(1994)[②]基于对东南亚的华人社群的研究指出，中国城里城市化的商人和工匠在移居到新的国家后，仍然保持着传统的中国核心价值观。Skinner(1957)研究了泰国的华人社群从18世纪到20世纪中期的发展，并相信这一研究对理解中国大有帮助。

1967年，Crissman调查了东南亚和北美的中国城，这是他进行的旅外华人研究的一部分。他指出，划分旅外华人社群有两大准则——方言(与在中国的出生地相关)和姓氏，尽管这些社群"在表面上特征不一"(Crissman, 1967)[185]。他认为，对旅外华人社群进行社会分类的普遍模型并不是偶然出现在外国社会的，而是来源于中国本土的社会结构。例如，中国南方地区的乡村社群的社会结构及其成员之间的关系在移民后仍保持原样。对旅外华人社群

① 另外，Crissman(1967)认为传统华人社会包括多个自治民族社群，城市文化、乡村文化和高雅文化间有一定的界限。

② 即王赓武，因为作者参考的是其英文著作，为保证引用的一致性，在本书正文里使用其英文名字，在本书的参考文献中使用其英文原著的文献出处。后文对杜维明及其著作的引用也是如此。

的结构的分析可采用自下而上的方法，例如可以从一个乡(村)的社群到类似联合组织这样的稍大社群，再到方言社群，最后到整个华人社群。此外，在这样一个分割的社群结构里，还存在着组织的等级结构(Crissman，1967)。

Willmott(1960)是第二类研究的典型代表，他认为旅外华人社群的特征与其最初的几代移民所在家乡的传统中国社会的特征相比已经发生了翻天覆地的变化。Willmott 的研究针对的是印度尼西亚爪哇岛的一个重要商业城市——三宝垄(Semarang)的华人社群。他发现，1955 年，该城市的华人数量占城市总人数的 1/6，是当地人口最多的少数民族。Willmott 将三宝垄的华人社群分成两大群体，即土生华人(出生在当地的华人)和新客华人(出生在其他国家的华人)。他不仅考察了这两个群体的社会、经济特点和教育成就等内部特征，还基于对两者声望、权力和彼此关系的分析，考察了两者的差异性。他的研究发现三宝垄华人社群的社群结构与传统中国社会的结构存在很大差别，例如两者在社会声望和权力等级上就不一样。

作者认为，要想回答旅外华人社群是否还保持着传统中国社会的所有特征的问题绝非易事。在多数情况下，旅外华人社群和传统中国社会之间的确存在联系，因为早期华人移民在迁移海外并定居后，仍然保持着传统中国社会的社会形式，这无疑会影响他们的后代。但是，由于受到客国社会的影响，旅外华人社群也摆脱了一些传统中国社会的特征。就 Willmott 的研究而言，尽管印度尼西亚三宝垄华人社群的社会声望和权力等级发生了变化，但这些华人社群还是保留了传统中国社会的一些主要特点，例如可以根据方言将华人社群划分成不同子群，尤其是在新客华人社群内部。

尽管这两类研究的观点相左，但两者都强调旅外华人社群有着内部分隔的特征，尤其是根据方言和相应的社会组织进行的社群划分，这不仅影响组织间的关系，还可能会造成行业垄断①，影响华人社群内部子群间的关系(Crissman，1967；Skinner，1957；Willmott，1960)。因此，对于泰国、印度尼西亚和美国的早期华人社群来说，社群划分(例如根据方言和祖籍进行划分)与社群里人际、组织间和群体间的关系密切相关。本研究考察英国华人社群的内部分隔及其对社群关系的影响，第六、七、八章对此有进一步的论述。

值得我们思考的是，为什么大多数学者，尤其是那些讨论和分析中国城的学者都强调旅外华人社群和传统中国社会的相似点？这主要是由 20 世纪中期之前旅外华人社群的特征和中国的海外华人政策决定的。在此之前，大多

① Crissman(1967)和 Skinner(1957)认为，在传统的旅外华人社群里，职业一般与地域和姓氏相关。

数华人移民都出生于中国农村地区，出于经济原因被迫离开家乡（Pan，1999）。他们受教育程度有限，外语水平欠佳，移居海外后，主要依靠宗族关系和中国城这个“庇护所”里的乡村社群网络得以生存。他们很少将客国当成自己的母国，总是期望有朝一日衣锦还乡（Pan，1999）。他们总在关注华人社群的内部事务，与客国的外部大社会缺乏联系。Lyman（1974）[29]写道：

> 美国的华人社群远比其他民族社群更享受自治的生活（存）方式……他们自给自足，高度自治——除了反华活动期间——华人会组织自己的慈善、护卫和政府机构。实际上美国的华人社群更像是一个殖民从属地，而不像是开放社会里的一个移民安置区……中国城的“市长”是受美国政府官员默认的，其在多数方面都相当于曾受到欧洲殖民机构官方认可的、能代表华人社群的领袖——“中国船长”①。

无论是清朝还是民国政府，都始终遵循着“血统主义”原则（Esman，2009b；Wang，2003b），其将整个中华民族的人民都视为永久的华人和政府的国民，不管他们身在何处（Esman，2009b；Wang，2003b）。正是在这样的环境下，“华侨”一词被广泛使用，该词传达了寻根返乡和爱国主义的思想（Wang，2003a）。移居国政府也默许了这一政策（Esman，2009b）。受到这一政策的影响，加之返回故乡的愿望，旅外华人与中国联系密切，而与客国关系较淡漠。例如，在20世纪初，旅外华人社群斥巨资支持孙中山领导的反封建革命（Esman，2009b；Benton et al.，2011）。20世纪30年代日本侵华期间，他们以抵制日货来响应中国政府的呼吁（Esman，2009b）。

20世纪60年代及之前，当Crissman建立旅外华人社群分类模型，Lyman研究中国城的时候，旅外华人社群的构成不像今天这般复杂。第二章中说过，从20世纪60年代中期起，国际移民（包括中国移民）的模式开始具有多方位、多目的地、非永久性的特征（Ma，2003）。旅外华人的旅居原因、职业、性别、教育等逐渐多样化，他们与客国社会，与其他乡村社群、社群组织的华人，以及与母国间的主动或被动联系也在增多。在此情况下，一些当代学者，如Cheung（2004），开始质疑传统的旅外华人社群研究是否适用于当前华人社群，并建议当代旅外华人社群研究弥补这一缺陷。下文将就当代旅外华人社群的变化进行讨论，从而证明在当代情境下开展旅外华人社群研究的必要性。

---

① “中国船长”（Kapitan China）是在东南亚的欧洲殖民者曾经给予当地华人社群领袖的称呼。

二、当代旅外华人社群

一般来讲，当代旅外华人社群指从20世纪中期起从中国移居到他国的华人群体。之前已讨论过，传统的旅外华人社群研究普遍考察中国城和华人社团，近来多数研究也是如此（Benton et al.，2001；White et al.，1987）。因此，这部分会关注当代中国城和华人社团的相关研究，以了解旅外华人社群的发展，但在此之前会对中国的海外华人政策进行简要介绍，因为这些政策影响了当代旅外华人社群的形成。

1949年中华人民共和国成立之后，政府延续了民国时期留下的海外华人政策。但是，1955年，中国要求旅外华人在回国和同化中做出选择（Feuerwerker，1974）。从1978年开始，中国政府舍弃"血统主义"原则，转而倡导"出生地主义"原则，这意味着人们不管有怎样的民族背景，都需遵守客国的法律，此举也是为了增进中国与其他国家之间的良好关系，这就要求旅外华人在客国成为良好公民（Esman，2009b）。中国的海外华人政策的这一改变意味着中国政府弱化了与旅外华人社群的政治关联。

从此以后，中国政府的侨务政策开始注重吸收投资和汇款，于是到20世纪70年代晚期，旅外华人资本家成为中国工业现代化的最大投资者（Esman，2009b）。中国政府试着吸引在科学技术领域有技术和经验的旅外华人回国，为中国工业、教育、医疗和军事现代化贡献知识和才干，以逆转人才流失现象（Esman，2009b）。从20世纪90年代开始，中国政府开始调整政策，鼓励旅外华人成为中国和其他国家之间友谊与合作的桥梁（Cheong，2003）。这样的政策影响了华人社群，使他们更积极地参与到连接中国和客国的活动中去，相关讨论可见第六章和第七章。当然，客国的移民和民族政策也同样重要。但是，由于国家情况各异，且考虑到本书的研究对象是旅英华人社群，本书将在第五章重点讨论英国的移民和民族政策。

（一）中国城和华人社群的发展

过去中国城的功能被形容为"飞地的贫民窟"，尤其是在美国和东南亚。后来中国城的传统功能和中国城的华人活动逐渐发生了变化。目前欧洲主要有两类中国城。第一类中国城的核心功能是将华人社群"限制在一定区域内"居住、工作和服务（Christiansen，2003）[78]，如意大利佛罗伦萨的中国城。但这一类中国城就像被隔离的贫民窟，无法充分体现中国城的象征意义。第二类中国城是华人批发和零售活动的商业中心，它不仅是为华人社群而设的，也为非华人服务（White et al., 1987），如英国伦敦、曼彻斯特和利物浦的中国城。目前，第二类中国城比第一类中国城更普遍，第一类中国城与传统的中国城有着相似的功能。

对近来欧洲中国城的大多数研究都指出，中国城的出现、建造和发展是多方合作的结果，受方方面面的因素影响，包括城市规划、客国国家和地方政府的移民政策、当地华人社群和其他少数民族社群的移民历史、当地华人社群的社会结构等。因此，中国城不仅是华人移民创造的产物，也是特定历史时期华人社群与外界社会互动的产物（Benton et al., 2001）。此外，中国城也有着重要的商业和旅游功能（Cartier, 2005; Christiansen, 2003）。一个城市的中国城常会因其类型化的东方形象而成为一大景点（见图 3-1）。典型的中国城将古雅的仿古建筑、东方神秘感与地道的中华美食结合起来。城市规划和公共空间的美化也离不开中国城（Christiansen, 2003）。

图 3-1　纽卡斯尔中国城的标志性建筑

从这种意义来说，中国城的发展反映出旅外华人在异域国家的社群活动和社会角色的变化。越来越多的旅外华人开始参与客国社会的活动。当代旅外华人社群的这个现象呼应了上一章中提到的 20 世纪 70 年代出现的主流的种族和民族研究的观点，即说明了后殖民背景下少数民族与客国社会的关系。

近来，有研究发现中国政府与华人社群领导一道参与中国城的建造和发展事宜，比如荷兰的阿姆斯特丹、比利时的安特卫普和英国的曼彻斯特等地的中国城就是这样的例证（Christiansen，2003）。因此，近年来欧洲的中国城工程可以体现旅外华人社群、中国和欧洲客国社会在经济和文化领域的合作，这与第二章讨论的当代多数旅外社群与母国、客国进行跨国互动的现象是吻合的。

华人社群还在中国城以外的地方扩展自己的社会空间。在中国城以外的区域生活、工作的华人社群也会不可避免地参与中国城的事务，因为华人社群的领导可能是多个华人组织的成员①，与中国城的人们有着社会或商业互动（Benton et al.，2001；Christiansen，2003）。尽管中国城里和中国城外的华人群体间的联系密切，难以切断，双方却并不总是完全团结统一的一个整体②。双方的商业竞争和随之而来的冲突可见 Christiansen（2003）等学者的研究。Christiansen（2003）[84] 指出，中国城外的商店经常“引起中国城里业已成立的企业的抵制，因为它们带来了不期而遇的竞争，还抢走了顾客”。这些发现对本研究是有参照意义的，因为英国的华人群体散布在英国不同地区的不同城市，大多数城市没有传统的中国城（以标志性建筑为特征），以中国城为界限的华人群体之间的关系模式是否或在多大程度上适用于那些没有中国城的城市里的华人群体，如谢菲尔德？本书联系本研究的实证证据，就这个问题（从第五章到第八章）展开讨论。

（二）华人组织的发展

华人组织最能反映旅外华人的社会行为，因为它们“在展现传统和道德规范的同时也整合了华人社群成员可操纵的文化、政治和经济资产”（Christiansen，1998）[44]。华人组织一般也叫作社团（association），传统的华人组织一般可以分为以下四类（Lew et al.，2004；Lim，2000；Wong，1982）。第一类是根据血统、宗族或姓氏确立的社团。英国的大部分华人都是通过“链条移民”的方式从香港新界移民而来，他们建立了很多宗族社团，血统在其中有着重要的政治和经济功能（Christiansen，2003；Benton et al.，2011）。第二类是基于地域、祖籍和方言准则建立起来的地域和方言社团。华人的语言常与

---

① 这些组织的成员有些在中国城内，有些在中国城外生活、工作。

② 在本研究中，一方是来自中国香港地区的华人群体，其在英国的中国城发挥主要作用；另一方主要是来自中国内地的华人群体，也包括来自中国台湾地区及南亚地区的华人群体，他们更多是在中国城以外的区域从事商业活动。双方既有团结也有冲突（第六章和第七章）。

地域相关，来自不同地方的人往往无法用各自的方言交流（Crissman，1967；Lew et al.，2004；Skinner，1957）。因此这类社团的成员通常来自相同的地方，说着相同的方言。第三类是秘密社团。最早的政治社团是用来抵抗封建时期的清朝的，但之后这些社团也开始涉入有组织的犯罪活动（Lyman，1974；Wong，1982）。第四类是专业社团，包括贸易、行会和商业社团，以及文化和体育社团。

前三类华人组织因其150多年的历史，都可以称得上是传统组织。成立这些组织是为了让早期华人移民为失去的家庭生活找到一个替代品，并缓解当地陌生习俗和语言带来的疏离感。正因为这些组织，来自同一宗族、有着相同姓氏、说着相同语言的人们彼此之间建立了友谊和兄弟情（Wong，1982）。尤其是当种族歧视盛行的时候，传统华人组织的成员提供的帮助和保护显得特别重要（Wong，1982）。

纵观整个20世纪，华人组织在很多方面经历着持续的变化和发展，如连续移民潮、经济和社会结构的变化。华人组织的结构也顺势发生了诸多深刻的变化，如旧的个人组织的消失、新型组织的出现，以及单一目的性的组织向多功能组织转变。从1965年到20世纪90年代中期，全世界华人组织的数量从7687个增加到1万多个（Benton et al.，2011）[152]。

Wong（1982）[23]使用“新社团”一词来形容1965年后建立的社团，这些社团通常由在国外出生、定居的华人设立，包括西式的商业和专业机构、教堂和慈善机构（Benton et al.，2011）。这些新社团与外界非华人社会的组织和个人都有直接联系，充当了华人社群和外界社会之间的桥梁。这些社团中的成员都希望能更多地参与外界社会事务（Lew et al.，2004；Wong，1982）。在美国，在那些新社团成员的眼中，华人社团是从华人社群、所在城市和各州获取资源的良好平台，借此他们可以提升他们社群的地位，同时还能促进其个人的社会上升，例如他们可以角逐地方选举（Wong，1982）。Benton和Gomez认为新社团的活动超越了国界，在20世纪后期已经部分全球化了。华人组织以华人移民的大家庭或大乡村的形式，正式或非正式地创造了社会资本（Putnam，1995a；Portes，1998；Lew et al.，2004）。因此，从“排华时代”（Wong，1982）[25]到现在，华人组织的服务和功能得到了扩展——现在这些组织不仅要处理华人社群的内部事务和关系，还要突破民族和国家的界限参与到大社会的活动中去。

就旅外华人社群的内部关系而言，华人组织结构的变化发展势头可以从社群内部的权力平衡中一窥究竟（Christiansen，1998）。Christiansen（1998）

特别强调两类行为在这个方面的重要性，即保全彼此的面子以及和不同组织的成员、领导保持私人交往。他认为诸如华人春节、传统节日、与中国大使或总领事进行的社群会议等象征性活动不仅仅是外在表象，还是华人社群内部各组织间较量和权力再平衡的活动。

通过以上对华人社群、中国城和华人组织的讨论，我们可以发现当代旅外华人社群的最大特征在于它们比传统的旅外华人社群与母国和客国社会的互动更多。因此，当代旅外华人社群的发展不是单纯由华人社群这一个因素决定的，而是受多方因素影响，包括华人社群的跨国活动和"外部关系"(Edmondson, 1986)[167]，如母国和客国社会之间的关系、跨国主义背景下中国的海外华人政策和外交政策等。因此，联系本书的研究目标，我们有理由去思考春节是否是旅外华人跨国活动的集中体现。如果是，它在现实层面是如何进行的？旅外华人社群的内部关系又是如何发展的？英国的华人社群与中英两国的跨国互动能影响华人社群的内部关系吗？能影响组织间和子群间的关系吗？如果能，又是如何影响的？本书第六至八章在论述旅英华人社群如何举办春节的时候将会解答这些问题。

从之前的论述中可以看出大多数研究旅外华人社群的学者都强调当代旅外华人社群与母国、客国社会互动联系密切。上一章明确指出了影响这些互动的两大因素：旅外社群调动本社群、母国和客国社会资源的能力，以及旅外社群的动机(Brinkherhoff, 2006; Esman, 1986a)。在第一种因素下，研究指出社会资本是影响旅外社群调动资源的能力的重要因素(第二章)，旅外社群拥有的社会资本越多，那它能调用的资源也就越多。下文会讨论社会资本这一概念与理论是否适用于旅外华人社群，如果答案是肯定的，两者间的关系又是怎样的。

(三)关系——调动资源的社会资本

上一章在研究旅外社群时介绍了社会资本的概念，讨论了社会资本在社会中调动资源的功能，并就一些学者对如何使用社会资本开发社群资源的观点进行了阐释(Brinkherhoff, 2006)。Lew 和 Wong(2004)将社会资本与中国文化联系起来，指出社会资本的研究在某些方面反映出西方重新发现了无处不在的中国传统——关系，因此他们将关系称作儒家社会资本。类似的，翟学伟(2009)认为在中国学界把中国人在中国的关系看成是一种社会资本是一个普遍现象。这里将会探讨关系的含义和意义、中国概念里的关系和西方社会的关系网的差异、关系和社会资本的联系，以帮助读者理解第六至八章将要讨论的华人的关系在春节里所起的作用。

1. 华人文化中的关系

关系一直以来都被视为一种人际关系，是一种广泛存在于中国和旅外华人社群的社会现象。关系作为一种社会文化概念，深植于儒家社会理论，也有自己的一套逻辑，可以说这套逻辑构成了中国的社会结构(King, 1991)。King(1991)指出中国社会里的关系大致可以分为两类：一类是原生的，另一类则是自发构建的。

第一类关系反映家庭关系，这也是中国文化的核心。在中国文化中，家庭关系与传统的血统观念密切相关，强调中国社会中人们对家庭和宗族的忠诚和义务。因此，前文提到的海外宗族协会也保持了这一传统意识形态。此外，家庭关系的意识形态也一直刺激着早期的华人移民回到故乡，以探访家里的长辈或悼念先人，捐款或投资(Woon, 1989)。探访故乡的集体行动通常由旅外华人社团与当地政府合作安排(Lew et al., 2004)，这样就构建了旅外华人和母国的联系。

第二类关系是通过社会互动自发构建形成的。关系构建体现了一个社会工程模型，个人通过这个模型能建立私人网络，这都是基于大家共享某些属性，如籍贯(出生地)、家族、姓氏、同学、师生等(Jacobs, 1979; King, 1991)。中文里很多关于关系的术语都体现了这种共性，例如“同”意为“相同的”或“共享的”，其后常会接一个描述共性的字，如“同乡”“同学”“同窗”或“同事”。传统的华人组织，以区域和方言社团为例，都是建立在共同特征上的。即使在一些姓氏社团里，社团成员也不是严格按照相同姓氏组织起来的，而是出于友谊或结拜兄弟的情分而自愿团结在一起(Wong, 1982)[18]。这样说来，传统华人组织是华人建立关系的平台。这一论点与 Lew 和 Wong 的观点是一致的，这两人认为旅外华人充分运用自发性社团建立一个正式的关系系统，该系统将关系拓展至整个家族或村落，从而重申传统价值。这也表明加入华人组织是旅外华人积累社会资本的重要方式(Brinkherhoff, 2006)。

King(1991)[121]强调关系构建是竞争世界中“获取社会资源以达成目标的文化策略”。个人拥有的属性越多，他(她)能够建立的关系就越多；个人拥有的关系越多，对调动资源达成个人目标就越有利(King, 1991)。关于关系有助于华人调动和开发资源是有实证支持的。大量关于传统华人组织的研究都表明，华人组织成员间的关系有助于他们实现诸如链式移民或在客国社会中相互保护、行业垄断等目标(Lyman, 1974; Skinner, 1957; Willmott, 1960; Woon, 1989)。Sum 在 1999 年发表的一项研究表明中国内地以外的华人私人机构和中国“经济特区”里的公共部门之间的关系能帮助双方协调使用经济和政治资源，实现商业和科技领域的广泛合作。这种关系不同于个人或组织间的普通联系，而是出于交换信息、礼物和增长互信进行的长期互动(Sum，1999)。Cheung(2004)认为东南亚华人社群的关系网络不仅为客国社会的商业成功和社会流动做出了贡献，同时还促进了客国社会的经济发展。

但是，正如 King(1991)所说的，关系和资源的联系使得关系构建中不可避免地会出现竞争。人们需要进行竞争来构建关系，以获取更多有助于实现个人目标的资源。进一步来说，如果一个人是关系的唯一所有人，就能垄断与此相关的资源，其他人却无法使用，这样就出现了争端和冲突。Backman(1999)指出传统中国社会缺乏强健的法制和商业系统，有些中国企业家凭靠关系就能成功，而其他人则不能。这样看来，关系可能会导致裙带关系、徇私、腐败、群体压迫等问题，还可能会限制个人的行动自由(Lew et al.，2004)。人们利用关系网络获取利益，满足私欲(翟学伟，2009)。关系网络将中国社会划分成各种相互联系的利益团体，严重破坏了社会公平(翟学伟，2009)。

综合以上就关系与资源两者的联系及其对于资源的影响的讨论，作者认为当前有关关系的研究在两种不同的背景下提出了两个极端论点。一个论点是强调关系的积极影响，这一类研究的考察对象是旅外华人社群——以少数民族群体的身份生活在其他国家。华人社群建立关系促进社群团结，以保护和发展少数民族群体的利益(Cheung，2004；Lew et al.，2004；Brinkherhoff，2006)。另一个论点从中国内地社会出发，在那里汉族是主要的人口群体，强调关系的消极影响。后者是中国内地普遍的社会现象和问题。与上述研究发现不同，本研究发现关系对华人社群内部子群间的关系既有正面影响，也有负面影响，详述可参见第六至八章。

2. 华人文化中的关系和西方文化中的关系网

一直以来，人们通常认为关系体现了东西方在社会秩序、思想和世界观上的本质差异(Haley et al.,1998)。《纽约时报》记者 Fox Butterfield(1982)[74-75]这样说道：

> 我开始意识到中西方在管理自身心灵世界方面是多么不同。我们把人当成个体，哪些人我们认识或不认识，我们会做出区分，但整体而言我们对待任何事情都有一套礼仪准则……但另一方面中国人凭本能将人分成与自己有着固定关系的和与自己没关系的。人与人之间的联系就像一系列无形的线在起作用，用极强的拉伸强度把中国人连接起来，这不是西方人的友谊能比拟的。关系建造了一个社会磁场，在这个磁场里所有的

> 中国人都可以活动，清楚地知道哪些是与自己有关系的，哪些是没关系的……从广义上来讲，关系还有助于解释一个拥有10亿人口的国家是如何凝聚起来的。

Yeung和Tung(1996)对中国文化里的关系和西方文化里的关系网进行比较，总结出六大差异。第一，关系强调义务的实践，而关系网更关注追求自身利益。第二，关系提倡自我损失式的报答，即很多时候处在关系中的个体需要牺牲自我报答他人；而关系网强调报答式恩惠，即给予恩惠的一方并没有牺牲自我的义务。第三，不同于西方的关系网，中国文化里的关系要求的是长期互动，而不是从互动中获得短期利益。第四，关系具有儒家思想的基本宗旨——"侠"，意味着权势者有义务帮助弱者，而西方思想中却没有这点。第五，个人权力能促进关系，因为儒家思想认为德治优于法治，而西方社会主要依靠法律制度。第六，关系的获得和维系与儒家思想中耻辱共享的威慑力有关，这与犹太教、基督教强调的主观罪过概念形成鲜明对照。前者意味着互有关系的个体比较需要资源，还需要因为一方的过失使大家共享耻辱；后者则没有强调关系网中的个体有这样的义务。Yeung和Tung(1996)强调，如果一家西方公司想要在中国获得成功，充分了解中国文化中的关系并发展和维持一种牢固、"恰当"的关系网络是非常重要的。他们还相信在中国，中国人和来自不同的文化背景的非中国人之间也可以建立关系。为回应这点，作者决定探究英国的华人社群是否借由春节庆典与非华人构建关系，以调动资源或促进社会上升。第六章分析了春节庆典中华人社群如何与非华人社群进行互动，同时也对上述问题做了进一步论述。

3. 关系和社会资本的比较分析

根据上文的讨论，关系在中国文化中有独特的意义，关系和资源联系紧密，以及关系和西方关系网颇有差异，接下来该思考关系是否等同于社会资本，以及二者有何关联。中国人的关系是不是就是西方文化中的关系资本呢？第二章讨论过社会资本和旅外社群两者间的关系，作者在此基础上进行比较分析，这样就有助于读者理解数据章节（第六至八章）中对旅英华人社群的关系与社会资本两者之间的关系的讨论。

首先，就词语定义而言，"关系"一般指人际关系，而社会资本指资源总和(Bourdieu, 1986)。Putnam(1993)认为社会资本包括"社会组织的特征，如网络、准则和信任，这些都能促进互利性的协调与合作”①。由此可见，这两个概念是不一样的。但社会资本和关系都强调网络这一概念。社会资本的发展需要“公民参与的网络”（Putman, 1993)，即社群成员需要参与公共活动。Portes(1998)[7] 指出：

> 尽管经济资本在人们的银行账户里，人力资本在人们的大脑里，但社会资本却存在于人际关系的结构里。人们要想获得社会资本，必须与其他人来往，因为真正的优势来源不是自身，而是他人。

在这个意义上，关系指个人的人际关系。公共活动中的合作或共同参与并不是形成关系的先决条件。

其次，社会资本被视为“公共利益”(Putnam, 1993)，是基于公共活动中社群成员间的合作(翟学伟, 2009)。关系是个人财产，是基于礼物交换、信息交换、保全面子和人情交易等人际互动的资产。那么问题来了：社群成员的个人资产即关系网络是否会影响社群资产——社会资本？若从理论角度进行回答，答案可能是肯定的。上一章讨论过，社会资本的发展需要社群成员贡献个人资源，如信息、名誉和个人关系网络，这会影响整个社群的资源聚集。这样一来，从理论角度来看，个人关系网络的发展会影响社群内社会资本的变化，但是，实现这一结果的前提是社群成员个体与社群进行互动，并且在一定的社群活动中与他人共事。

再次，上文说过，社会资本离不开集体利益，而关系优先考虑个人或小团体的利益(翟学伟, 2009)。在理想状况下，人们通过合作、互助可以增加社群的社会资本，个人也能从中受益。但在构建关系时，个人首先考虑自己或自己的小群体在这段关系中能获何种利益，群体之外的其他人能从这段关系中获得什么利益并不重要(翟学伟, 2009)。翟学伟认为社会资本更适合西方国家的“公民社群”，尽管这种社群目前正逐渐衰落(Putnam, 1993, 1995a, 1995b)，但关系在中国是普遍现象，而中国社会是靠血缘和地理关系来维系的(翟学伟, 2009)。社会资本取决于社群成员的共同特征或共有属性，如共同目标、共享准则和价值观，以及促进社群团结和凝聚的互信。关系取决于与家庭、同班同学和同事关系等客观因素绑定的义务。

那么，联系本研究，我们不禁要问：社会资本或关系对旅外华人社群(尤其

---

① 由于该文章是从期刊官网上获得的，在网页上无法查获页码，论文最后给出了引用，具体的文献出处可见本书末尾的参考文献条目。

是旅英的华人社群)是否或者在多大程度上合适？上一章讨论过，旅外华人社群在社群结构、华人协会的功能、与母国及客国社会的互动等方面都发生了巨变。如今，再也没有所谓的传统中国社会的"移植"了。所以，在这种情况下，考察旅外社群(包括其内部的子群)组织春节庆典的过程对于探讨旅外社群内部的个人关系或(以及)社群的社会资本更有意义。

最后，社会资本和关系都是社会现象，都有积极和消极影响。社会资本除了之前提到的积极意义外，还与社会分隔有着紧密联系(Putnam，1993)，因为定义一个社群的同时也在确定社群的界限。Putnam(1993)在论证美国社会里的社会资本的时候，曾经举例说明其中也存在着种族和阶级不平等。人们过度使用个人关系网络满足个人欲望，威胁并破坏了社会公正和平等，这已成为中国的一个严重社会问题(翟学伟，2009)。但不可否认的是，关系的发展表明传统中国注重社会和谐。

作者认为社会资本这个概念关注的是一个整体，如社群，而关系却关注个人在整体的内部情况，如社群成员之间的人际关系。社群社会资本的发展有助于其成员分享资源，并在成员之间保持相对公平，但是，这却不能改变社群以外的"大社会"的不平等现象，即假设某个社群占有的社会资本多于其他社群，这个社群的成员较之其他社群的成员很可能分享到更多社会资源，那么社群之间的不平等或社会不平等自然就出现了。至于关系，如果用关系来竞争资源和个人利益，社群成员间的均衡可能就会被打破。如果社群成员因为竞争有用关系而彼此间产生纠纷或冲突，这是否会影响社会资本的发展和累积呢？

关系和社会资本是否是两个截然不同的概念还存在争议。但它们都是社会现象，也在互相影响。考虑到本研究的目标，在探究旅英华人社群的关系和社会资本时，可以思考以下问题。如果春节庆典是一项集体活动，华人是否要发展并运用不同的私人关系从而从华人社群、母国和客国获得并整合资源？这个过程是否能发展华人社群的社会资本？之前讨论过，关系构建和资源调动同时也与关系和资源的竞争相联系，可能会引起争端和冲突。在春节活动的组织与举办过程中，关系的构建是否也是资源竞争并引发华人群体间争端和冲突的过程？如果是，这些争端和冲突是如何表现出来的？这些问题会在第六至八章得到回答，在这三章里，作者将基于本研究的实证数据对这些问题进行分析。

三、旅外华人社群的团结和冲突

上一章讨论了影响旅外社群与母国、客国社会的互动的两种因素，即旅外社群（人民）调动资源的能力及其在这些互动中的动机。就第一个因素而言，因为社会资本和关系都能表现旅外社群（人民）调动资源的能力（Brinkherhoff，2006），所以作者对社会资本和关系进行了比较分析。

影响旅外社群和母国、客国互动的第二个因素是旅外社群（人民）的动机（Brinkherhoff，2006；Esman，1986a）。华人社群集体行动，主要是出于强烈的民族认同感和社群团结，这在很大程度上影响了它们与母国、客国社会的互动（Brinkherhoff，2006；Cheung，2004；Esman，2009a，1986a）。对华人社群的研究为华人社群的民族凝聚力及其功能提供了实证。例如，20世纪中期美国的华人社群进行的反种族主义运动；东南亚华人社群取得的商业成功；20世纪初期旅外华人集体支持中国的反封建革命（Cheung，2004；Esman，2009a；Lyman，1974；Wang，1991；Wong，1982）。但是社群团结并不是旅外华人社群的独特之处，正如上一章提到的，大多数旅外社群内部都有兄弟情（Cohen，1997；Tajada，2008）。旅外华人社群的团结和凝聚性的独特之处在于它们通常体现在商业成功方面，这不仅有助于旅外华人社群积累经济资本，而且有助于它们所在的客国的经济增长及国际商务的发展。另外，Putnam（1993）和Cheung（2004）等学者认为关系对旅外华人社群和中国的经济增长都有促进作用，这也增加了所有华人的社会资本，反映了他们的团结。但是，类似的观点很少出现在经济、政治领域以外的其他领域的研究中。本书以春节为语境，调查旅外华人社群在参与文化活动和春节这样的传统节日的庆祝活动时是否会表现出社群团结，如果会，又将如何表现。

上一章讨论过，除了实际因素外，旅外社群的团结是基于对“故土”的精神和心理的恋旧情怀（Cohen，1997），Said（1978）称之为“想象的地理或历史”，Anderson（1983）称之为“想象的共同体”。对于旅外华人社群来说，这两者都可以说成是“文化中国”（Tu，1994a）——这一短语出自Tu Weiming（杜维明）主编的一本颇具影响力的有关旅外华人社群研究的论文集 *The Living Tree：The Changing Meaning of Being Chinese Today*（《常青树：身为华人在今天的意义》）。

文化中国可以理解为“象征世界”，这是一个文化空间，“既包含又超越了种族、领土、语言和宗教的界限，这些一般都是判定是不是华人(的属性)”(Tu，1994b)。Tu运用了文化中国的观点，将中国北京、台北、香港地区及新加坡的文化权威和地缘政治领导去中心化，“探索华人身份作为一种分层的、对抗的话语体现出的变化性”(Tu，1994b)。这种观点反映了所有华人有“共同的祖先和相同的文化背景”(Ang，2001)[43]，这被看成是建立华人社群集体意识的基础。用Ang(2001)[44]的话来说，在文化中国里，“一棵有生命力的树随着时间流逝生长变化，新的枝干不断从树干中心伸出并朝不同方向向外生长；反过来，这些枝干又从不可见的、埋在地下，却生机勃勃的树根汲取营养。若没有根，就没有生命，也没有新叶”。Ang(2001)[44]用这个比喻来强调(文化的)延续比中断更重要，外围只有依赖中心才能存在，而旅外社群的最终落脚点就是“故乡”。Tu(1994b)认为“文化中国”让所谓中心和外围的华人团结起来，并统一了全世界的华人社群。

但这种团结是有限的。在Tu(1994a)[3]看来，中华文化意识有“民族、区域、语言和伦理宗教界定的原生纽带”。旅外华人社群有着多重身份——“历史的、中国的民族主义的、公社的、国家的(地方的)、文化的、种族的和阶级身份”(Wang，1991)[207-208]。但由于中华传统声称所有华人承自一脉，都是“中华儿女”，这能激发华人的民族自豪感(Tu，1994a)[3]，也构建了“华人身份”的泛认同。在中国的历史长河中，中国境内的各少数民族的历史起源和文化特性容易被忽略，这或多或少是因为国家和地方政府一直都在宣传“华人身份”认同。但是，关于“华人身份”的有些问题会在华人社会包括海外华人社会中引发争论。

如果我们把视野拓展至那些属于中国但曾被其他国家实行殖民统治的地区，如香港、澳门，那么有关“华人身份”认同的争论会更加明显。根据Tu(1994a)的理论，文化中国的概念与基于领土的主权国家的观念相对，这意味着中国内地以外的独立政治领域内的华人和在外国居住的华人旅居者都属于旅外华人社群。这个观点就考虑到了特定地区的殖民或半殖民情况及那里的社群。对于这些地区的华人来说，“政治民族主义和传统文化的断裂奇特地混合在一起，由此产生的无力感、沮丧和羞耻，让他们在一个日渐疏远和人性淡漠的世界里渴望不仅有一个华人的身份，而且是一个会思考、会反思的华人身份”(Tu，1994a)[2]。

此外，除了历史差异之外，(后)殖民地或曾被其他国家实行殖民统治的地区、(旅外华人的)客国、中国内地在经济、民主、教育、工业化、传统保护等多个方面都存在发展不平衡的现象，这也会影响旅外华人的文化意识的形成与发展。这种异质性是否会影响不同背景下的华人？如果会，产生的影响是怎么体现的？当我们探讨传统的及新兴的旅英华人社群在春节庆典中如何互动的时候，可以确定的是它们关系复杂，因为很多因素会对这产生影响，如包括国家和地方政策在内的协调力，国家和地方层面的社群历史，中英两国的国际关系，资本、人力和观点的跨国流动，以及华人身份认同的理念等。详细证据和分析可见第六至八章。

四、结　语

本章基于文献，回顾了旅外华人社群的发展，并通过分析中国城的发展、华人组织和华人社群活动讨论了当代华人社群的特征。

传统的华人社群通常还保留着传统中国社会最初的社会结构，鲜与外界互动（Crissman，1967；Lyman，1974；Skinner，1957；Wong，1982）。但从 20 世纪 60 年代起，旅外华人社群逐渐开始与中国和客国积极互动（Benton et al.，2001；Christiansen，1998，2003）。这与上一章对当代旅外社群的论述一致——旅外社群、母国和客国社会之间存在跨国互动。华人拥有的华人社群内、外的关系在他们开展跨国活动以及在华人社群内外调动资源的时候起着重要作用（Lew et al.，2004；Woon，1989）。同时，本章还分析说明了关系和社会资本的不同，尽管两者有着相似的功能。

华人社群中有团结也有冲突。文化中国是社群团结和集体身份认同的精神和心理基础（Ang，2001）。华人社团成员间的关系网络可以反映各个华人社群的团结（Cheung，2004），但华人社群内部的分隔很可能是社群内部争端和冲突的源头。

第四章　研究规划与田野作业

如前所述，本研究的目标是通过考察春节庆典的组织和表征研究华人社群的关系。完成理论文献的梳理和理论框架的构建之后，作者需要完成研究规划，进行田野作业，并最终完成数据分析和研究成果撰写。

本章分为五个部分，就本次研究的规划及田野作业进行回顾和讨论。第一部分讨论本研究的研究思路和策略，即为什么及如何在本研究中使用案例研究的策略。第二部分明确本研究使用的定性方法，并介绍、分析为实现研究目标所采纳的具体方法与技巧。第三部分主要讨论本研究的数据分析方法与步骤。第四部分围绕本研究的田野作业的整个流程讨论相关的研究伦理问题。第五部分为本章的小结。

一、案例研究与案例选择

大多数节日研究都采用案例研究的策略（Getz，2010）。结合 Yin（2003）和 Denscombe（1998）的定义，案例研究主要考察真实生活场景下某一具体现象的一个或多个实例，并深度分析这些实例中的事件、关系、经历或过程。案例研究旨在回答某个事件如何发生及发生的原因（Yin，2003）。Yin（2003）和 Denscombe（1998）认为案例研究的策略可以用于探索性和解释性研究，这就是为什么该策略经常被用来研究受整体环境因素影响的过程和关系。因此，本研究使用该策略探究春节庆典语境下的旅英华人群体之间的关系。

采用案例研究策略的重点是要选择一个或多个合适的案例（Yin，2003；Denscombe，1998；Stake，1995）。为此，作者从 2007 年 11 月到 2008 年 2 月进行了一项探索性田野作业（exploratory fieldwork）。在此期间，作者走访了伦敦、诺丁汉和谢菲尔德三个城市，以非参与者身份观察当地的春节庆典，也就是 Gold（1969）所说的“绝对观察者”（complete observer）。这些经历让作者对英国的春节庆典及旅英华人的生活和活动有了基本了解,帮助作者于 2008 年 9 月到 2009 年 4 月期间开展正式的田野作业。

首先,在节日庆典之前或之后开展研究或仅仅观察节日的庆祝过程都无法实现本研究的目标。作者以游客身份观察春节庆典时,发现多数庆典组织有方,各组织者之间似乎也相处融洽。作者注意到参加节日庆典的工作人员和志愿者们来自多个华人群体,但要深入探究他们之间的关系却比较难。因此,作者决定在进行正式的田野作业时,要参与、跟踪春节庆典的组织过程,以了解各华人群体间的互动。为此,作者需要获得专门的春节委员会的同意,参与到春节庆典的组织过程中。其次,英国大多数城市举办华人春节庆典的时间相近,都在中国农历新年伊始的周末举行(通常在公历 1 月中旬与 2 月初之间)。由于时间冲突,作者无法参与所有城市的春节庆典。这些初步的调查结果有助于作者选择适合本次研究的案例,并设计和筹划自 2009 年 9 月开始的正式田野作业。

凡是有大学和中国城的英国城市通常都有公众性的春节庆典,其中名声最大的可能是伦敦的春节庆典,这和伦敦特殊的政治、经济、文化地位有关。作者尝试以志愿者的身份加入伦敦春节庆典的组织机构,但是因为不会讲粤语,遭到了婉拒①。这个经历让作者开始认识到语言可能是影响各华人群体互动的一个重要因素。尽管伦敦春节庆典值得研究,但英国其他城市的案例同样有助于实现本研究的目标,只要那里也是多个华人群体共同参与举办春节庆典。

Denscombe(1998)[33]认为案例选择要遵循“典型性”原则,包括主要案例和辅助案例。本研究以谢菲尔德的春节庆典为主要案例。谢菲尔德春节联合委员会的个体成员来自三大华人群体:来自中国香港地区;来自中国内地;来自新加坡、马来西亚或其他东南亚国家。来自中国内地的学生和学者与英籍华人一样,在组织和举办地方春节庆典中扮演重要角色,因此这些人也是谢菲尔德华人社群的重要组成部分,这在绪论中已经提到过。在谢菲尔德的春节庆典中,还有极少数的非华人参与者。从这些春节联合委员会成员所属的社会团体来看,他们包括:商界男性或女性、餐馆老板/专业人士(主要是学者和已

---

① 由于伦敦中国城华人社团(London Chinatown Chinese Association)在伦敦中国城的春节庆典中占主导地位,作者特意联系了这一社团,希望能对春节庆典进行参与式观察。但该社团的工作人员代表他们的管理层拒绝了这一请求,原因是作者不懂粤语,而社团大多数人说粤语,双方存在沟通障碍。2007 年 8 月 1 日和 2 日的研究日记中记载了这一对话(见附录 1)。

经毕业的学生)、移民/临时居民、带薪职工/志愿者。华人从属的这些社会圈子在很多英国城市越来越常见,这在一定程度上反映了第二次世界大战后华人移民史及当前英国华人社群的人口结构(第五章)。

以谢菲尔德的春节庆典作为本次研究的主要案例,还有其他实际原因。首先,作者可以相对容易地调查参与谢菲尔德春节庆典的华人。作者从谢菲尔德春节联合委员会获得了以参与式观察者①的身份参与该市春节庆典的许可,这样的机会在其他举办春节庆典的城市很难获得。其次,谢菲尔德与中国正在建立并已经拥有诸多牢固的联系,包括在商业和教育等方面的联系(第五章)。本书文献综述部分(第二、三章)讨论过,这是当代旅外社群生活、发展的典型外部环境,旅外社群在这样的环境中可以开展跨国活动,建立母国与客国的联系。

纽卡斯尔、曼彻斯特、利物浦和诺丁汉的春节庆典是本研究的辅助案例(见图 4-1),选择这些城市有以下几个原因:首先,这些城市的华人数量相对较多;其次,这些城市的华人社群在组织和举办春节庆典上与谢菲尔德有着相似

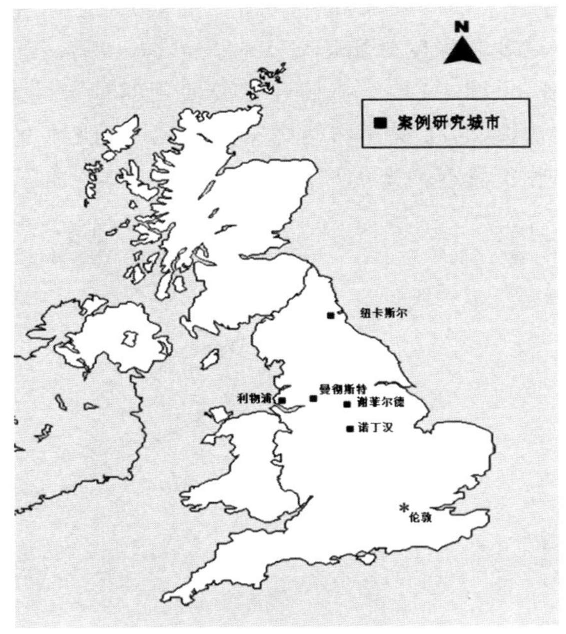

图 4-1　案例研究城市的地理位置

① 关于研究所用的参与式观察方法的更多细节可参见本章第二部分。

之处，可以体现华人社群的多样性，也能反映目前英国华人社群的人口结构（第五章）；再次，这些城市分别在不同的日期举办春节庆典①，调查这些地方的春节庆典对作者来说不存在时间冲突。

二、研究方法与数据收集

当代有关方法论的文献和文本越来越专门化，例如有学者只针对临床或社会工作研究进行讨论（Yin，2003；Bryman，1988），但鲜有学术文本探讨节日研究的方法论，因此 Getz（2010）认为节日研究还未形成自身的系统理论。因此，在本研究中，作者考察了其他学者对节日进行实证研究时所采用的研究方法，一般来说，定性的节日研究通常采用民族志、田野作业、参与式观察、访谈和档案文件考察等方法（Avieli，2005；Johnson，2007；Bankston et al.，2010；Alleyne-Dettmers，1998；Jackson，1992）。

案例分析运用多个证据来源，进行三角验证，以求使研究严谨、丰富，能揭示复杂性，且具备广度和深度（Flick，1998；Stake，1995；Yin，2003），为此作者设计了三角验证（见图 4-2）②。本研究主要使用四种定性方法，分别是参与式观察、半结构式访谈、直接观察和档案文件考察，这四种方法从不同的角度收集数据，让数据收集具有一定的广度。

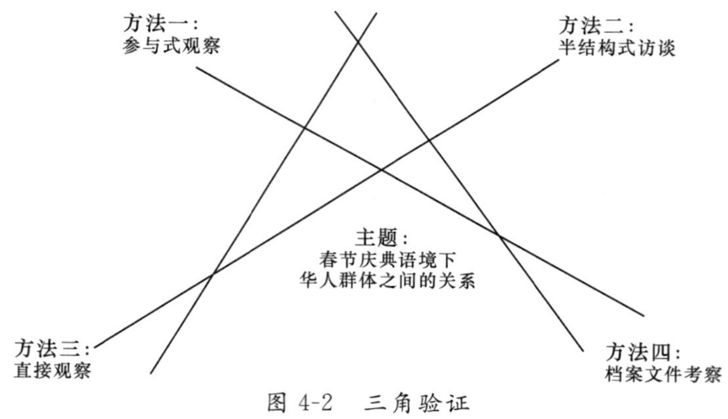

图 4-2　三角验证

① 2009 年纽卡斯尔、曼彻斯特、利物浦和诺丁汉分别在 2 月 8 日、2 月 1 日、1 月 25 日和 2 月 9 日举办春节庆典（或其主要活动）。

② 在说明如何运用这些方法收集数据后，将会详述三角验证中的数据分析。

绪论部分介绍过，本书有五大目标，要实现这些目标，仅使用一种方法是不可能的。这四种方法具有不同的功能，从研究的不同方面收集数据，为实现每一个研究目标做出贡献。例如，通过参与式观察，我们能获得最多关于春节组织和举办过程的消息（研究目标 3），而半结构式访谈较之其他三种方法，更能让我们了解到华人（群体）参与春节庆典的原因和动机（研究目标 2）。本章下文将讨论这四种方法在本研究里的使用，包括功能、应用过程和收集的数据，之后则会探讨数据分析的方法。

（一）参与式观察

本研究旨在考察各华人群体在组织和举办春节庆典过程中的互动与关系。其他学者开展的类似研究说明参与性观察是了解社群在节日里互动的最佳方式。Magliocco（2006）基于对撒丁岛节日的研究，认为参与节日组织过程相比从外部观察（如仅仅观看节日表演），更能发现不同群体间的内部关系。Jacques Henry 在调查美国路易斯安那州法国后裔的节日时，加入了节日组织团队，协助完成工作，与其他节日组织者和民族激进分子建立关系（Bankston et al., 2010）。该研究从节日组织者的角度对节日民族性的表达做出了重大贡献。Avieli（2005）也运用了参与式观察研究华人群体如何通过准备节日食物构建自身的族群认同。

根据 Becker 和 Geer（1957）[28] 的研究，参与式观察让研究人员"持续观察发生的事情，聆听人们的交谈并提出质疑"。此外，参与式观察指这样一个过程，即"研究者在自然情境下与人类组织建立多方长期的关系，以增进对人类组织的科学了解"（Lofland et al., 1984）[18]。在参与式观察中，研究者和研究主体间的关系以及该关系建立的方式都会影响研究者对研究主体的了解程度。一些学者（Bernard, 2000; Denscombe, 1998; Gold, 1969）将参与式观察者在田野作业中的工作定义为：研究人们的行为，参与与之相关的活动——只有这样做之后才能有一定发现。

为顺利开展研究，2008 年 9 月至 2009 年 4 月间，作者以志愿者的身份加入了谢菲尔德春节联合委员会，并与当地华人一起工作、生活，用 Gold（1969）的话来说是"作为观察者的参与者"。该委员会结构明晰，在主席的领导下分为六大工作组①（见图 4-3）。在庆典当天，有三大工作组分别负责餐饮、剧务和接待工作。

① 有关这些工作组的团队成员、团队特征等详述可参见第六章。

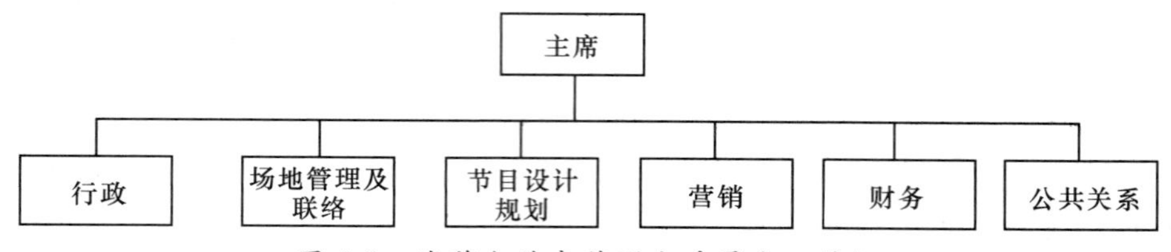

图 4-3　谢菲尔德春节联合委员会工作组

资料来源:谢菲尔德春节联合委员会的内部文件。

公共关系组的主要工作是联络不同华人群体,偶尔还要联络某些英国组织,以保证春节庆典的顺畅运行。与营销和场地管理及联络等工作组相比,作者发现在公共关系组工作是了解华人群体间关系的最佳方式,其能让作者在工作过程中了解各华人群体如何合作,如何处理组织过程中的困难和冲突。

作为公共关系组的成员,作者也负责社群沟通(华人群体间及华人社群与非华人社群间)工作;发展客户名单及邀请客人;向当地小学生分配赠券;宣传节日(联系媒体);与负责接待工作的人员共事。此外,作者也参与其他工作组的活动,例如协助营销组同事散发春节海报,宣传节日。在参与式观察过程中,作者就华人群体如何共同组织和举办春节庆典写下研究日记和田野笔记,这些资料总结如下:首先,作者观察并记录了华人群体和工作组如何开展工作、承担任务,例如,作者与营销组一起拜访潜在赞助商(见附录 2)[①];其次,作者详细记录了各工作组成员如何讨论、协商以解决春节庆典的常见问题,例如,2009 年春节他们讨论节目挑选(见附录 3),这让作者明确了他们各自的利益、态度和关系[②];再次,作者记录了华人社群和一些当地英国人在春节庆典上的互动,例如,作者随委员会主席一起,会见了谢菲尔德市议会负责艺术、博物馆和文化推广的主管,恳请他们协助推广春节庆典,包括在他们的网站上宣传春节庆典[③]。通过这些经历,作者得以观察当地英国人的态度,因为这些人在一定程度上代表英国社会,所以这有助于作者了解春节庆典的外部环境。Christiansen(2003)在讨论中国城时,认为外部环境因素包括中英两国的跨国联系,同时还包括华人和英国社会的关系。

此外,作者还参加了圣诞聚会、生日聚会、元宵节宴会等私人或社会活动,这些都有助于作者了解当地华人的生活方式、社会活动和相处之道,也能反映

① 更多信息及相关数据讨论参见第六章。

② 更多讨论参见第七、八章。

③ 引自 2008 年 12 月 12 日的研究日记。

不同华人社团和群体间的关系。例如,在2008年12月16日圣诞聚会后的一次偶遇中,一些华人指出不同的华人社团未平均承担工作,利益分配也不够均匀。① 如果是在委员会会议这样更正式的场合下,华人通常和谐共事,作者可能不会获知这些"背后的"信息。但在作者与春节庆典的参与者在非正式场合的互动中,他们能轻松地跟作者分享自己的观点,讲述熟人或同事的后台故事。这些信息能帮助作者掌握各华人群体间的多方面关系。

在参与式观察中,作者在必要时尽可能地进行记录,或者在一天活动结束后将当天的观察写成研究日记,而不是撰写非常详细的民族志(见附录3)。田野笔记对数据分析和论文撰写非常重要。Denscombe(1998)认为参与式观察可以揭露隐藏的信息,这是因为以下两个原因:首先,无论事实是秘密的还是公开的,都应该被揭露;其次,有些信息没被揭露是因为研究人员使用了其他方法。在本研究中也是如此,作者发现参与式观察有一个功能是其他方法缺乏的,即它能提供其他方法无法提供的消息。此外,该方法收集的信息为设计访谈问题提供了良好的信息来源。Whyte(1984)[96]有着与作者一致的观点:"观察让我们知道该问受访者哪些重要问题,而访谈有助于解释我们观察到的东西的意义。"

(二)半结构式访谈

访谈是收集信息、深化研究的一种工具(Denscombe,1998;May,2001)。社会研究通常有四种类型的访谈:结构式、半结构式、无结构式、群体和焦点访谈(Denscombe,1998;May,2001;Bryman,1988)。在为本研究选择访谈方法前,作者对这四种方法进行了比较,以了解哪种方法最符合研究目标,最符合整体研究策略。

结构式访谈与问卷一样,通过使用标准化问题和答案提供定量数据,不允许受访者讨论调查话题(Denscombe,1998;May,2001)。本研究要求受访者就专门的话题发表自己的看法,如加入委员会组织春节庆典的原因和动机(研究目标2)。因此,结构式访谈并不合适。在非结构式访谈中,参与者能畅所欲言,不受任何限制(May,2001),但非结构式访谈收集的数据不易比较,也不易用其他技巧来核查,这就会削弱数据分析阶段三角验证的意义,所以它也不适合本研究。群体和焦点访谈也不合适,因为本研究探讨受访者对他人(及其他群体、社团)的观点及受访者之间的关系,所以有些消息比较敏感,难以公

① 更多讨论可参见第七章。

开讨论。因此,作者选择半结构式访谈,以开放式讨论为主。[①]

根据 Denscombe(1998)和 May(2001)的观点,研究者需准备问题列表,指导半结构式访谈过程,以方便对数据进行分析比较。访谈问题应该反映理论框架和研究目标(Denscombe, 1998; May, 2001)。在本研究中,访谈问题经过几个阶段才最终形成。在第一阶段,对主题和关键词进行定义,反映理论框架涉及的宽泛问题的各个元素(见表 4-1)。在第二阶段,确定 27 个基本问题,这些问题会随着访谈中个体和具体案例的变化而进行调整(见表 4-1)。在这个阶段,问题的设计涵盖不同案例的具体场景。本研究共有五大案例,在个别案例中针对具体受访者的问题虽有差异,但都出于相同的研究目标。在第三阶段,联系理论文献、每个案例的背景、涉及的个人或社团,以及已经收集的数据等,根据具体案例的情况对这 27 个基本问题进行调整。问题数量可增可减,如果被访者对研究的某一方面特别熟悉或不熟悉,也会对问题进行调整。以谢菲尔德为例,尽管大多数受访者熟悉组织流程,但对他人的工作和责任可能不够了解,因此会对这些问题进行调整,重点考察人们比较了解的事情,例如如何履行职责,如何与其他团体合作等。在第四阶段,需要注意问题的语言,表达要合适,体现中立态度,鼓励参与者给出正、反两面的回答。最后,在访谈开始前,基于文献研究成果和研究目标对问题进行再三核对及交叉检查。

2009 年 1 月,作者向可采访的对象发送了邮件,或通过个人网络与他们取得联系,向他们解释研究目标,获得他们的同意(同意书见附录 4)。但谢菲尔德的参与者除外,因为作者在参与式观察阶段就已经与其中很多可采访对象交谈过,获得他们的同意,当然他们也签订了受访同意书。最后确定的访谈时间主要依据受访者决定。除了一位受访者因个人安排直到 2009 年 7 月才接受访谈,其他访谈均在 2009 年 2 月至 4 月进行。表 4-2 显示了访谈的时间和地点。

作者在谢菲尔德、诺丁汉、曼彻斯特和纽卡斯尔进行了访谈。由于利物浦可接受访谈的对象都没有回复作者的请求,因此作者在利物浦没有开展访谈。但由于利物浦与曼彻斯特及纽卡斯尔的中国城的春节庆典有相似之处(大致流程和表演),后两个城市收集的信息或许能弥补这一缺失。访谈前,作者就告知受访者他们提供的一切信息都将被保密。在每次访谈中,作者都会使用录音

---

① 众学者对半结构式访谈是否以开放式答案为特征持不同的观点,例如,Denscombe(1998)和 Bernard(2000)为正方,而 May(2001)为反方。在本研究中,作者在受访者回答问题时鼓励他们进行开放式讨论。

笔、笔记本、问题列表，偶尔还会用到背景材料。在采访之初，作者会询问受访者是否需要看问题，是否允许录音。大多数访谈持续一小时或一个半小时。访谈地点通常是由受访者决定的，这样他们可以选择放松、方便的场所，畅所欲言，大多数人都会选择自己的工作地，例如自己的餐馆或某些华人社团的办公室。有些访谈地点定在受访者家、公共咖啡馆或餐馆。录音里偶尔出现外部噪音，但整体效果不错。访谈录音得到长期存储，保证相关信息能核查，并能逐字转录（见附录 5 中的访谈文本实例）。根据 Flick（1998）的建议，访谈结束后，访谈的日期、地点、周围环境及其他相关信息都被整理成书面文件，与转录文本一起保存在同一个文件夹里①。本研究总共开展了 22 场半结构式访谈（见表 4-2）。

表 4-1　基本访谈问题

问题类型	序号	关键词	问　题
开场问题	1	个人或/及社团在庆典中的地位	您曾经以个人身份或代表某一组织参与过春节庆典吗？（如果曾经代表过某一组织，是哪个组织？）
	2	社团历史	为什么成立社团？社团成员还有谁？您及社团参与组织春节庆典有多久了？为什么要参与春节庆典？
	3	当地春节庆典的历史	您（所在组织）从什么时候开始参与春节庆典？
组织和举办过程	4	组织过程	请说明举办春节庆典的整体过程。（何时开始，何时与合作者会面，何时组织，何时接受赞助等）
	5	组织过程中的困难	请说明您在春节庆典的组织过程中碰到的政策、文化等方面的困难。
	6	语言	您能陈述一下您在庆典组织过程中使用哪些语言？（是否存在工作和非工作语言的区别？比如：会议和闲暇交流中您使用哪种语言？）
	7	会议过程及决策	您能讲讲春节委员会的内部会议是如何进行的吗？如开会频率、主要议题、议程、决策过程等。
	8	赞助	您能介绍一下你们的春节庆典的赞助商吗？（如是谁，赞助原因，赞助方式等）

① 附录中访谈文本实例的脚注说明了这些信息，有助于更好地了解受访者所在的行业（本实例中受访者从事餐饮业）、他的社团活动及其他背景信息。

续表

问题类型	序号	关键词	问　题
组织和举办过程	9	春节委员会工作人员	您能讲讲春节委员会的成员吗？如身份、加入春节组织的过程、待遇、彼此的工作、相处模式等。
	10	宣传和推广	您和您的同事们如何宣传/推广自己的春节庆典？
	11	活动场地	您能描述一下春节庆典的场地吗？选择这样的场地的原因是什么？
华人群体间的关系	12	社团和小群体	哪些社团和群体参与了春节庆典的组织和举办？
	13	参与动机	您和您的社团为什么参与春节庆典？其他社团呢？
	14	领导权	春节委员会有领导者吗？如果有，是谁？为什么选择这个人担此重任？
	15	责任和任务分配	您能简单描述一下不同社团和群体的责任或任务吗？如何划分这些责任和任务？
	16	执行	如何保证所有社团和群体都能履行自己的责任(通过什么形式约束，比如签署合同或达成口头协议等)？
	17	工作模式的形成	为什么采用现在这种工作模式？这种工作模式形成历史是怎么样的？未来您是否仍会坚持这一工作模式？
	18	工作模式评价	与独立举办的春节庆典相比，您如何看待自己与其他社团和群体合作的模式(任何困难，优点或缺点)？
表　征	19	演员	这个城市的春节庆典有哪些演员(例如，专业的还是非专业的)？他们来自哪里？有怎样的待遇？
	20	主题	(今年)春节庆典的主题是什么？透过这一主题，您想要表达什么？
	21	服装	您如何看待庆典日当天您的服装？
	22	观众	您能就庆典的观众做简单介绍吗？比如，有哪些人(背景、工作等)？
	23	语言	在呈现春节庆典的时候，使用哪种(些)语言(比如：表演)？
	24	媒体	报道活动的媒体有哪些？您如何看待媒体对春节庆典的报道(功能、意义等)？

续表

问题类型	序号	关键词	问　题
总结问题	25	整体评价	您如何评价春节庆典？
	26	对春节庆典（组织和举办）的期望	您认为做出哪些改变有助于提高春节庆典（组织和举办）的质量？
	27	总评	您如何看待英国的春节庆典（功能、影响、意义等）？

表 4-2　受访者与受访时间

城　市	序号	受访者在春节委员会里的角色	日　期
谢菲尔德	1	春节联合委员会主席	2008 年 2 月 10 日
	2	春节联合委员会主席	2009 年 2 月 20 日
	3	华人社区中心经理（春节联合委员会行政管理团队）	2009 年 3 月 26 日
	4	励贤会代表（春节庆典当天餐饮团队）	2009 年 2 月 28 日
	5	励贤会代表（春节庆典当天餐饮团队）	2009 年 2 月 28 日
	6	华人基督教会代表（场地联络团队）	2009 年 2 月 21 日
	7	华人基督教会代表（营销团队）	2009 年 4 月 3 日
	8	学生学者联合会（2008）代表（节目设计规划团队）	2008 年 2 月 13 日
	9	学生学者联合会（2008）代表（节目设计规划团队）	2008 年 2 月 13 日
	10	学生学者联合会（2009）代表（节目设计规划团队）	2009 年 2 月 26 日
	11	学生学者联合会（2009）代表（节目设计规划团队）	2009 年 2 月 26 日
	12	孔子学院（节目设计规划团队）	2009 年 3 月 26 日
	13	孔子学院（节目设计规划团队）	2009 年 3 月 8 日
	14	市议会代表（公共关系团队）	2009 年 2 月 28 日
曼彻斯特	15	学生学者联合会（2009）代表（春节委员会的成员）	2009 年 2 月 19 日
	16	曼彻斯特金龙武术学校代表（春节委员会的成员）	2009 年 3 月 18 日
	17	曼彻斯特中国艺术社团代表（春节委员会的成员）	2009 年 3 月 2 日
纽卡斯尔	18	东北社团代表（春节委员会的成员）	2009 年 3 月 1 日
	19	蔡李佛功夫龙狮会代表（春节委员会的成员）	2009 年 7 月 29 日
	20	学生学者联合会（2009）代表	2009 年 3 月 1 日
诺丁汉	21	学生学者联合会（2009）代表（春节委员会的成员）	2009 年 2 月 27 日
	22	诺丁汉迅疾旅行公司经理	2009 年 3 月 26 日

(三)直接观察

文献综述中提到,有些学者从社会学、人类学角度研究节日,考察(旅外社群)节日的表征,包括 Misetic 和 Sabotic (2006),Labrador(2002)及 Alleyne-Dettmers(1998)。对这些研究人员而言,节日的装饰、服装、表演等物质文化产品,甚至节日这个整体本身都有着丰富的内涵。为实现研究目标,作者使用直接观察这一方法研究英国春节庆典的表征,并用该方法收集到的数据反复检验有关春节组织过程的相关信息,以探求各华人团体(群体)的相互关系。Labrador(2002)指出,旅外社群节日的表征与社群的权力等级结构密切相关。节日的表征是其叙述者的写照,因为叙述者有权控制节日形象和话语(Labrador, 2002)。

作者以局外人的身份观察了谢菲尔德、诺丁汉、利物浦、曼彻斯特和纽卡斯尔的春节庆典,观看了活动、表演,并观察了它们的物质文化产品,如装饰等。作者深受庆典整体表现的启发,对庆典的装饰和表演做了记录(笔记示例参见附录 6),这为之后讨论华人群体如何通过春节表征构建社群认同感提供了丰富的素材(第六章)。在进行直接观察时作者还拍了照片,正如 Yin(2003)[93] 所说,这有助于向“外部观察者传达重要的案例特征”。在田野结束后,作者对这些照片都进行了书面解释(见附录 7)。

作者在 2009 年春节访问这些城市时,除了观看春节活动,还观察了社团工作人员的培训课程、日常组织工作、会议等。这些资料尽管与春节表征和华人团体间的关系不直接相关,却提供了更多有关春节和华人社群整体环境的信息。Yin(2003)[92]强调过,在案例分析中,表明相关行为或环境因素的资料是又一证据来源。每一案例对应的直接观察数据同样存放在单独的文件夹中。

(四)档案文件考察

本研究的第一手资料从访谈和观察获得,第二手资料通过考察历史文件获得。Yin(2003)指出,在使用第一手资料的同时运用(相关)档案文件有以下优点:首先,确认访谈中所提及组织的拼写和名称正确;其次,提供具体细节,证实从其他渠道得知的信息,为下一步研究寻找矛盾和一致点。本研究使用了各种视听和书面文献,有计划书、邮件、备忘录、会议摘要、合同和预算等纸质行政公文,还有网站、照片、音频等电子文件,国家和地方简报和文章,以及学术研究文章(见附录 8)。

这些档案文件来源丰富，很多是作者在参与式观察和直接观察的田野过程中获得的，还有很多由访谈者提供，尤其是已存档的组织报告和统计数据。Yin(2003)指出，研究人员若不亲自到实地考察，是很难获得文件资料的。附录 8 展示了作者为收集文件而走访的地方(春节组织机构、节日庆典地点和图书馆等)，并说明了作者是如何获取这些文件的。尽管有些材料能在当地图书馆找到，但是有些组织的内部文件一般都不对外公开，因此作者无法获得本研究可能需要的全部资料。例如在纽卡斯尔，作者无法获得预算、会议记录和其他内部文件。这个经历也证实了前文所述，即开展一项调查人际关系的社会研究实则也是在构建关系。在这个过程中，参与者和作者逐渐信任对方，参与者也帮助作者获取相关信息，比如在谢菲尔德，作者凭借长期的田野作业和逐渐建立的人际关系，才得以获得大量有关当地春节庆典的内部文件。除了实地考察，作者还查阅了报纸(中、英文)(见附录 20 和 25)、网站(春节组织、市议会、华人社团、中国驻英国大使馆等)，以获得与春节庆典和华人社群相关的第二手资料。

在本研究中，参与式观察、直接观察和半结构式访谈三种方法得到的信息只能反映 2008 年和 2009 年的春节庆典。尽管有些受访者提供了 2008 年之前的春节庆典和华人社群的历史信息，但由于时间间隔比较久，受访者提供的相关信息可能不够准确、具体。但是，文件资料却弥补了历史信息的缺乏，让作者得以了解春节庆典和华人社群的发展。首先，文件资料有助于发现春节委员会结构的变化，这与研究目标 1 相关——明确哪些华人群体参与组织和举办春节庆典。其次，文件资料能揭示这些变化发生的原因，包括内外部环境的变化、各个群体和社团的动机及它们之间的关系等，这有助于实现研究目标 2 和 3。再次，这些变化(包括庆典节目和演员等)产生的影响值得思考，可与其他方法收集的信息进行交叉比对。例如，作者在回顾 2004—2010 年谢菲尔德春节庆典的视频和节目单时，发现节日主题发生了变化(第六章对这方面进行了详述)。

与半结构式访谈和参与式观察相比，使用档案文件比"使用"人遇到的问题要少得多，因为前者更容易获取信息且来源稳定。但是，考虑到本研究的具体目标和本书可能的读者，接收数据的表面价值需谨慎，因为"公开可用的记录是在特定时间特定社会背景下以公众可接受的方式呈现的"(Denscombe, 1998)[162]。这就意味着文件虽然能部分反映现实，但却带有主观性，也是由制作人建立的。因此，Yin(2003)强调文件只是研究线索，而并非确定的研究发现，认识到这点可以避免虚假线索。为避免出现这样的问题，本研究会用三角检验对档案文件中获得的资料进行核实。

三、数据分析

数据分析的第一步是为分析做准备。定量研究旨在将资料转化为可分析的数字单位，而定性分析将观察、报告和录音获得的信息转化为书面资料（Denscombe，1998）。本研究在分析数据前，作者将原始数据转化为文字，将访谈录音转化为文本，将观察所得都写进田野笔记和研究日记，书面文件和图片则用文字总结或描述[①]（例子可参见附录1—3和5—7）。

第二步是根据编码列表进行编码（见表4-3）[②]。Ezzy（2002）及Miles和Huberman（1994）指出，这一列表随着研究目标、文献综述、田野作业的观点及初步数据分析的动态变化而不断发展。编码列表早在田野作业前就已拟定，在分析的各个阶段还在不断完善。这一工作不是作者独立完成，而是作者与同事合作进行，他们协助改进和核查编码的合理性和相关性，以符合研究目标。表4-3显示了按照研究目标拟定的六个门类，分别涉及春节庆典和旅英华人社群的历史背景、华人群体和个人参与春节庆典的动机和原因、春节庆典的表征及春节庆典的影响。第一列是说明标签，对类别和个体编码予以解释。第二列罗列了编码。第三列说明了与编码相关的研究目标。根据这份编码列表对之前准备好的文字材料进行编码，将其分割成不同的部分进行分析。附录3是一个例证。在2008年10月25日完成的研究日记中，编码IC（如IC-ORGC和IC-ORGS）、OP（如OP-PERS和OP-PD）和EC（如EC-GB-CN）将文本分为三部分：内部环境、组织流程和外部环境。首先，编码可以减少资料数量，帮助作者选择研究所需资料，解决信息过于烦琐芜杂的问题（Miles et al.，1994）。其次，编码根据研究目标将众多数据资料分成不同类别，方便之后在数据分析时对数据进行检索，为之后的研究总结做铺垫（Miles et al.，1994）。

---

① 这些书面文件都以中文或英文撰写。访谈文本的语言与访谈语言一致。田野作业、研究日记、书面文件评论、图片描述等其他书面文件在语言选择上比较随意，作者在田野作业中认为哪种语言比较合适就用哪种语言。但在撰写研究结果时，作者需将一些英文书面文件翻译成中文，所有这些翻译工作都是作者根据对原文件的理解进行的。

② 本研究未使用软件进行数据分析。利用计算机进行定性分析的主要优点在于软件包方便数据管理，但研究人员可能要花费大量时间按照软件的设计将数据存储和整理进不同的索引中，但又无法从电脑上的NVivo等软件直接获取有效的总结，这也是定量分析和定性分析软件的最大差别。

表 4-3　数据分析的编码列表

说明标签	编　码	研究目标
外部环境	EC	1
英国华人社群的历史	EC-CCHIST	1
英国华人社群的特征	EC-CCCHAR	1
人口统计资料	EC-DEM	1
学生	EC-DEM/STU	1
市民	EC-DEM/CIT	1
子群的发展	EC-SUBDELP	1
子群间关系	EC-INTERSUB	1
旅外社群和英国社会的互动	EC-DIAS-BRI	1
旅外社群和中国社会的互动	EC-DIAS-BHN	1
中英联系	EC-GB-CN	1,2
政府间	EC-GB-CN/GOV	1,2
组织间	EC-GB-CN/ORG	1,2
个人间	EC-GB-CN/PRI	1,2
英国—中国香港地区联系	EC-GB-HK	1,2
英国—东南亚联系	EC-GB-SA	1,2
内部环境	IC	1
春节庆典历史	IC-FHIST	1
春节委员会历史	IC-FCHIST	1
当前组织结构	IC-ORGS	1,3
当前组织构成	IC-ORGC	1,3
子群	IC-COC/SUB	1,3
社团	IC-COC/ASS	1,3
当地华人社群的发展	IC-CCDELP	1
子群	IC-CCDELP/SUB	1
社团	IC-CCDELP/ASS	1
领导	IC-CCDEVE/LEAD	1,2
子群间互动	IC-CCDEVE/INTERSUB	1
旅外社群和英国社会的互动	IC-DIAS-BRI	1
旅外社群和中国社会的互动	IC-DIAS-CHN	1

续表

说明标签	编　码	研究目标
地方城市和中国的互动	IC-CICY-CHN	1
春节组织结构的变化	IC-ORGS/CHANGE	1,2
春节组织构成的变化	IC-ORGC/CHANGE	1,2
动机及原因	MR	2
个人动机	MR-PM	2
组织动机	MR-ORGM	2
私人庆祝的动机/原因	MR-PRI	1,2
社群庆祝的动机/原因	MR-COM	1,2
组织流程	OP	3
春节委员会的领导	OP-CNYLEAD	1,2,3
工作模式	OP-WP	3
工作分配	OP-WP/DISTRIBUTION	3
讨论和协商	OP-WP/NEGOTIATION	3
决策	OP-WP/DECISION	3
合作	OP-WP/COOP	3
财务管理	OP-FM	3
华人资金支持(个人)	OP-FM/CHN (PRI)	3
非华人资金支持(个人)	OP-FM/NON-CHN (PRI)	3
政府资助	OP-FM/GOV	3
节目设计	OP-PD	2,3
节目来源	OP-PD/SOURCE	1,2,3
专业表演	OP-PD/PRO	2,3
非专业表演	OP-PD/NON-PRO	2,3
付费表演	OP-PD/PAID	1,3
免费表演	OP-PD/FREE	1,3
演员	OP-PERS	3
地方华人演员	OP-PERS/LOCAL CHN	1,3
地方非华人演员	OP-PERS/LOCAL NON-CHN	1,3
英国的华人演员	OP-PERS/DOM CHN	1,3
英国的非华人演员	OP-PERS/DOM NON-CHN	1,3

续表

说明标签	编　码	研究目标
来自中国内地的演员	OP-PERS/CN	1,3
来自中国香港的演员	OP-PERS/HK	1,3
语言	OP-LAN	3
工作语言	OP-LAN/WORK	3
社会语言	OP-LAN/CASUAL	3
推广春节	OP-PROMOTE	1,3
宣传春节	OP-PUBLICISE	1,3
春节场地	OP-VENUE	1,3
受邀客人	OP-VIP	1,3
当地客人	OP-LOCALVIP	1,3
来自中国的客人	OP-CNHVIP	1,3
表征	RE	5
春节主题	RE-CNYTHEME	5
主题变化	RE-CNYTHEME/CHANGE	1,5
装饰	RE-DEC	5
服装	RE-COS	5
表演	RE-PMANCE	5
传统表演	RE-PMANCE/T	5
现代表演	RE-PMANCE/M	5
春节表演的变化	RE-PMANCE/CHANGE	1,5
语言	RE-LA	5
粤语	RE-LA/CAN	1,5
普通话	RE-LA/MAN	1,5
英语	RE-LA/EN	1,5
观众	RE-AUD	1,5
来自中国内地的观众	RE-AUD/MA	1,5
来自中国香港的观众	RE-AUD/HK	1,5
媒体	RE-ME	5
内容（英国媒体）	RE-ME/GB	1,5
内容（中国媒体）	RE-ME/CN	1,5

续表

说明标签	编　码	研究目标
春节庆典的影响	INF	4
合作的影响	INF-COOP	4
春节庆典的功能	INF-FUNC	4
华人群体间关系	INF-INTERRELATION	4
对群体间关系的积极影响	INF-INTERRELATION/＋	4
对群体间关系的消极影响	INF-INTERRELATION/－	4

注:这个编码列表是根据原来的英文版本翻译过来的,所以第一列说明和第二列以字母组成的编码不太对应。根据最初版本,External Context 的编码取两个单词的首字母,即 EC,在此表中则变为外部环境对应编码 EC。其他类推。

第三步是对田野作业、研究日记、文件、图片描述的编码做进一步反思和评论。例如,在附录 2 中,作者记录了自己如何陪同一位谢菲尔德春节联合委员会成员前往中餐馆获取资助,之后表达了自己对这一经历的评论。这一阶段为研究人员的数据提供了新见解和新线索(Denscombe, 1998)。

第四步是根据数据信息确认主题和关系,即检验文字转录、现场记录、研究日记、文件和图片描述之间具有的关系与共同的主题。例如,为解释来自中国香港地区的华人群体参加谢菲尔德春节庆典的动机和原因,作者考察了与动机和原因相关的内外部因素,这就形成了一个完整的主题索引,各主题清晰,呈等级树状结构(见附录 26)。下一项工作是进行归纳和解释——“解释根据数据确定的主题和关系”(Denscombe, 1998)[212]。这一归纳是本书数据分析章节(第六、七、八章)的初步形态。

数据分析运用了三角检验的办法(Patton, 1987; Decrop, 1999; Yin, 2003)。Decrop (1999) 提出了五大三角检验法:数据三角检验、受访者三角检验(Patton 的“研究者三角检验”)、方法三角检验、理论三角检验和跨学科三角检验。本研究使用了前四种检验法。第一,为评估内部一致性或矛盾性,作者对从半结构式访谈、直接观察和参与性观察获得的第一手数据与从网页、组织内部材料、人口普查、媒体报道等获得的第二手数据进行了反复比对。第二,作者比较不同群体的采访者的观点,进行受访者三角检验。第三,作者综合使用多种方法对参与式观察的结果与半结构式访谈、直接观察和档案文件考察得到的结果进行反复比对。通过比较现有理论视角,尤其是(旅外社群)节日研究和(华人)旅外社群研究,作者进行了理论三角检验,试图解释并整合相异点。

四、研究伦理问题

研究者需要考虑研究的伦理问题，因为这些问题如果处理不当，可能会污染研究（Siverman，1985）。Bryman（2001）[479]认为研究人员需要经参与者知情同意，考虑对参与者的潜在危害，并避免个人隐私的侵犯和被骗。在本研究中，作者征得了参与者的知情同意，并遵守保密性和匿名性原则。在前往谢菲尔德考察春节庆典时，作者联系了当地春节联合委员会的主席，向其介绍了研究项目，并当面申请了志愿者工作，随后作者以参与式观察者的身份成为委员会公共关系组的一员。在参与式观察期间，作者试图与能接触到的每一个人就研究项目进行讨论，包括研究目标、使用何种方法、书作的潜在读者等。直接观察中涉及的问题比较少，因为庆典都是公开的，作者在参加这些庆典时无须征得任何个人或组织的同意。但如果作者拍摄任何个人或华人社团室内的照片时，则需要提前征得对方同意，说明拍摄缘由。

访谈前，作者告知受访者他们的名字不会出现在研究成果中，研究成果仅用于学术活动（见附录 4）。但有些受访者担心其他人会泄露机密信息。例如，有一位受访者谈到某春节委员会的内部冲突时，请求停止录音，因为涉及一些经济问题。作者接受了这一请求，停止录音，但仍可以做笔记。

数据分析和书作撰写仍然需要考虑伦理问题。作者根据研究结果对数据资料进行解读。总而言之，整个研究过程都不能忽视伦理问题。May（2001）指出，研究伦理的发展和应用不仅可以维护公信力，保护研究人员免受其研究成果被非法使用之害，还能确保研究是一项合法、有意义的事业。

五、结　语

本研究以案例研究为策略，结合了参与式观察、半结构式访谈、直接观察和档案文件考察这四种定性研究的方法。研究以谢菲尔德春节庆典为主要案例。作者以参与式观察者的身份加入谢菲尔德春节联合委员会，调查华人群体如何互动、共同组织和举办春节庆典，以及他们的互动关系如何在春节庆典中得到发展和体现。研究以另外四个城市——纽卡斯尔、曼彻斯特、诺丁汉和利物浦的春节庆典为补充案例。在访谈中，作者鼓励这五个城市的春节庆典组织的代表进行开放式讨论。通过直接观察，作者收集了和春节庆典、华人社群相关的资料，之后对这些资料进行人工编码、分析。作者也对本研究可能涉及的伦理问题做了较为充分的准备。

第五章　旅英华人社群与春节庆典的变迁与概况[①]

本章旨在回顾英国华人社群的发展历史，主要关注来自中国内地和香港地区的华人[②]，从而理清华人春节庆典在英国出现及发展的社会背景。因为本研究发现来自中国内地和香港地区的华人在英国当代春节庆典和华人社群中都扮演着最主要、最活跃的角色，所以本章没有对英国的所有华人群体进行详述，而是强调与本研究最相关的、能够体现旅英华人社群发展过程中的延续性和断裂性的历史资料，以帮助读者更好地了解英国华人社群的现状，尤其是来自中国内地和香港地区的华人社群的情况。这也有助于理解、思考春节庆典的主要特征及参与春节庆典的华人群体构成。当然，本研究也没有忽视其他华人社群，会对它们进行必要论述和简要分析。

本章分为六个部分。第一部分回顾英国的移民政策及民族关系管理政策。第二部分概述了自19世纪中期以来英国的三波华人移民潮。在此基础上，第三部分论述了当代旅英华人社群的特征，如社群划分，华人社群的跨国活动，包括英国的中国城和华人社团的发展等。第四部分以春节委员会与华人社群两者间关系为视角介绍了英国的华人春节的发展及现状。第五部分以谢菲尔德市为重点，讨论该市的华人社群、社团和春节庆典。第六部分为本章的小结。

---

① 本研究主要考察英格兰的春节和华人社群，但是由于大多相关文献以英国所有地区的华人社群为讨论对象，因此本书还是要以这些文献作为参考。

② 来自中国内地和香港地区的华人分别指出生在中国内地和香港地区的华人。下文中来自东南亚的华人指出生在东南亚的华人。由于在英国出生的华人几乎没有在春节活动中扮演过主要角色，本书在必要时候会涉及，但不做专门讨论。

一、英国的移民政策及民族关系管理政策

很长时间以来,英国实行“限制主义移民政策”与“自由的种族关系”管理手段,二者相辅相成(Joppke, 1996)[476]。这样的政策影响了中国向英国输出移民,同时也塑造了旅英华人社群的特征。因此,这一部分简要回顾英国的移民和民族关系管理政策,将有助于我们理解下一部分讨论的旅英华人社群的历史发展。

从18世纪中期到第二次世界大战乃至战后,大英帝国的势力覆盖全球很多地区;在巅峰时期,其统治着世界上超过1/3的人口(Brach, 1996)。凡是生活在英国海外殖民地的人都被看成是英国公民。这期间,包括第二次世界大战结束至今,流向英国的移民绝大多数来自英国当前或之前的殖民地,以南亚次大陆和加勒比地区的移民最为突出(Joppke, 1996)。《1948年英国国籍法案》(*British Nationality Act of* 1948)明确了单一的英联邦公民籍,即被英国实行殖民统治的地区的居民有权自由进入英国,并在英国工作或定居(Akilli, 2003)。该法案颁布后,英国迎来了来自香港新界的华人,这也是第二次世界大战后英国的首批华人移民(Akilli, 2003)。

但是,在第二次世界大战后的后帝国主义时期,英国经济和地缘政治势力减弱,后殖民移民大量涌入(Joppke, 1996; Akilli, 2003)。显贵的英联邦理想主义也被削弱。这之后,英国逐渐由“公民”国家变成“民族”国家,国家成员的身份由出生和祖先决定(Joppke, 1996)[477]。在这样的背景下,“英国民族主义”以“可憎的种族主义”的形式得以重生(Nairn, 1981)[269]。《1981年英国国籍法案》(*British Nationality Act of* 1981)可以很好地佐证这一点,该法案在定义国家成员时着重强调了血统主义(Goulbourne, 1991)。1962—1981年的英国国籍法反映了英国限制性移民体制的形成,或多或少地终结了所谓的以英联邦有色人种为主力的移民风潮(Benton et al., 2011)。但是,来自香港新界的华人移民数量在1962—1981年间急剧上升,因为很多人担心英国的大门可能突然向他们关闭,所以催促家人尽快移民到英国(Benton et al., 2011)。总体而言,第二次世界大战后的英国逐渐从多民族帝国转变为单一民族国家,少数民族人民在英国被视为大英民族共同体外围的“有色”移民(Joppke, 1996)[477]。

Joppke(1996)[479-480]形容英国有着“格外包容和精巧的政体”,官方的多元

文化主义政策成为种族关系的润滑剂。多元文化主义政策强调不同种族社群的融合、文化多样性和公平机会(Bourne，2007)，这反映英国采取了一种自由的民族关系管理策略以适合自己这样一个多民族帝国，在这样的背景下，其鼓励各少数民族移民社群进行自我管理。但是，长期的自我管理也会导致一些少数民族社群被孤立，与外界社会隔离。第八章将根据本研究的实证证据对此进行论述，因为有些受访者提到了英国华人社群隐形于英国社会的问题。此外，尽管多元文化主义强调重视民族群体间的区别及它们的文化差异，但是忽略了如何处理这些差异，这也是多元文化主义遭受诟病的原因(Sandercock，2004)。因此，一些学者提出了跨文化主义的理念，更强调对不同民族社群的文化差异进行管理，如 Sandercock(2004)，Steinfatt 和 Rogers(2004)。

二、英国的华人移民潮[①]

第一个到英国的中国人是位耶稣会学者，名叫沈福宗，他在 1686 年曾与英国国王詹姆斯二世会面。[②] 沈福宗是第一位给牛津博德利图书馆(Bodleian Library)中文书籍编纂目录的中国人。从 17 世纪到 19 世纪中期，陆陆续续有中国人来到英国。英国华人社群的历史通常追溯至 19 世纪中后期时中国首批劳工进入英国，此时距中国人第一次到英国已有近 400 年(Benton et al.，2001，2011；Cheng，1996；Lynn，1982)。

(一)第一波移民潮——劳工移民

英国的第一波华人移民潮发生在 19 世纪中期中国在鸦片战争中战败之后。鸦片战争的失败迫使中国建立了通商口岸，众多沿海地区开埠通商，对船只和船员的需求大增(Cheng，1996；Lynn，1982)。于是，很多中国人受雇进入航海业，并最终随船到英国工作(Benton et al.，2001；Lynn，1982)。早期的这些海员常通过香港的代理从广东四邑、宝安县和东莞等中国内地地区去

---

① 本章所说的“移民潮”主要指大规模的华人移居潮，随这几次移居潮到达英国的华人可能是合法或非法移民，可能是长期移民或短期学生、工作者，即这里的移民并不是指政治和法律上所指的已经或即将拥有英国永久居留权甚至国籍的华裔英籍公民。

② 引自 BBC 广播 4 台，第一集：最初的中国贵宾。参见 http://www.bbc.co.uk/radio4/factual/chinese_in_britain1.shtml，于 2011 年 1 月 20 日访问。

往英国(Christiansen, 2003; Shang, 1984)。还有些华人群体被英国的航运公司雇用于东南亚(Benton et al., 2001)。利物浦"蓝烟囱号"(Blue Funnel Line)从1892年开始雇用中国船员,在第一次世界大战后其中国工人数量达到2500多人(Christiansen, 2003)[93]。

这些海员定居在伦敦、利物浦、加的夫等港口城市,这是这些城市在当时被叫作"华埠"的原因(Shang, 1984)。按照Wong(1989)[4]的说法,1918年在英国上岸的中国人有3200名,其中2850名与利物浦航海业有着某种联系。据估计,从20世纪40年代起,无论何时利物浦都有8000~20000名中国船员(Christiansen, 2003)[93]。当地人对这些华人开拓者充满敌意,视他们为"不受欢迎的外来者"(May, 1978)。随着第二次世界大战初期的德国炮轰和城市再造工程,华埠时代结束了(Benton et al., 2001)。

第一波华人移民潮常被称为"苦力模式"或劳工移民(Wang, 1991)。"这些苦力劳工大多出生于穷困的农民家庭,是'旅居者',最终目的是在国外发财后衣锦还乡。"(Lew et al., 2004)[204]很多早期海员移民到英国定居后,开始经营洗衣店或餐馆,在当时这两种生意都部分地受宗族或世系家族的控制(Benton et al., 2001),但宗族并不是英国第一波华人移民潮的主要特征。

(二)第二波移民潮——第二次世界大战后的链式移民

第二波移民潮始于20世纪中期,如今英国华人社会的主流都是那个时期来到英国的(Cheng, 1996)。来自中国香港地区的华人是第二波移民潮的主体,所以这次移民潮也常被称为香港华人移民(Benton et al., 2001; Christiansen, 2003; Watson, 1975; Zhang, 1992)。

第二次世界大战快结束时,英国各届政府接连制定方针、政策以解决劳力短缺和金融危机问题(Akilli, 2003),对英国移民政策也相应做出了一些调整,例如颁布了《1948年英国国籍法案》和《1962年移民法案》(Akilli, 2003)。很多中国人纷纷从中国香港地区和东南亚前往英国。再加上香港出台新的农业政策、土地使用模式发生改变和城市化日益发展,香港新界的农民也涌向英国,加入英国的华人社群(Christiansen, 2003; Watson, 1975),这导致英格兰和威尔士的华人数量从1951年的3459人增加到1961年的10222人(Parker, 1995)[63]。

从香港新界移民到英国的华人被视为欧洲华人移民潮中最庞大、最重要的群体之一(Christiansen, 2003)。这次移民潮被称为"链式移民"(chain migration),意思是潜在移民通过早期移民在当地建立的重要的社会关系,获得交通行程支持、到达之后最初的住宿安排及工作(MacDonald et al., 1964)[82]。在香港新界,大多数情况下每一个村子往往有一个或若干个共同的姓氏,所以每个村子都体现了基于血缘的家庭或家族关系——通常是兄弟关系和叔伯关系。香港新界的农民就依靠自己原来村子里的家族关系移民到英国(Benton et al., 2001; Christiansen, 2003; Watson, 1975; Zhang, 1992)。家人、同伴、亲戚甚至整个村庄都是依靠早期华人开拓者的扶持才移民至英国,所以这群移民彼此间的关系十分密切(Benton et al., 2001),这些人际关系大多是前文(第三章)论述的原生关系,因为其以家庭为基础,因此被看成是最重要的关系。此外,香港新界移民之间还有一些关系是基于共同的地域——即香港新界的同一个村庄自发构建的。Watson(1977a)[191]指出,"链式移民体现的人际关系紧密性的本质对于英国华人社群的特征有着重要影响"。"其中一个(影响)在于英国华人社群缺少东南亚和北美华人社群的凝聚力。"(Benton et al., 2011)[38]香港新界华人移民间的密切关系对英国目前的华人社群仍有影响,第六、七、八章将对此进行详述。香港新界华人移民大多定居在英国,从事餐饮业。因此,从 20 世纪 50 年代初开始,在英国从事餐饮的华人出现迅猛的发展态势,中餐馆从 1945 年的 100 家左右飙升至 1970 年的 1000 家(Waston, 1975)①。在此期间,餐馆老板往往是通过链式移民或俱乐部及社团来招聘员工的(Benton et al., 2001; Christiansen, 2003; Watson, 1975)。

除了来自香港新界的链式移民,1997 年香港回归中国前后另一群香港人也加入了移民大军(Akilli, 2003; Parker, 1995)。这些移民大多也加入了餐饮业(Mackie, 2003)。Mackie(2003)[14]估计,1991 年前,在大约 16000 名移民至英国的华人中,大多数人来自中国香港地区。同时期来到英国的东南亚裔的其他少数民族移民,由于民族市场广阔,往往居住在飞地,涵盖广泛的社会阶层,与他们比较,来自中国香港地区的华人群体通常只属于一个较狭窄的阶层(Benton et al., 2001)。这个时期英国的来自中国香港地区的华人里很少有人能像来自美国和加拿大的华人爬至社会经济阶层的顶峰(Mackie, 2003)。Benton 和 Gomez(2001)认为,这个时候的英国华人移民分散在各个地方,因为他们常将外卖店开在距离最近的竞争者至少一英里之外,以避免竞争。但是,其他学

① Benton 和 Gomez(2011)指出,截至 2002 年,英国共有 9500 家华人经营的外卖店和 1500 家华人经营的餐馆。这些数据涵盖来自其他地区(如中国内地)的华人经营的餐饮公司,尽管来自中国内地的华人经营的餐饮公司在英国的华人餐饮业中占比并不高。

者，如 Christiansen 和 Watson，认为来自同一个村落的香港人在移民后仍相邻而居，形成小群体，他们“在资源、社会义务和共同关注方面依旧保持彼此联系，这是由于他们延长了移民过程导致的”(Christiansen, 2003)[53]。

1975 年美国在越南战争中战败之后，17000 名越南难民通过一项国际移民安置计划来到英国，其中 70%的人是华裔(House of Commons, 1985b)。截至 1990 年，英国有约 20000 名越南难民(House of Commons, 1985c)[165]，其中有 70%～85%是来自越南民主共和国的华裔人士，其余的是越裔或来自越南共和国的华裔(Benton et al., 2001)。这些人在越南大多数是农民或渔夫，有些是工匠和小贩，极少数人是商人或专业人士。相比其他华人团体，这群人受教育程度较低(Benton et al., 2001)。在此期间，还有来自马来西亚和新加坡的华裔移民群体(Wang, 1991; Benton et al., 2001)。

(三)第三波移民潮——自 20 世纪 70 年代晚期到现在的学生

尽管中国学生到英国的留学潮始于 20 世纪 70 年代，但早在 19 世纪 70 年代就有中国学生来到英国了。1875—1881 年间，第一批来自中国内地的学生被送往英国学习航海和军事科学(Benton et al., 2001)[47]。从 20 世纪初期起，在英国的中国学生的数量缓步增长。自封建制度崩塌后，西方教育造就了中国内地的第一代知识分子，包括工程师、文学家和经济学家(Chen, 1986)。但 20 世纪三四十年代出国留学的学生数量减少了，这主要是因为这段时间爆发了抗日战争、解放战争(1945—1949 年)，以及 1949 年中华人民共和国成立(Christiansen, 2003)。从 20 世纪 30 年代开始，英国开始接收其在东南亚和其他殖民地的华人学生，这些学生相比来自中国的学生与英国的联系更为密切(Benton et al., 2001)。从 20 世纪 50 年代起，来自中国台湾地区的华人学生也开始来到英国学习(Christiansen, 2003)。

从 20 世纪 50 年代起，英国成为香港华人学生留学的主要目的地，这除了因为香港自身的经济发展和英式教育在香港的良好口碑，还因为香港社会部分人对于 1997 年香港回归中国的担忧，以及英国移民政策允许其实行殖民统治地区的居民成为英国公民。很多香港华人学生进入英国高等教育机构，有些中产阶级家庭将孩子送往寄宿学校(Christiansen, 2003)。从 20 世纪 80 年代起，英国迎来的华人学生很多来自新加坡、马来西亚和中国台湾地区。

自 20 世纪 70 年代开始，中国内地的华人学生前往包括英国在内的欧洲地区留学的风气全面复苏了，这跟 1978 年和 1985 年中国政府的改革息息相关(Dobbs et al., 2006)。20 世纪 70 年代和 80 年代有了更多由政府或资助机构派出的学生和学者，他们去英国学习前就已通过大学入学考试，获得了大学学位或在某一领域已经拥有一定的学术成就（Christiansen，2003）。在中国，他们被称为“海外学人”，是自 1949 年以来中国内地最早的主要出境人群中的一个群体（Liu，1997）。不同于自 20 世纪 90 年代以来自费出国留学的华人学生，这些人用官方的话来说是中国的知识分子和专员，他们本该在学习了西方先进的科技知识之后回国帮助中国迎头赶上西方世界，但是他们大多一去未返（Zweig et al.，1995）。遗憾的是，如今没有数据能显示那个时期到底有多少这样的中国学生定居在英国，但据估计 1989 年春夏之交的政治风波后，更多的中国学生选择留在英国（Benton et al.，2011）。与早期移民相比，这一批内地学者已“形成了高学历阶层，能轻易获取信息，并进行全球范围内的沟通”（Christiansen，2003）[46]。

Benton 和 Gomez（2011）分析了在英国的三大华人学生群体的差异，这三大群体分别是：来自现在和之前的英属殖民地或被英国实行殖民统治地区的华裔、中国台湾人和中国内地人。前两个群体大多生活比较富足，很多人在完成学业后选择创业，在华人社群中工作，拉动经济。但是，很多来自中国内地的学生的生活艰难。有些人拿着微薄的薪水在中餐馆工作。学生社团和中国大使馆在他们的生活中发挥着重要作用。根据 Liu（1997）的描述，20 世纪 90 年代初期他在英国学习时，经常看见中国学者包括博士生在中餐馆打工赚钱。Liu（1997）指出，政府或机构资助的留英内地学生仍然有经济困难，他将这种现象归因为中国人的观念，即旅居国外的目标就是挣钱，而这种情况只发生在内地学生身上。在中国文化中，特别是自唐朝制定国家考试制度以来，知识分子的定位就一直停留在社会阶层的高端，而商人往往处于社会的底层（Ho，1962；Johnson，1985）。联系上文的讨论，当时很多餐馆是由包括来自香港新界的华人在内的香港移民开设或经营的，当中国内地学生、学者受雇于来自前英属殖民地或被英国实行殖民统治地区的中国农民时，传统中国文化中的高—低社会阶层在英国社会颠倒了。很少有实证研究考察这样的社会现实产生的影响，包括这两大华人群体之间、华人社会代与代之间或社会阶层之间的关系。本研究将针对这样的现象在数据分析章节（第六、七、八章）进行论述。不过，值得修正的是，Liu（1997）的这种观点有悖于在 20 世纪末期之后到达英国的中国学生的经济状况。

自 20 世纪 90 年代开始，来自中国内地的自费留学的华人学生的数量超过来自其他地区的华人学生。据估计，2004—2005 学年英国录取的中国学生数量从上一学年的 10000 名升至 80000 名（Shen，2005），中国学生占英国全日制留学生的30%，位居第一(Dobbs et al., 2006)。根据中国大使馆的最新数据，2010年这一数据升至100000名(Guangzhou Daily，2010)。与前几代学生和公派生相比，这群中国学生多来自中产阶级甚至更高阶层的家庭。这些家庭受益于自20世纪80年代以来中国的改革开放和经济增长，能承担英国每年的高额学费(近来是1万英镑或约11万元人民币)和昂贵的生活成本(近来是7000英镑或约77000元人民币)。据估计，每年约10万名中国学生在英国花费约17000万英镑，这笔巨款无疑能刺激英国经济。最新数据显示，出生于中国内地的华人在2010年圣诞节促销中消费近10亿英镑(Kelly, 2010)。在地方城市，中国学生被认为是中餐馆和商店的消费主力军。[①] Christiansen (2003)曾描述过20世纪90年代的一种现象，就是有些华人学生依靠向亲戚或“借贷俱乐部”借钱度日。根据本研究的发现，这种现象现已不多见，尤其是对目前在英国的来自中国内地的学生而言。本文讨论的学生移民指学生为取得更高学术成就而暂时移居英国，他们还想回到出生地。但是，随着时间的流逝，有些短期移民的留学生就在自己工作的城市里永久定居了。自20世纪80年代起，学生移民模式成为中国移民的重要组成部分。

三、英国当前的华人社群

目前，英国的华人(拥有英国国籍)社群相比其他民族社群，规模并不大。根据2001年的人口普查，在英华人共有243258人，占总人口的0.4%(Dobbs et al., 2006)。英国国家统计局的实验数据表明2007年英格兰和威尔士的华人数量达到408800人(Office for National Statistics，2010)，由此可以确定在过去10年英国的华人数量出现大幅增长。“在英国，华人社群是分布最广泛的民族社群之一。”(Dobbs et al., 2006; House of Commons, 1985a)在英国任一城市或地区，华人占总人口比例不超过1%(Benton et al., 1998)，但也有一些地方的华人人口聚集率相对比较高，主要是伦敦和英格兰的东南部(Dobbs et al., 2006)。

就出生地而言，根据2001年的人口普查，拥有英国国籍的华人主要来自

① 引自2009年3月1日和2009年2月13日的研究日记，两篇日记分别记载与纽卡斯尔金凤凰餐馆员工的闲谈，以及与谢菲尔德中式糕点店麒饼屋(Cake ‘R Us’)员工的交流。

三个地区：中国香港地区(29%)、英国(25%)①和中国内地(19%)(Dobbs et al., 2006)[35]。有少部分人来自马来西亚(8%)、越南(4%)、新加坡(3%)和中国台湾地区(2%)(Dobbs et al., 2006)[35]。在1991—2001年间，出生于中国香港的英国华人数量从34%下降到29%(Dobbs et al., 2006)[35]；相反的，出生于中国内地和台湾的华人数量从13%上升到21%(Cheng, 1996)[163-164]。这反映了自19世纪晚期以来的三波移民潮模式及其结果(Dobbs et al., 2006)。除了在英国出生的华人外，来自中国香港和内地的华人也是华人社群中的最大社群。这与本研究的发现一致：这两大社群在组织春节活动中扮演着最活跃的角色，本章稍后会对此进行进一步讨论。

第三章中讨论过，大多数针对旅外华人社群的研究都考察中国城和华人社团(Christiansen, 1998; Christiansen, 2003; Crissman, 1967; Lyman, 1974)，因为这两者最能反映华人的社会生活和华人社群的社会结构。此外，中国城和华人社团在英国的华人春节活动中扮演着重要角色。因此，本研究遵循前人的研究方法，下文将讨论英国的中国城和华人社团，对在英华人社群进行背景调查，重点涉及两大社群：出生于中国香港的华人和出生于中国内地的华人。

(一)英国的中国城

英国的中国城不同于北美和东南亚的传统中国城②。前者要小得多，通常只有一两条街，其发展不易受华人的控制，它们与其说是住宅区，更像是商业服务中心(Parker, 1995; Pieke, 1998; Watson, 1975)。英国的中国城在历史长河中也逐渐发生着诸多变化，下文将回顾其历史变迁。

英国港口城市伦敦、利物浦和加的夫的码头及其附近区域为早期的中国船员提供服务，继而逐渐发展成早期的中国城(Jones, 1979)。第二次世界大战初期由于纳粹德国实行的“伦敦大轰炸”(The Blitz)及城市翻新改造工程，伦敦原来位于莱姆豪斯(Limehouse)的中国城迁至杰拉德街(Gerrard Street)，而利物浦的中国城也从之前的皮特街(Pitt Street)移至纳尔逊街(Nelson Street)(Zhang, 1992)，这就削弱了20世纪前半期和后半期两波移民潮之间的重要联系(Benton et al., 2011)。自那时起，英国的中国城越来越

---

① 本研究没有发现足够多的出生在英国并参与春节组织的华裔。有些受访者在调查中谈及这一现象，第六章中会有说明。

② 关于北美和东南亚的传统中国城的更多细节，请参见第三章。

商业化，成为服务和社交空间，而不是华人的住宅区(Watson, 1975; Watson, 1977a)。在中国城经商的华人大多是第二次世界大战后来到英国的移民或暂居者。尽管华人学生和专业人员也在中国城消费，但却与老一辈华人移民保持着距离(Christiansen, 1998)。

不同于北美的自治贫民窟，英国的中国城很容易受到非华人投资者、市政府、城市规划者和土地投机者等“局外人”的影响。Christiansen(2003)针对荷兰和其他欧洲国家的中国城也提出了类似的观点(第三章)，但是英国的中国城里的华人社群更被动。Benton 和 Gomez (2001)指出这一现象的关键原因在于 20 世纪中期中国城的迁移让华人失去了财产所有权。比如，伦敦中国城主要的土地所有者是非华人经营的沙夫茨伯里公司(Shaftesbury plc)，其在 2001 年拥有该地区近 80 处不动产(Benton et al., 2011)。近几年英国的中国城的改造与发展都是合作开展的，吸引了华人社群、英国和中国政府及私营企业的兴趣，如利物浦和纽卡斯尔的中国城的建造和整修。现在的中国城还能促进旅游，加强华人社群与中国及欧洲其他华人社群间的经济联系。

英国中国城的文化表征也发生了变化，但不管怎么变，它始终确保能继续加深非华人对神秘东方的类型化想象(Cartier, 2005)。由于中国城成为越来越重要的旅游景点，其建筑和装饰大多使用中华民族标志和所谓的中华文化遗产吸引游客(Newell, 1989;Parker, 1995; Christiansen, 2003)。在华人社群内部，人们对通过中国城表现华人身份认同持不同的观点。有些人认为这些表征可以促进中国城的发展，提升华人身份认同感，而很多年轻一辈华人认为这让他们成为“异域外人”(Newell, 1989)[65]。在本研究中，华人社群的新人，如华人学生，对目前中国城的表征也持反对观点，认为中国城只不过是为了迎合西方人的口味。这涉及不同华人社群对中华文化的观点冲突，第七章会联系本研究的实证证据对此进行详述。

总而言之，英国中国城的华人大多是在第二波移民潮中来到英国的，其主要成员来自中国香港，在英国经营餐馆或其他与中国相关的业务。在美国和东南亚的传统华人社群里，中国城的组织结构能反映华人社群的结构(Crissman, 1967; Lyman, 1974)，但英国的中国城不是这样。第三章讨论过，英国中国城的华人无法反映某城市或整个英国华人社群的全貌。英国中国城的华人和中国学生、专业人员和知识分子间的界限明显。另外，代与代之间、不同群体间对通过中国城表现他们的文化持不同的观点，这可能会引发冲突。

（二）英国的华人社团

英国的华人社团在过去150年里随着三波移民潮经历了巨变和发展。第二次世界大战前英国几乎没有华人社团，最早的华人社团是为海员建立的，但之后也对店主和商人开放（Benton et al.，2011）。早期这些社团的建立主要基于地缘因素——共同或相近的出生地（如围绕着珠三角），有着强烈的政治目的——反抗在英国受到的歧视并支持中国的政治运动（Benton et al.，2011）。这些特征都与20世纪初美国和东南亚的传统华人社团的特征一致（Lyman，1974；Wong，1982）。当时英国小有名气的社团有伦敦的惠东社团（Hui Tong或Oi T'ung）、利物浦的致公堂（Chee Kung Tong）等（Shang，1984）。

自20世纪60年代开始，来自香港新界的华人开始大规模涌入英国，英国的华人社团数量快速增长。这些社团很多都是基于姓氏的世系宗族社团（Christiansen，2003；Watson，1975），成立的宗旨在于扶持世系移民，促进家族餐饮事业的发展。张氏宗亲福利会（Cheung Clansmen Charity Association）是第二次世界大战后在英国建立的首个华人氏族组织（Shang，1984）。有些社团基于方言或籍贯而建，如旅英五邑联谊会（Ng Yip Association）（Benton et al.，2011）。还有一些经济和专业社团，如华人餐馆老板协会（Association of Chinese Restaurateurs）和华商商会（Chamber of Chinese Traders），旨在保护某些特定华人群体的商业利益（Lew et al.，2004；Benton et al.，2011）。尽管此时华人社团数量大幅上升，但是华人社团的组织不够紧密、完善，这是因为这段时间英国社会反华情绪有所减弱，而来自香港新界的华人大多只想着赚钱（Benton et al.，2011）。

从20世纪70年代尤其从20世纪末开始到现在，随着华人社群的发展和新的移民的加入，华人社团越来越多样化。各种各样不同类型的华人社团相继出现，包括籍贯社团（如旅英五邑联谊会）、文化社团和俱乐部（如华人舞狮俱乐部[①]）、社群慈善社团（如华人社区中心[②]）、专业社团（如英国汉语作家协会[③]），以及与特定社群相关的海外华人社团（如海外华人社团台湾人群体[④]）（Shang，1984）。华人社区中心（Chinese community centres）兴于20世纪70

---

① 英文原名是Chinese Lion's Clubs。

② 英文原名是Chinese community centres。

③ 英文原名是British Association of Writers in Chinese Language。

④ 英文原名是The Overseas Chinese Association of Taiwanese Group。

年代，是由英国各地地方政府建立但由华人管理或由华人独立建立并管理的组织，其从一定程度上反映了英国政府开始鼓励华人社群融入当地社会，而新生代华人也开始主动消除自身和当地社会间的隔阂（House of Commons, 1985a）。比如，本研究发现，谢菲尔德华人社区中心（Sheffield Chinese Community Centre）在组织谢菲尔德春节庆典和当地华人活动中发挥着非常重要的作用。本章后文及第六至八章专门介绍谢菲尔德华人社群的时候将对该组织进行更详尽的介绍。

根据上文对华人社团发展的讨论，作者总结了英国华人社团的四个主要特点。第一，华人社团一直都在开展跨国活动，20 世纪初，早期社团支持中国的政治革命，而当代的社团组织返乡访问(Lew et al., 2004)。春节活动中，华人社团和跨国利益相关者的互动也可以佐证这点(第六、七、八章)。第二，英国当代的华人社团更积极地以不同方式来消除华人社群和外界社会的隔阂。第三，华人社群成为组织华人集体活动的社会机构，例如组织集体活动反对外界以口蹄疫为借口针对华人餐饮从业者(Benton et al., 2011)。在之前研究英国华人社群的文献中，很少见到华人以个体身份参加公共活动。因此，若要通过春节庆典等集体活动的组织来考察华人社群间的关系，研究华人社团间的互动是十分必要且重要的。第四，依据出生地(方言)建立的华人社团之间存在一定的界限。Crissman(1967) 和 Lyman (1974)分别指出了东南亚和美国的华人社团的这个特点。美国和东南亚各华人社群以闽南语、潮州话、客家话、粤语和海南话等地域语言为界，划分明确，目前英国华人社群间的言语—群体差别没有那么大，但仍存在这样的差别(Benton et al., 2011)。例如，谢菲尔德华人社区中心在 21 世纪前以来自中国香港的华人(说粤语)为其主要服务对象，而谢菲尔德中国学生学者联合会的服务对象是来自中国内地(说普通话)的学生和学者。以出生地(方言)对社团进行的划分通常也与子群的划分一致，成员要么主要来自中国内地(说普通话)，要么来自中国香港(说粤语)。本研究发现鲜有来自南亚的华人加入以来自中国香港的华人为主的社团，因为这种社团的成员以粤语为主要语言(第七章)。华人社团和社群以出生地(方言)的划分反映了华人社群内部的分化(Crissman, 1967; Lyman, 1974)。第七、八章在这方面有更进一步的论述。

(三)英国的华人社群:共同利益还是阶层分化?

以 Watson(1977a,1977b)为代表的一些学者认为英国的华人子群是因为共同利益的驱使团结在一起的。尽管不同的华人子群间有差异，但这种差异要小于华人和非华人间的差异(Watson，1977a,1977b)。也有一些学者认为英国的华人社群的更大的特征是内部的阶层分化层，而不是团结，比如Christiansen(1998)，Benton和Gomez(2011)。

第一，老移民和新来者之间存在竞争和冲突。例如，20世纪60年代从事餐饮业的华人老前辈和来自中国香港地区的新来者就存在互相竞争的现象，而自20世纪70年代起，来自中国香港地区和来自越南等东南亚国家的华人之间的关系一向不睦(Benton et al.，2011)。导致这样的现象的主要原因之一在于第二波移民潮中的很多华人在建立自己的餐饮业之初就加入了狭窄的劳动力阶层。所以，这批华人比起社群成员分布于各个社会阶层的来自其他东南亚和加勒比地区的少数民族社群，更容易因为竞争产生冲突。第二，子群内部也有阶层分化。例如在香港移民子群中，来自香港市区的华人和来自新界的华人之间就有隔阂。新界无论在香港还是在内地都被看成是一个边缘化的地方(Christiansen，2003)。香港市区移民和新界移民间的阶层分化体现在职业、经济地位、教育等方面(Benton et al.，2011)。第三，来自中国内地的学生、知识分子、专业人员和中国城早期华人之间仍有隔膜(Christiansen，1998；Watson，1977a)。Watson(1977a)认为，从20世纪50年代到70年代，少数中国内地知识分子和专业人员与中国城的华人社群完全没有接触。近来，尽管中国内地学生与这些早期的华人移民有些许互动，例如在中国城的店里消费或参与某些活动等，但两者关系未发生本质改变。Christiansen(1998)[46]认为中国内地学生"坚持一个与其他海外华人疏离的地位和位置"，这源自社群内部而不是迫于外部影响形成的隔阂。

Benton和Gomez(2011)[8]对造成华人社群这种特征的原因做了如下评价：

> 我们发现在英国的华人虽然因一种民族认同感联结在一起，却缺乏一种社群感。作为一个归属性社群(ascriptive community)存在，它由阶级、语言、到达地、到达目的及英国国内物理层面的分隔因素进行划分……他们缺乏共同宗谱或象征，还缺少一个共享民族身份的社群应有的界标。他们不像南亚人都信奉伊斯兰教或印度教，没有因共同的宗教信仰而团结在一起。相反的，由于社群内部身份认同的异质化和个体化，社群的杂糅性也越来越高。

Benton和Gomez强调英国的华人缺乏社群感，他们缺少凝聚力是因为他们没有共同身份认同。所以，虽然在《1800年到现在的英国华人：经济、跨国主义和身份认同》①一书中 Benton 和 Gomez 提到居住在英国的华人时多次使用"社群"一词,但是对他们而言,"社群"是一个指民族团体的习惯性用语,而不一定含有团结或凝聚的意义。如果按照 Benton 和 Gomez 的逻辑,华人春节庆典虽然有众多华人子群的参与,但是并不能体现整个华人社群的团结和凝聚。作者不同意这样的论断,将在后文(第六、七、八章)根据实证证据,对此进行讨论和反驳。在这里,需要强调的是,Benton 和 Gomez 在书中提到华人社群的"杂糅"(hybridised)身份或华人社群内部的杂糅性(hybridisation)主要是强调华人社群作为民族集体内部的多样性,这不同于 Bhabha(1994)在后殖民背景下提出的杂糅理论,尽管他们用了同一个英文单词hybridised(或hybridisation)。Bhabha 提出的杂糅观点反映了殖民者和殖民地人民之间的对立和不平等。Bhabha(1994)提出,杂糅是殖民统治者在一个单一的、同质化的框架内将殖民地人民的身份进行转化、创造一个新的杂糅身份的过程。本书探索春节活动中各华人子群间的社会关系,也会涉及华人社群的多元、杂糅身份认同,但不是在后殖民理论的杂糅观点下展开的。

如前文所述,一些学者认为华人社群作为一个民族集体具有阶层分化和异质性的特征,如 Christiansen(2003),Watson(1977a),Benton 和 Gomez(2011)。但是,这些观点并不是基于对各华人子群之间的社会关系进行的完整、系统的研究的。本书通过考察春节语境内外(但与春节相关的)各华人子群的互动研究它们彼此间的关系,将会填补这一研究空白。第六、七章提出,英国的华人社群不仅能促进社群凝聚的相同的"华人"身份认同,同时社群成员多元、杂糅的身份认同也能引发冲突。

四、英国的春节庆典

尽管"春节"这一名称并不具有非常漫长的历史,主要是因为中国受西方文化影响开始庆祝元旦之后,为区别公历新年而将农历新年改称为"春节",但是,农历新年的庆祝可以追溯到先秦时期。汉代被认为是新年习俗定型的时期。因此,我们可以认为春节庆典的历史非常漫长。对华人来说,春节是一年一度最重要的节日。在中国,春节始于农历新年的第一天,持续 15 天,通常对

① 该书英文原名是 *The Chinese in Britain*, 1800-*Present*: *Economy*, *Transnationalism*, *Identity*。因为作者参考的是该书英文原著,后文的参考书目使用的也是该书的英文原名。

应公历的1月至2月。尽管春节的起源和多数其他传统节日无异,体现了古代中国人对农业劳动、家庭事务、社会生活及宗教活动的安排,但是,还是有各式各样的传说、禁忌流传至今。这包括,春节之所以又称过年,是因为在古代中国有个叫"年"的吃人怪兽,平时住在深海中,每12个月快到冬天的时候,"年"就会出来寻人充饥,人们认为"年"害怕噪音和红色,所以用鞭炮还有红色来吓跑"年"。在汉语中,"过年"的字面意义是度过"年",是跨过厄运的象征,意为"庆祝新年"。

春节的风俗流传甚广,以至全世界的华人春节都有类似的庆祝习俗。例如,春节前,华人家庭会对房子进行大扫除,除去过去一年的霉运,迎来新年的好运,他们还用红色装饰物来装点房子。春节前夕,人们会守岁。家人齐聚一堂,共进晚餐,互相祝福,之后长辈会给孩子们发红包。人们还会燃放鞭炮,保持家里的灯亮一整夜,寓意"赶跑邪恶"。在新年的第一天,人们穿上新衣服,拜访亲朋好友,交换礼物。春节庆祝持续15天后结束。

但是,在漫长的历史进程中,居住在不同国家和地区的华人社群还是发展出不同的春节庆祝方式。在中国内地,20世纪80年代第一次春节联欢晚会的电视直播改变了人们除夕夜的传统——普通老百姓家庭往往齐聚一堂,一边吃年夜饭,一边欣赏由中国中央电视台制作的春晚节目。所以,很长一段时间以来,除夕夜观看春晚已经成为中国内地的传统(Zhao, 1998; Du, 1998; Dubey, 2006)。正如Du(1998)[383]所说,"边吃团圆饭边看春晚表演才是完整的除夕夜"。对于出生于中国内地的华人而言,"春晚已经成为新年习俗的一部分,被视为'春节文化不可或缺的一部分'"(Zhou, 1997)[43①]。传统春节的这一变化是中国内地的一个特色。

中国政府利用春节联欢晚会,将家庭成员欢聚一堂的传统中国家庭理念、民族团聚的政治意识形态、儒家的大一统思想三者联系起来(Zhao, 1998)。春晚上总会播放海外华人向祖国母亲致以新年问候的影片。来自中国香港和台湾地区的演员的表演也是春晚中不可缺少的内容,大一统思想就此延伸至中国香港、澳门、台湾地区及世界各地的华人社群。中国国家和地方政府在宣传这一理念上颇费心力,这一思想或多或少在中国人的思想中扎了根,也一代代地流传下来。对出生于中国内地的华人而言,无论他们是因为中国政府的对外开放政策自愿出国,还是因为特殊历史背景被迫出国,他们或多或少、直接或间接地经历了中国内地的政治经济发展。尤其是对自愿出国的年轻一代

① 由ZHAO B(1998)翻译。

移民或学生而言，香港回归中华人民共和国对他们的民族自尊至关重要。根据 Zhao(1998)的研究，他们视香港、澳门、台湾为中国不可分割的部分，将所有地区的华人进行同质化的对待；但这些地区的华人对这一观点的理解比较多元，又过分强调不同地区的华人之间的异质性，这对双方的关系产生很大的影响。Zhao 没有就这个观点给出实证性的证据，这样的观点是否体现在海外春节这样一个双方共同参与的场合中呢？第七章将结合田野作业的实证证据予以讨论和分析。

中国传统春节是围绕家庭展开的庆祝，公众活动并不是其主要特征(Lau, 2002)。但在很多海外国家，春节正逐渐成为公共节日，如伦敦、圣弗朗西斯科、悉尼及其他拥有大量华人人口的城市。英国的春节庆祝活动主要在三类场地开展。第一类春节庆典举办场所是中国城及其附近的区域，如伦敦、利物浦、曼彻斯特和纽卡斯尔等。在这些城市，当地政府、旅游机构和私人企业将华人春节与中国城打包成一个旅游产品以吸引当地及邻近区域的游客。例如，伯明翰市议会就把当地的春节庆典打造为一个旅游休闲产品，在其官方网站上进行推广(Birmingham City Council, 2012)。伦敦的旅游指南也把春节庆典标注为当地的旅游特色产品(Visit London, 2012)。利物浦和纽卡斯尔的春节庆典也是当地重要的旅游产品(见图 5-1 和图 5-2)。第二类春节庆典举办场所是众多华人居住或经商的城市空间，如谢菲尔德的伦敦路及其附近区域。室内及其他类似的场所是第三类春节庆典举办场所，如剧院(2007 年的诺丁汉春节庆典在该市皇家阿尔伯特音乐厅举行)、市政厅(2010 年利兹春节庆典及2007—2010 年间由谢菲尔德春节联合委员会举办的谢菲尔德春节庆典)。值得一提的是，除了公共性的庆祝活动，华人社群仍有一些私人的春节庆祝活动，例如与亲朋好友在除夕夜共进晚餐[①]，但他们的春节庆祝通常没有完整的象征系统，包括一开始的大扫除(净化仪式)和礼物交换(交换仪式)(第一章)。

---

① 参见 2009 年 7 月 29 日对蔡李佛功夫龙狮总会(Choi Lee Fut Kung Fu Dragon and Lion Association)主席的采访及 2008 年 2 月 10 日对谢菲尔德春节联合委员会主席的采访。2009 年 1 月 25 日的采访日记记载了作者受邀前往参加谢菲尔德某中国内地华人社团的除夕晚餐。

图 5-1　参加 2009 年纽卡斯尔中国城春节庆典的游客观看舞龙表演

图 5-2　参加 2009 年利物浦春节庆典的游客

英国的少数春节活动是由英国政府组织的，例如约克市政府曾在 2004—2007 年间举办春节活动。在大多英国春节活动中，各个华人子群及其社团成立春节委员会，互相合作，共同组织和举办地方春节庆祝活动。除了华人社团的正式成员外，社团外的人也会以志愿者的身份，协助组织和举办春节活动。近来，春节委员会开始邀请非华人组织加入委员会，还会就表演和服装等事宜向中国的相关机构寻求帮助（第六章）。作者认为英国的春节庆典的利益相关者可以分为两个阵营："核心利益相关者"和"外围利益相关者"。各个城市的春节委员会的各华人社群成员属于前者，后者是"广泛的利益相关者"，包括观众、游客、演员、私企赞助商、地方政府代表和中国大使馆等所有能影响春节庆典的利益相关者。本研究主要考察"核心利益相关者"——通过春节庆典研究各华人子群之间的关系，但同时也会考虑华人社群和"广泛的利益相关者"之间的互动。由于春节的公共庆典是一个集体性的社群活动，每个城市的所有或大部分华人群体都会加入春节委员会，这些群体在委员会中的互动将会体现它们彼此之间的关系（第六、七、八章）。

五、谢菲尔德的华人社群和春节委员会

上一章在介绍本研究的研究策略与方法时，解释了本研究以谢菲尔德为主要案例，以另外四个城市（纽卡斯尔、曼彻斯特、利物浦和诺丁汉）为补充案例的原因。简而概之，以谢菲尔德为主要案例是理论和实际因素的综合。首先，谢菲尔德的春节吸引了来自当地华人社群、中国和英国的参与者，这正好对应了文献综述部分的讨论——当代旅外社群开展跨国活动连接"母国"和"客国"社会（第二、三章）。其次，谢菲尔德有各种类型的华人群体，反映了华人旅居英国以及在当地工作、生活的多元模式和漫长历史。华人群体在春节语境里的互动展现了它们彼此间复杂的关系。实际方面的原因在于相比其他几个城市，作者可以更容易、更深入地接触谢菲尔德春节的参与者。因此，这部分内容将会概述谢菲尔德的华人社群和春节委员会，揭示该市的华人社群是如何发展并形成当前这种结构的，以及哪些群体和社团在春节中发挥关键作用。这部分内容旨在为主要案例研究提供背景信息，帮助读者更好地了解接下来的三个数据章节。

（一）谢菲尔德的华人社群

本研究之前鲜有学者对谢菲尔德的华人社群进行过正式、系统的学术研究，但是作者在当地图书馆和华人社团里发现了一些对当地华人社群的调查报告，其大多是由当地人编纂的，这为本书有关谢菲尔德的华人社群的信息提

供了大量的原始素材(部分例子可参见附录 9—18)。

Ng(1995)的报告似乎是华人开展的唯一一项调查谢菲尔德“所有华人群体”的研究。根据这份调查,在 1995 年以前,谢菲尔德共有 1295 名华人,其中 63%来自中国香港地区,23%来自中国内地,还有 14%来自越南。谢菲尔德的第一代华人在 20 世纪 60 年代至 70 年代间从香港新界来到该市,一般从事餐饮业(Ng, 1995)。前文谈及 19 世纪后期开始,英国一共有三波华人移民潮,谢菲尔德的第一批华人是在第二波华人移民潮中来到该市的,主要受第二次世界大战后英国移民政策、香港新的农业政策和城市规划的影响(Akilli, 2003; Christiansen, 2003; Watson, 1975)。早期这些移民大多是男性,主要是为了赚取足够的钱,然后接家人到英国改善生活条件,现在他们大多退休或去世了。他们受教育程度较低,用英语交流存在困难,来到英国后依靠家人或朋友才能过活(Ng, 1995)。这些来自香港新界的早期移民、他们的家人和后代构成了谢菲尔德华人社群的核心。这些人的孩子是第二代移民,大多跟随父辈的脚步从事餐饮业,在谢菲尔德也有了自己的家(Ng, 1995)。这些华人开设的餐馆大多设在谢菲尔德的伦敦街。尽管这条街上没有拱廊、亭阁等象征“中国城”的典型中国文化标志,但在当地华人和英国人的心中,这就是谢菲尔德的“中国城”。但是,近年有望在伦敦街区域的基础上修建一座具有传统中国建筑风格的中国城。[①] 这座即将问世的中国城与利物浦、纽卡斯尔和其他欧洲城市的中国城一样,是一项跨国工程,将吸引当地华人、市议会、城市规划者和跨国企业家等广泛的社会参与者的兴趣和投资。[②]

Ng 的报告概括了 1995 年谢菲尔德华人社群的整体情况,这是一次有价值的尝试,但其有限的数据来源让人不禁质疑这次研究考察的华人社群是否全面。Ng 的数据的收集场所主要是餐馆、外卖店和两个华人社团:老人常青午餐会(Evergreen Luncheon Club)和谢菲尔德华人基督教会(Sheffield Chinese Christian Church)。这些地方的参与对象主要局限在华人基督徒及来自中国香港地区和越南的华人移民,因为这些人在餐饮业中发挥主导作用。其他群体的人,如专业人员和学生,都被排除在研究范围之外。这可能有两方面原因:首先,1995 年之前鲜有中国内地和东南亚的华人学生和专业人员来到谢菲尔德,他们不是旅英华人的主流——因为中国学生和专业人员从 20 世纪 80 年代才开始逐渐来到英国,他们在当时的谢菲尔德的规模可能还未引起足够的重视;其次,这份研究选取的场地、餐馆及两大社团正好是华人学生和

①② 引自 2010 年 9 月 22 日对谢菲尔德春节联合委员会主席的访谈。

专业人员不常去的地方。这在一定程度上印证了 Christiansen(1998)的看法：华人知识分子或专业人士与中国城的餐饮从业人员之间有着明显的分化和隔阂。

但是，自 20 世纪 90 年代开始，谢菲尔德的华人数量上升，华人社群结构也发生了变化。2001 年的人口普查显示有 2211 名华人居住在谢菲尔德，占该城总人口的 0.4% (Meridien pure, 2006; Sheffield City Council, 2003)。在这 2211 人中，666 名来自中国内地，593 名来自中国香港地区，237 名来自新加坡，715 名来自马来西亚(Meridien pure, 2006)[2-3]。由于该数据只关注出生地而非民族起源，所以不是绝对正确的，因为来自中国内地和香港地区及新加坡的华人从民族起源而言算得上是华人，但来自马来西亚的可能是华人或马来族(Meridien pure, 2006)。但这些数据还是在很大程度上体现了华人社群的人口变化，例如 2011 年谢菲尔德出生于中国内地的华人要多于出生于中国香港的华人。这与全英国华人社群的构成一致，反映了自 19 世纪晚期以来的移民模式(Dobbs et al., 2006)。

人口普查还显示，2001 年有 1006 名中国学生，这其中不包括出生在英国的华人学生(Meridien pure, 2006)[4]。接受本研究访谈的谢菲尔德学生学者联合会(Sheffield Student and Scholar Association)的代表认为中国学生的实际数量比这一数字更高，因为当年仅来自中国内地的学生就有 1000 名左右①。2001 年中国学生占谢菲尔德华人数量的一半。算上这些学生在内，谢菲尔德的华人数量最少也有 3207 人，其中来自中国内地的华人(据估计有 1668 人)是最大的群体。下次人口普查时这一数据还会增加，因为中国内地有更多的学生和移民来到英国。目前，出生于中国内地和香港地区的华人是谢菲尔德的两个最主要的华人社群。

英国的华人社群通常分布较为分散(Dobbs et al., 2006)，但是谢菲尔德的华人社群却不同，它们主要集中在城市中心(Meridien pure, 2006)。谢菲尔德共有七大社区集合(community assembly)和 28 个选区(ward)。华人居民大多住在中心社区——夏洛区(Sharrow)和布鲁姆霍尔区(Broomhall)的布鲁姆希尔(Broomhill)选区②(见图 5-3)(Meridien pure, 2006; Sheffield City Council, 2010)。Meridien pure 的研究显示，超过 2/3 的华人居民只在谢菲尔德的一个街区住过。伦敦街位于中心选区的海菲尔德区分布着众多的华人

① 引自 2008 年 2 月 13 日于谢菲尔德对谢菲尔德学生学者联合会主席的访谈。

② 更准确地说，应该是布鲁姆希尔(Broomhill)选区里的案德克里菲区(Endcliffe District)。

餐饮业。在这里能看到华人——尤其是出生于香港的华人间的紧密接触(不包括学生),这样的接触有助于发展并维护他们之间的“紧密关系”(close *guanxi*),这也影响了参与组织谢菲尔德春节庆典的各华人子群间的社会关系。第六、七、八章对此有进一步的论述。

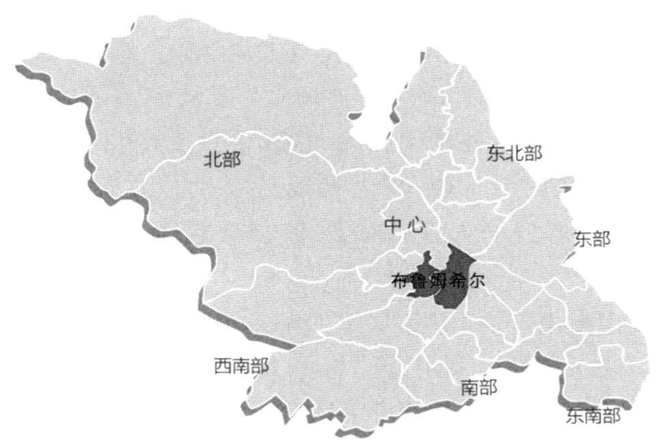

图 5-3 谢菲尔德华人社群的主要工作生活区域

近年来,谢菲尔德市议会及当地的其他组织和公司越来越积极地建立与中国的多方合作关系。例如,谢菲尔德足球联队买下了成都五牛足球俱乐部90%的股份,成为首支在中国拥有球队的外国俱乐部(China-Britain Business Council, 2008)。谢菲尔德中国商务集团(Sheffield China Business Network)成立于2008年,旨在加强谢菲尔德公司和中国公司间的商业联系(Creative Sheffield, 2009b)。同样在2008年,谢菲尔德铸锻国际有限公司(Sheffield Forgemasters International Ltd)与哈尔滨电气公司就在中国销售大规模工程产品签署合作协议(CreativeSheffield, 2008)。创意谢菲尔德(Creative Sheffield)是谢菲尔德一家致力于经济发展的公司,其在加强谢菲尔德与成都的联系方面做出了大量的贡献,包括赞助成都市文化局的演员参与2008年谢菲尔德的春节庆典并进行表演。谢菲尔德和成都在2010年结为姐妹城市,两市关系也影响了参与谢菲尔德春节庆典的华人,因为他们参与春节的活动都是为了加强谢菲尔德和母国的联系。例如,谢菲尔德春节联合委员会的主席在2008年作为华人社群的代表跟随谢菲尔德代表团访问成都[①]。之后他成为谢菲尔德中国商务集团的一员,协助加强谢菲尔德和中国的商业联系。在

① 引自2010年9月22日与谢菲尔德春节联合委员会主席的交谈。

2008年和2010年春节期间，谢菲尔德春节联合委员会曾招待过成都市文化局代表的来访，这是双方政府间的一次文化交流。这种关系是如何影响谢菲尔德各华人子群的关系，第六、七、八章将对此做进一步的论述。

（二）谢菲尔德的春节委员会、华人社团和春节庆典

谢菲尔德的华人组织在当地华人社群生活中起着非常重要的作用。Ng(1995)[22]的报告中提到，谢菲尔德的华人主要从家人、朋友寻求帮助，除此之外，他们会向华人志愿服务社团咨询、获取信息支持和服务(21%)。尽管这一比例不是很高，但在谢菲尔德，华人社团是提供公共服务、组织集体活动的最重要的组织。只有5%的人选择向谢菲尔德市议会寻求类似的帮助(Ng，1995)[22]。

在休闲活动和文化方面，谢菲尔德的华人活动大多与"中华文化"有关，如传统庆典、拜访中医、使用传统中药、与华人朋友一起参加运动和活动(Ng，1995)。春节庆典是当地华人最隆重的传统活动。2004年以前，他们经常以社团、朋友、同事、校友等社交群为圈子，自行开展庆祝活动。① 2004年春节时，代表不同华人群体和各自利益的五大华人组织首次共同举办公众庆典(Sheffield Chinese New Year Joint Committee，2004)。2004—2010年间，尽管多数社团一直在春节联合委员会里保有一席之地，但部分社团已经离开该组织，同时也有新的社团加入进来。这一现象的产生可能与社团之间的互动有关，如权力竞争、为实现各自目标的利益协商和冲突等(第六、七、八章)。按照社团(多数)成员的出生地划分，这五大社团中有四个社团的成员多出生于中国香港，分别是谢菲尔德华人社区中心(Sheffield Chinese Community Centre)、谢菲尔德华人基督教会(Sheffield Chinese Christian Church)、励贤会(Lai Yin Association)，以及雪埠华人联谊会(Sheffield District Chinese Association)，还有一个社团的成员多出生于中国内地，即谢菲尔德中国学生学者联合会(Sheffield Chinese Students and Scholars Association)。各个社团都有着各自的目的和利益，这是否(以及如何)影响它们之间的互动及社团间的关系？为了在第六、七、八章深入地回答这个问题，下文首先简要介绍这五大华人社团的成立、发展历史及它们的日常活动。

1. 谢菲尔德华人社区中心

无论对于当地华人社群还是春节联合委员会，谢菲尔德华人社区中心都

---

① 引自2008年2月10日于谢菲尔德对谢菲尔德春节联合委员会主席的访谈。

至关重要。谢菲尔德华人社区中心成立于20世纪70年代，是由来自香港新界早期的移民捐款投资而建的。之后，谢菲尔德华人社区中心得到英国政府的大力支持，例如，其青年参与项目（Youth Participation Project）和雪埠华人健康计划（Kinhon Chinese Health Programme）分别由谢菲尔德市议会和英国国家医疗服务体系（National Health Service）资助发起。和英国多数社区中心一样，谢菲尔德华人社区中心有以下功能：(1)为当地华人提供住房、社会安全、健康、移民、法务、工作等其他生活相关的咨询服务；(2)提供娱乐、文化和社会活动的场所；(3)提供教育服务，例如开设中文课程和文化表演培训课（House of Commons，1985a）。谢菲尔德华人社区中心非常受华人的认可。Ng(1995)的报告显示，在受访的华人社群成员中，60%都曾听过谢菲尔德华人社区中心，但这些人大多是来自中国香港的早期移民。因为在20世纪该中心所有的工作人员都说粤语，谢菲尔德华人社区中心主要为说粤语的人群服务。2003年，谢菲尔德华人社区中心招收了首位说普通话的成员，是一位来自中国内地的大学毕业生。[①] 该中心管理层的一些员工在谢菲尔德开设餐馆或从事其他生意，其中有些店就开在伦敦街上。

谢菲尔德华人社区中心是谢菲尔德地方政府和华人社群间的媒介，通过该中心，地方政府可以根据华人的需要制定相关政策和服务，加强双方的沟通，改善民族关系（House of Commons，1985a）。因此，地方政府对谢菲尔德华人社区中心给予大力支持，帮助其开展活动。例如，上文提及的Ng撰写的报告是1995年由谢菲尔德华人社区中心负责组织调查并完成的。对当地政府而言，拜访谢菲尔德华人社区中心是当地华人生活的一项"必需活动"，因为这是年长的华人可以依靠的第二个家，他们可以通过该中心获知公民咨询局（Citizens Advice Bureau）和健康机构提供的服务（Meridien pure，2006）。目前，英国社会（政府和非政府组织）对谢菲尔德华人社区中心的支持对其发展起着重要作用，其发展也不能只依靠华人，因为如果某些项目的赞助突然终止，为这些项目服务的工作人员可能就会失去工作。

2. 谢菲尔德华人基督教会

谢菲尔德华人基督教会是谢菲尔德另一个重要的社团，其自2004年以来一直是当地春节联合委员会的固定成员。由于缺乏关于谢菲尔德华人基督教会的书面材料，大多数信息都来自该组织的官网（www.shefccc.org.uk）及本

---

① 引自2009年3月8日于谢菲尔德对谢菲尔德华人社区中心工作人员的访谈，该工作人员同时还是2009年谢菲尔德春节联合委员会宣传组的代表。

研究对其工作人员的访谈。谢菲尔德华人基督教会成立于1972年，见证了来自中国香港和内地的华人基督教徒群体的发展。

根据1972年的资料，谢菲尔德华人基督教会建立的时候，主要是由医院护士和谢菲尔德大学的学生构成，牧师都是英国人。1974年，谢菲尔德华人基督教会和谢菲尔德协会（Sheffield Association）合作举办主日学（Sunday school），其成员向中餐馆和外卖店老板的孩子教授粤语，向他们的父母教授英语。由于越来越多说粤语的人开始信奉基督教，1979年，单独的粤语查经委员会成立。同年，英语基督会和粤语基督会正式成立，分别称为学生团契（Student Fellowship）和居民团契（Resident Fellowship）。

从1991年至今，谢菲尔德华人基督教会一直都在使用安斯路（Anns Road）上的教堂建筑。随着中国台湾地区和马来西亚华人的到来，最初规模非常小的普通话查经会在1992年开始发展，这也对应了上文中提到的中国台湾地区和东南亚华人移民大多在20世纪70年代末和80年代初到达英国的历史事实。但近年来，随着谢菲尔德两所大学中来自中国内地的学生越来越多，谢菲尔德华人基督教会的学生成员也增加了，其中来自中国内地的学生占了很大一部分。谢菲尔德华人基督教会不仅安排其成员加入春节联合委员会合办节日，还安排成员参与表演，通常都是合唱。

3. 励贤会

励贤会是由一小群华人女性在1986年成立的。根据其一份公共宣传单上的介绍，"'励贤'（Lai Yin）字面意义是坚持、有道德。长久以来华人女性不管是在华人社群里还是在英国社会中都处在一个被孤立和边缘的位置。励贤会为华人女性提供一个相聚并彼此支持的机会"[①]。由此可以得知，当时华人社群由男性主导，女性无法从当时的华人社团及谢菲尔德社会获得足够的支持和帮助。

励贤会的会员所在地已经超越南约克郡，拓展至英国其他地区，到2010年已有168名正式登记的女性会员。但是，由于励贤会也会邀请一些非会员华人女性前来参加社团活动，并鼓舞她们向励贤会寻求帮助[②]，所以很难说清励贤会到底有多少成员。这也呼应了上文的讨论，华人社团的成员的定义有时候是非常模糊的，因为社团总是有暂时或非正式成员。励贤会的资助主要

---

① 这段话摘自在谢菲尔德田野作业中获取的一份宣传单，由于无法查证该宣传单的作者、公布者和公布年份，本书无法提供参考文献，但作者保留了该宣传单。

② 引自2009年3月26日于谢菲尔德对励贤会代表的访谈。

来自彩票慈善基金、谢菲尔德及其他地方的资助。励贤会的主要服务内容是为华人女性组织文化和休闲活动，如传统中国节日、节假日旅行、运动、读书活动、语言课程，以及提供当地社会福利和健康信息[①]。励贤会的管理人员大多在伦敦街上从事餐饮工作。但近年来，他们中的有些人将自己的生意转租给其他人，这样他们就能有更多时间为华人春节活动工作。

自成立起，励贤会就一直是谢菲尔德春节联合委员会的成员，其通常负责安排活动当天的食物和酒水。与谢菲尔德华人社区中心类似，尽管近年来其他社群的一些女性也加入了励贤会，但其大多数成员来自中国香港新界，以粤语为第一语言。

4. 雪埠华人联谊会

雪埠华人联谊会[②]成立于 1973 年，其宗旨是“向华人社群提供互相帮助和支持，为文化活动和母语教育提供场地”[③]。雪埠华人联谊会分为三大块：中文学校、老人常青会（Evergreen Senior Citizens Lunch Club）和妇女组织[④]。其中中文学校最有名，在当地华人尤其是来自中国香港的华人的生活中发挥着重要作用。

雪埠中文学校最初是由一群父母为了教自己孩子中文而在 1973 年开设的中文班（繁体字和粤语）[⑤]。曾经的开课场所并不固定。1982 年，雪埠华人联谊会正式注册，从此雪埠中文学校的授课场地变成爱德华七世国王学校（King Edward Ⅶ School），最初学校只开设粤语课，但现在也有普通话课程。在很多从香港新界移民到谢菲尔德的华人家里，两代人都去这所学校学习粤语，这是传承华人身份认同的最佳方式，例如谢菲尔德华人社区中心的现任主

---

① 来自上文提到的传单。

② 雪埠指 sheffield，在谢菲尔德当地，它更多地被母语是粤语的华人（尤其是早期移民）使用。在美国和很多东南亚国家，华埠即唐人街（中国城），但是唐人街用的更为广泛。与此不同，在英国曾经很长时间用“华埠”形容中国城，即华人到达英国的第一个落脚点。雪埠华人联谊会又称谢菲尔德华人联席会，有说法是前者是原来流传于当地使用粤语作为母语的群体，多以繁体字的书写形式出现；后者是新近出现的名称，多以简体字的形式出现。

③④ 引自 http://www.sheffield.gov.uk/libraries/newinsheffield/community-languages/chinese/directory/voluntary-groups，于 2010 年 1 月 20 日访问。

⑤ 引自雪埠中文学校（Sheffield and District Chinese School）的网站 http://sheffieldchineseschool.org/default.aspx，于 2010 年 1 月 20 日访问。

席小时候曾在那里接受过正规的中文教育，现在也把自己的孩子送去那里上学。①

雪埠中文学校自行庆祝春节的历史由来已久，其主要目的在于鼓励该校学生展示在学校获得的中文学习成果。该中文学校在2004—2007年间一直是谢菲尔德春节联合委员会的重要成员，还选派演员参加该委员会组织举办的春节活动。② 2008年，雪埠华人联谊会的主席因与春节联合委员会及其主席发生分歧而缺席当年的春节联合委员会，该事件反映的华人子群之间的关系以及产生的后果将会在第八章进行详述。但是，雪埠华人联谊会的离开并没有在事实层面改变其附属机构——雪埠中文学校在2009—2010年间在谢菲尔德华人社群的公共春节庆典中的角色。

5.谢菲尔德中国学生学者联合会

1988年，中国学生学者联合会(Chinese Students and Scholars Association)③在第三波中国内地学生移民潮中应运而生。该组织在全英国现有80多个子社团，其中少部分不是基于城市设立，而是基于高等教育机构设立，如帝国理工学院、伦敦大学学院、伦敦商学院等都有各自的中国学生学者联合会。中国学生学者联合会在英国的子社团大多分布在中国学生和学者比较集中的大城市和城镇。目前中国学生学者联合会的注册成员超过10万人，包括那些完成学业或工作后离开英国和留在英国的，以及目前还是学生和学者的(非正式移民)。英国的中国学生学者联合会与中国的知识分子群体及世界各地的学生学者联合会成员有着密切联系。尽管中国学生学者联合会声称自己是非政府组织，但中国大使馆的教育处对中国学生学者联合会有着极大影响，例如，中国学生学者联合会个别分支机构的主席和代表每年都会受邀参加教育处或大使馆组织的活动，包括中国学生学者联合会选举和使馆春节晚宴等。④

谢菲尔德中国学生学者联合会(以下简称谢菲尔德学生学者联合会)是英国中国学生学者联合会的一个分支机构，其具体成立时间很难考证。按照访谈中其目前成员的说法，谢菲尔德学生学者联合会是20世纪90年代初期首批中国内地学生或学者群体来到谢菲尔德时建立的⑤，目的在于组织、赞助和

---

① 引自2009年3月8日于谢菲尔德对谢菲尔德华人社区中心工作人员的访谈，该工作人员同时还是2009年谢菲尔德春节联合委员会宣传组的代表。

② 引自2008年2月10日于谢菲尔德对谢菲尔德春节联合委员会主席的访谈。

③ 引自http://www.cssauk.org.uk/en，于2010年1月20日访问。

④⑤ 引自2008年2月10日于谢菲尔德对谢菲尔德学生学者联合会主席的访谈。

支持谢菲尔德华人学生和学者举办多种社会和文化活动。2009 年谢菲尔德学生学者联合会有接近 1000 名成员[①],其中多数来自中国内地。自 2004 年起,谢菲尔德学生学者联合会一直是谢菲尔德春节联合委员会的一员,但其功能和意义发生了很大的变化,这影响了其与春节联合委员会中其他华人社团的关系,第八章会对此进行详述。

除了这些华人社团外,有些非华人社团也会参与组织和举办谢菲尔德春节活动,其中之一就有谢菲尔德市议会。2009 年,谢菲尔德市议会加入谢菲尔德春节联合委员会,声称此举是为了帮助华人社群。[②] 除此之外还有一个跨国机构——谢菲尔德孔子学院。这一学院成立于 2007 年,自成立之日起,就一直与华人社群和春节联合委员会保持着密切的联系。谢菲尔德孔子学院由谢菲尔德大学、中国国家汉语国际推广领导小组办公室(汉办)、北京语言大学和南京大学合办。[③] 谢菲尔德孔子学院的很多工作人员都是来自中国内地的学生和学者,其宗旨在于将该孔子学院打造成谢菲尔德及周边地区“中国相关活动的中心”,提供汉语(普通话)教学和其他服务,对中国语言和文化展开研究。谢菲尔德孔子学院自 2008 年起一直都是春节联合委员会的一员,协助组织春节庆典。此外,谢菲尔德孔子学院还派出了很多演员在该市的春节活动中进行表演。

六、结　语

华人社群在英国已有约 150 年的历史。在此期间,移民英国的华人群体主要来自中国内地、香港、台湾地区以及东南亚。目前,出生于中国香港和出生于中国内地的旅英华人是英国两大最主要的华人群体,他们在英国的春节庆典中扮演着最活跃的角色。华人群体在语言、阶级、移民原因等方面各不相同。中国城和华人社团最能揭示英国华人社群的特征,尤其能揭示华人社群的阶级分层。在英国的中国城从商的华人大多来自中国香港。华人学生和学者与中国城的华人仍保有一定距离,这种分化还体现了第二波和第三波移民潮的区别。华人社团是组织华人社会活动的主要社会单元,多数华人仍与这

① 引自 2008 年 2 月 10 日于谢菲尔德对谢菲尔德春节联合委员会主席的访谈。

② 引自 2008 年 2 月 9 日对谢菲尔德市议会代表的访谈。

③ 引自 http://www.shef.ac.uk/confucius/welcomecopy1.html,于 2010 年 1 月 20 日访问。

些社团保持着正式或非正式的关系。社团与社团之间的界限反映了华人社群的分化。

春节对华人来说是最重要的传统节日。通常情况下,一个城市里所有或多数华人社团每年都会共同参加华人社群的春节庆典。春节庆典中各华人社团的关系可以反映各个子群间的关系。本研究以谢菲尔德春节庆典为主要研究案例,因此本章讨论了谢菲尔德的华人社群、华人社团和春节庆典。谢菲尔德的两大华人社群分别是来自中国香港的移民和来自中国内地的学生(包括毕业生),他们建立的社团组成谢菲尔德春节联合委员会,共同组织、举办春节。尽管他们有着各自的利益和目标,却在谢菲尔德春节庆典中互相协作。本章回顾了华人社群的发展以及英国和谢菲尔德的春节庆典,为接下来的三大数据章节提供了背景信息,以便更加有效地揭示各华人群体在组织和举办春节庆典时的互动与关系。

第六章　协作、关系与身份认同

英国华人庆祝春节的历史很悠久。Newell(1989)指出早在1960年伦敦就有了春节公共庆典。纽卡斯尔武术社团——蔡李佛功夫龙狮总会(Choi Lee Fut Kung Fu Dragon and Lion Association)的主席讲述了1977年他和朋友在纽卡斯尔的蒂芙尼夜总会庆祝春节的经历,那是他第一次在英国庆祝春节。[①] 那个时候春节庆典大多规模比较小,基于社团、朋友、同事、同学、校友和其他社交圈展开[②],因此多是私人场合,仅限于某几个华人个体或子群。但从20世纪末开始,这种小规模的春节庆典逐渐被全市范围内的大型公共庆典所取代。每年春节,一个城市里所有(或大部分)的华人子群聚在一起,成立或依赖原有的联合委员会,共同组织和举办春节庆典,例如谢菲尔德有春节联合委员会(Chinese New Year Celebration Joint Committee),纽卡斯尔有华人节庆集团(Chinese Festivity Group),曼彻斯特有华人社团联盟(The Federation of Chinese Associations of Manchester),这些组织大多是非营利性的。

本章主要讨论华人社团和子群如何合作举办春节庆典,重点考察春节委员会的成立过程以及合作的背后的动机。本章分为五个部分。第一部分介绍春节组织过程的第一个阶段,这一阶段春节委员会的发起人运用私人关系召集各华人社团参与该年度的春节庆典。第二部分讨论为什么一个城市的华人子群和社团即便有着不同目标和利益,有些甚至已经有独立的春节庆典,还会与其他社团、子群合作共同举办春节庆典。第三部分讨论各个城市的春节委员会成立之后,各华人社团如何合作组织春节庆典,尤其关注春节委员会的组织结构、各华人社团的工作分配、华人如何运用私人关系广泛获取华人社群、英国社会和中国的资源。第四部分通过讨论春节庆典里的文化表征探究不同的华人社团及子群互相合作的精神和心理基础。第五部分为本章的小结。

① 引自2009年7月29日对纽卡斯尔蔡李佛功夫龙狮总会主席的访谈。

② 引自2008年2月10于谢菲尔德对谢菲尔德春节联合委员会主席的访谈。

一、运用私人关系建立联合春节委员会

2004 年以前，谢菲尔德的华人子群基本上各自独立庆祝春节。2003 年，谢菲尔德华人社区中心的主席提出了在下一年各华人子群联合举办一次春节公共庆典的创意。[①] 征得谢菲尔德社区中心其他工作人员同意后，他与自己的同事联系了当地华人社团的领导者——潜在的同盟者，商讨共同成立一个春节委员会。在那之后就有了如今的谢菲尔德春节联合委员会。作者根据这些同盟者之间的关系的类型，将他们分为两类。如第三章所述，关系是基于长期互动培养而形成的，需要通过信息交换、礼物交换和互惠互利而不断发展；对关系的维系要依赖彼此信任和相互帮助（Chen et al., 2009；King, 1991；Sum, 1999）。

谢菲尔德春节联合委员会的第一类成员本人或父母是出生于香港新界的华人社团的领导者。他们在第二次世界大战后依靠世系血统或家庭成员来到英国[②]，是英国的第二波华人移民潮——链式移民的参与者（第五章）。第五章第二部分曾提到，来自香港新界的华人移民普遍有着基于家庭关系的原生型关系，还会基于共同的地域——即来自香港新界的同一个村庄而形成自发构建型关系（Benton et al., 2001；Christiansen, 2003；Watson, 1975）。但是，谢菲尔德华人社团的领导者之间普遍没有原生型关系，尽管有些领导者承认他们的父母来自相同的家族，或有着相同的姓氏，如励贤会的代表[③]。更普遍的情况是这些社团的领导人或代表之间存在自发构建型关系。谢菲尔德春节联合委员会主席（其当时还担任谢菲尔德华人社区中心主席）回忆道：

> 为了第一次的春节公共庆典，2003 年的时候，我就给各个社团的主席打了电话，询问他们是否有意参加这次活动。我们之间很熟悉，所以他们就来了……（访谈者：你们是怎么认识对方的？）我们或我们的父母都来自同一个村子……可能不是完全一样的村子……但也很近。我以前在谢菲尔德开过餐馆，当地华人大多认识我，他们中很多人也在做餐饮生

---

① 谢菲尔德春节联合委员会的历史信息分别来自 2009 年 2 月 20 日及 3 月 26 日对谢菲尔德华人社区中心的主席和经理的访谈。

② 引自 2009 年 2 月 20 日对谢菲尔德华人社区中心主席的访谈。

③ 引自 2009 年 2 月 28 日对励贤会代表的访谈。

意……怎么认识的很难说……你知道的嘛……我们打交道的机会不少……生意上的，朋友间的……就是这种关系。（要举办全体华人的春节公共庆典）从你认识的人开始就简单多了。①

类似的，励贤会的代表对自己与谢菲尔德春节联合委员会主席的私人关系做了如下描述：

我们都在这儿做餐饮生意，只不过我们在这条路上，他在城市另一边。但是我们很早前就认识了……我们都来自新界……我们还邀请他参加我们自己（励贤会）的春节庆典……他也来了。那为什么不弄一个共同的庆典呢？不管怎样，我们都认识了。②

两个受访者都表示彼此的关系是基于共同的来源地（籍贯）而建立的，这在中国文化中是自发构建型关系的重要特征（Jacobs, 1979; King, 1991）。根据上述访谈文本，除了来源地（籍贯）和与之伴生的方言（粤语或客家话）之外，受访者还将他们彼此之间的关系归因于移民经历、餐饮事业等其他共同属性。这些共同属性是他们构建和维系关系的基础，这在很大程度上决定了他们有互帮互助的义务（King, 1991）。

除了这些客观的共同属性外，他们之间的长期互动也帮助他们维系彼此间的关系。谢菲尔德华人基督教会的领导人谈到他们和谢菲尔德春节联合委员会主席的关系时说道："我们经常互相支持。他要求我们参加春节庆祝活动时，我们觉得没有什么大不了的，我们只要过来帮忙就好了。"③因此在谢菲尔德春节联合委员会成立前，这些来自香港新界的华人移民长期以来通过社团活动或私人互动一直维持着他们之间的私人关系。类似的，就 2008 年诺丁汉春节庆典而言，诺丁汉学生学者联合会的领导人和诺丁汉迅疾旅行公司（Nottingham Express Travel Company）的经理之间的私人关系也被看成是促成这两个社团联合举办春节庆典的重要推动力，"其他社团通常由来自香港的华人运营。我们都来自内地。以前我是（诺丁汉）学生学者联合会的一员。我们几年前就认识对方了。你越了解、信任一个人，跟他（她）工作也会越容

① 引自 2009 年 2 月 20 日对谢菲尔德华人社区中心主席的访谈。

② 引自 2009 年 2 月 28 日对励贤会代表的访谈。

③ 引自 2009 年 4 月 3 日对谢菲尔德华人基督教会代表的访谈。

易……这就是关系”[①]。

谢菲尔德春节联合委员会的第二类成员是来自中国内地的华人。这些人与谢菲尔德春节联合委员会主席和其他来自中国香港的华人社团领导者没有私人关系，他们受到邀请是因为他们的社团（谢菲尔德学生学者联合会）能够在春节庆典中有用武之地——他们可以提供表演和志愿者[②]。谢菲尔德春节联合委员会吸纳谢菲尔德学生学者联合会为其一员并不是通过诸如公开招募等公事公办的途径，而是先由前者的主席寻找与后者领导层有关系的中间人，再借由中间人搭桥连线。[③]这一中间人也在谢菲尔德华人社区中心工作，曾是谢菲尔德学生学者联合会的一员，与其领导人有着私人关系。[④]其他案例研究城市的春节委员会里也有类似的例子。在2009年曼彻斯特中国城举办的春节庆典中，曼彻斯特华人社团联盟的主席因为与该市学生学者联合会的领导人没有私人关系，不得不让金龙武术学校（Jin Long Martial Arts Academy）的主席来牵线，因为后者曾是曼彻斯特学生学者联合会的成员。金龙武术学校的主席说过，他所在的社团与曼彻斯特学生学者联合会在2009年曼彻斯特春节庆典前就一起在多个不同的社会场合中合作过[⑤]。与谢菲尔德的华人社团一样，他们也互相支持对方的活动。曼彻斯特学生学者联合会的领导人证实了这一说法：“我（和曼彻斯特学生学者联合会）是为了Chen（金龙武术学校的主席）而不是（任何）其他（人）才过去帮他们的……我们与Chen的关系非常好。”[⑥]

根据田野作业及对春节委员会的历史回顾，不同城市的春节委员会成立的整体过程都是非常相似的。首先，一些在当地华人社团里有名望、有声誉的华人提出联合举办春节庆典的创意，这些人通常被视为当地华人社群的领导者[⑦]。然后，他们动用自己的关系召集当地华人社团的其他领导者，请他们与自己一起举办春节庆典，大多数人都会接受这一邀请。如果他们与对春节有帮助的特定社团的领导人没有私人关系，他们通常不会直接联系这些领导人，而是找中间人去建立与目标人的联系，说服他们加入春节委员会。对不同的华人社团的领导人来说，与春节委员会的发起人是否有私人关系是他们考虑

---

① 引自2月27日对诺丁汉学生学者联合会主席的访谈及2008年3月26日对诺丁汉迅疾旅行公司经理的访谈。

②③④ 引自2009年3月8日对谢菲尔德华人基督教会某工作人员的访谈，该工作人员负责2009年春节庆典的宣传。

⑤ 引自2009年3月18日对金龙武术学校主席的访谈。

⑥ 引自2009年2月19日对曼彻斯特学生学者联合会主席的访谈。

⑦ 第八章在提到春节委员会的权力关系时会有更多关于领导人的详述。

加入春节委员会的重要因素。

很显然，当旅英华人交往互动的时候，他们仍然认为传统中国意识形态里的关系很重要，且普遍都会动用私人关系，至少在为春节委员会寻找潜在合作者时是这样做的。因此，春节委员会的发起人和华人社团的领导人的私人关系促成了春节庆典中不同华人社团和子群的合作。这些发现反驳了翟学伟(2009)的观点，其认为私人关系对群体合作没有积极影响(第三章)。此外，从上述讨论中可以看出，来自中国香港的华人之间都有私人关系，这种私人关系通常基于相同的来源地(籍贯)，有时也基于相同的世系或姓氏；来自中国内地的华人通常在自己的子群内都有私人关系，这种私人关系基于他们来自中国内地这一共同的来源地。两个子群的华人间鲜有私人关系，即跨越子群的私人关系并不普遍存在，这影响了他们在春节委员会里的权力地位，第八章会对此进行论述。

二、华人社团合作举办春节庆典的原因

春节委员会的发起人召集其他华人社团一起举办春节庆典之后，他们会聚集起来商讨春节委员会的结构，并就个人角色和责任达成一致意见。春节委员会的形成标志着合作的建立。由于华人社团代表参加春节庆典的各个子群，春节委员会的形成也象征了不同华人子群的合作。此处的合作指“为了顺利举办春节庆典，个人、组织和群体出于共同利益，就组织和举办春节庆典的相关问题共同做出决策的过程”(第一章)。尽管华人社团的领导人间的私人关系是促进春节语境下合作关系的重要因素，这些领导人仍需要考虑自己所在社团的目标和利益等其他因素。

华人社团成员以来自中国香港和内地的华人为主，这与英国华人社群的人口结构基本一致(第五章)。这两大群体构成了春节委员会的核心。比如，2009 年谢菲尔德春节联合委员会有 4 个华人社团，共 10 位华人，其中 3 位来自中国内地，6 位来自中国香港，仅 1 人(马来西亚华裔)不属于以上这两个群体。本研究的其他几个案例城市，如纽卡斯尔、曼彻斯特和诺丁汉的春节委员会的受访者均表示当地春节组织的成员都来自中国香港或内地。但是，在其他城市的春节委员会里可能有极少数来自东南亚的华人。下文基于对春节委员会华人社团代表的访谈，讨论不同华人社团的目的和利益，旨在揭示华人社团合作举办春节庆典的原因。

在本研究的基本访谈问题列表(见表 4-1)里,由关键词“参与动机”形成了这样的采访问题:“您和您的社团为什么参与春节庆典? 其他社团呢?”设计这样的问题是为了让受访者能自由表达有关华人社团和子群参加春节委员会的原因和期望。我们鼓励受访者就这个话题畅所欲言,访谈中我们很少打断他们,他们大多也提供了大量信息。从访谈回答可以看出,华人社团代表(包括领导人)在参加春节委员会时有着不同的原因和期望。表 6-1 整合了受访者的回答,这些回答可分成两类。类别一中,受访者期望春节庆典能帮助他们的团体赢得英国社会的尊重和认可,英国社会借此能更多地了解华人社群,并改善华人社群和英国社会的关系。类别二的答案则比较多元,包括谋生、娱乐华人、宣传中国尤其是北京奥运会等。

表 6-1 华人社团参加春节委员会的原因和期望

参与的共同原因和期望	类别	采访引述	受访者所属组织
宣传中华文化和传统	类别一	“这就是中华文化……它将华人团结起来。我们能赢得(英国)社会的认可……让英国人了解华人在做些什么……(让华人)成为这个城市的一部分。”	谢菲尔德华人社区中心
		“华人春节能呈现中华文化……帮助英国了解和尊重我们。”	谢菲尔德华人社区中心
		“春节是我们的传统……让他们知道我们如何庆祝新年……他们将会尊重我们。”	谢菲尔德励贤会
		“这是我们的文化。华人有(自己的)新年庆典……如果他们了解得多了,他们也会更尊重我们。”	谢菲尔德励贤会
		“让西方观众了解华人新年。”	谢菲尔德华人基督教会
		“帮助英国人了解我们。”	谢菲尔德华人基督教会
		“这是我们的文化,我们的传统。英国人有他们的新年,我们有我们的……让他们知道我们是谁,就不会再欺凌我们华人了。”	纽卡斯尔蔡李佛功夫龙狮总会
		“让别人了解我们和我们的文化……尊重我们。”	曼彻斯特中国艺术社团
		“让英国社会认可我们的文化。”	谢菲尔德华人社区中心

续表

参与的共同原因和期望	类别	采访引述	受访者所属组织
宣传中华文化和传统	类别二	“让华人高兴，庆祝我们的传统节日。” “宣传中国文化。”	谢菲尔德学生学者联合会(2008)
		“让我们的学生高兴，为他们提供展现自我的平台。”	谢菲尔德学生学者联合会(2008)
		“每个参与者都能玩得高兴。” “文化交流。”	谢菲尔德学生学者联合会(2009)
		“文化交流。”	谢菲尔德学生学者联合会(2009)
		“推广并宣传中国文化。”	谢菲尔德孔子学院
		“庆祝中国传统，把当地建设成一个多元文化社会。”	纽卡斯尔东北社团
		“庆祝新年，宣传北京奥运会。”	纽卡斯尔学生学者联合会
		“宣传中国文化、中国和促进文化交流。”	诺丁汉迅疾旅行公司
		“宣传中国文化和促进文化交流。”	诺丁汉学生学者联合会
		“团结华人……我指的是来自中国内地的华人……他们都说普通话。”	曼彻斯特学生学者联合会
		“首先是谋生，提高社团知名度，然后是宣传中国文化。”	曼彻斯特金龙武术学校
		“首先是庆祝新年，其次我们想要宣传中国文化。”	约克学生学者联合会

表 6-1 显示不同的华人社团是带着不同的目的和利益参加春节委员会的。Getz(1997)，Larson 和 Wikström (2001)指出，利益相关者除了有共同的宗旨和目标外，在参加合作项目时也有各自的利益和期望(第一章)。从表 6-1 可以看出，所有参与春节委员会的华人社团都以宣传中华文化和传统为共同利益；同时，通过在传统节日的庆典中展示中华文化，华人社团还可以实现差异化的个体利益。在英国这样的异文化国家展现自己族群的文化、庆祝族群的传统成为华人合作的基础。当然，不同的个体目标和利益不容忽视，因为它们会影响参与者的互动，并可能会造成冲突，第七章会重点介绍华人子群合作中的冲突。受访者还有非华人，因为我们向两个非华人组织的代表也询问了相同的问题，即他们参与的动机。谢菲尔德孔子学院的代表表示该组织希望

通过参与春节庆典活动促进文化交流。① 谢菲尔德市议会的代表没有直接回答该问题,而是讲述了谢菲尔德春节联合委员会主席如何邀请议会加入委员会。②

尽管以上对这个问题的回答体现了组织成员参加春节庆典的原因,但还是无法说明组织成员联合举办春节庆典的集体动机。每个组织都可以分开独立举办有关中国文化和传统的节日,它们为什么选择组成联合委员会共同组织和举办春节庆典呢?在本研究的基本访谈问题列表(见表 4-1)里,关键词"工作模式评价"统领这样一个问题:"与独立举办的春节庆典相比,您如何看待自己与其他社团和群体合作的模式(任何困难,优点或缺点)?"之前提到过,大多数受访者,即华人社团的代表,在回答这个问题时,倾向重复参加春节委员会的个体原因(见表 6-1),但有些受访者直接说明了合作举办春节庆典的原因,其原因之一是集合资源,提高春节庆典的质量。谢菲尔德学生学者联合会的主席评论说③:

> 这种工作模式利大于弊。在很大程度上,我们摆脱了经济负担……我们不用担心场地、资金……也不用担心为伙食花多少钱。我们可以专注自己的强项——节目设计和舞台监督,而其他人可以运用他们的资源完成他们自己的工作……尽管这个过程中可能会有困难,但对庆典本身来说,质量肯定有所提高。

如果谢菲尔德学生学者联合会独立组织春节庆典,就需要对庆典的每一个环节负责,从资金申请、财务管理、节目设计到活动宣传及门票销售都要亲力亲为。这些任务可能有点繁重,因为该组织不擅长寻求资金和赞助。但谢菲尔德学生学者联合会的很多学生和学者可以根据他们的专业和才能在表演和舞台管理方面一展所长,因此能为春节联合委员会贡献这方面的资源。其他社团可能缺少节目和志愿者,但有一定的资金支持和市场宣传的资源,所以对谢菲尔德春节联合委员会也会有所贡献。Pfeffer 和 Slancik(1978)指出,合作让个体利益相关者克服单个机构的资源限制,利益相关者达成合作是为了获得或加强对资源的控制(第一章)。此外,因为一些华人社团在当地华人社群拥有资源,而其他人(社团)可能在当地的非华人社会、其他城市的华人社

---

① 引自 2009 年 3 月 8 日对谢菲尔德孔子学院代表的访谈。

② 引自 2009 年 2 月 28 日对谢菲尔德市议会代表的访谈。

③ 引自 2008 年 2 月 13 日对谢菲尔德学生学者联合会主席的访谈。

群，甚至中国拥有资源，所以他们的合作能为春节庆典聚集、整合资源。正如谢菲尔德华人社区中心经理说的：

> 过去我们自己庆祝春节，与外界社会没多少联系。现在人多起来了……各种华人社团、群体……学生……当地华人，甚至是英国人……每个人都在为活动出力。看得出来……人们有着不同的联系，我们甚至还与中国有联系。现在我们能做好多以前做不了的事。我们有来自中国的专业表演，我们还有本市的表演。这样很好。①

本章下一部分在谈到春节委员会成员如何履行职责、为委员会贡献资源时，会进一步介绍华人社群如何开展跨国活动来获取华人社群、英国社会和中国的资源。

华人社团的合作还有助于避免社团自行举办春节庆典带来的资源分散和潜在竞争。纽卡斯尔诺森比亚学生学者联合会的主席讲述了 2008 年春节时寻求赞助的困难：

> 起初我没有想要加入他们（纽卡斯尔华人节庆集团），你知道的……我们学生够多，不缺观众。但后来我发现了问题……例如很难获得资金赞助。赞助商大多来自当地华人社群，大多来自中国城……中餐馆、华人超市，还有可能是中国银行……他们都是对华人顾客感兴趣的。华人公司就这么多，我们有两个春节庆典。他们支持谁呢？为什么要支持你，而不支持别人？……他们不太可能支持两个。尽管我们可以说我们针对不同的观众，（他们）却很难理解。还有一个原因，有些餐馆老板同时还是（纽卡斯尔华人节庆集团）的成员。如果只有一个庆典，那问题就简单多了。如果明年我们还举办庆典，我们会加入他们的。②

这一访谈阐明如果一个城市里有多个春节庆典，就会引发各主办机构为获取资助展开的潜在竞争。本研究的田野作业发现，在一个城市举办多个春节庆典会造成资源分散，引起该城市各个春节委员会之间的冲突。2007 年，谢菲尔德春节联合委员会和谢菲尔德雪埠华人联谊会就产生过冲突，因为前者坚持认为因为后者率先自行举办春节庆典吸引了大部分当地观众，所以当

① 引自 2009 年 3 月 26 日对谢菲尔德华人社区中心主任的访谈。

② 引自 2009 年 3 月 1 日对纽卡斯尔诺森比亚学生学者联合会主席的访谈。

前者再举办春节庆典的时候参加的观众就比较少了。[①] 大多数受访者都没有直接承认自己所在的春节委员会与本市其他春节委员会存在竞争，但是他们描述了由资源分散引起的冲突，这意味着在一个城市里没有足够多的演员、观众和资助来支持几个春节庆典。受访者的这种反应的一个原因可能是他们没有故意为获取资源而与他人竞争，以提升自己的庆典的质量，毕竟所有的春节庆典都不是出于商业目的的。但是，即便竞争不是目的，也变成了事实。另一个原因可能是受访者羞于使用竞争一词描述他们之间的关系，因为在中国传统文化中用"竞争关系"这一表达形容人际关系有贬义之嫌，尤其是面对像作者这样的"外来研究者"。这一发现呼应了 Johnson(2007)对新西兰光明节(Festival of Lights)各南亚社群合作的研究，该研究表明社群建立合作是为了避免因财务资源发生的冲突。

华人社团进行合作也是为了向外界呈现一个团结的正面形象，以提升社群地位，加深外界对华人的认识，为节日吸引更多的投资。谢菲尔德华人社区中心的代表兼主席指出：

> 我之所以将华人群体聚集在一起是因为在当时华人各子群都是独立举办春节庆典的。它们也很少让人(有机会)去观看……当我把它们都拉到一起组成联合委员会时，(我们)不仅可以共享资源，也可以从每个人的社交网络里获利。这样，(英国)社会认识到这一社群的庞大，也会认可(其中)所有的华人。这会提升他们对你的兴趣。当然，你获取了这么多的资源，你就能做更具影响力的事情、更好的事情，而且也向外界展示了谢菲尔德华人的团结。很显然，当所有(华人)团体团结起来，你向当地政府拉取资金赞助时就有了更多讨价还价的能力[②]

在谢菲尔德华人社区中心的主席看来，谢菲尔德的华人社群是谢菲尔德的少数族群，在过去一直被忽视。由各华人社团共同举办的春节庆典标志着谢菲尔德华人社群的团结，能够引起外界的兴趣，因此，"(英国)社会认识到这一社群的庞大，也会认可(其中)所有的华人"[③]。如果各个社团都自行举办春节庆典，它们无法为自己的活动申请资金，但如果"所有(华人)团体团结起来，

① 引自 2008 年 2 月 13 日对谢菲尔德学生学者联合会主席的访谈和 2009 年 2 月 20 日对谢菲尔德春节联合委员会主席的访谈。

②③ 引自 2009 年 2 月 20 日对谢菲尔德春节联合委员会主席的访谈。

你向当地政府拉取资金赞助时就有了更多讨价还价的能力"[①]。共同组织和举办春节庆典能获取外界社会的关注和帮助。为确认以上不是一家之言,作者也向谢菲尔德市议会的代表询问了同样的问题。他表示对各个华人子群的节日庆典给予同等的经济或非经济帮助是有困难的。[②] 因此,正如Brinkerhoff(2006)和 Putnam(1993,1995a,1995b)指出,合作能增加整个(华人)社群的社会资本,让所有人获利。

三、春节委员会的合作过程

(一)组织架构和工作分配

春节委员会的成员尘埃落定之后的第一件事就是完善组织架构,并向委员会成员分配工作。由于本研究以谢菲尔德春节庆典为主要案例研究,加上对谢菲尔德春节联合委员会的参与性观察搜集了详细完整的数据资料,这部分内容以该案例为重点,讨论和分析谢菲尔德春节联合委员会的组织架构及工作分配。2008 年,谢菲尔德春节联合委员会由四个华人社团、一个跨国组织和一个英国机构组成(见图 6-1)。其中,四个华人社团按照其主要成员构成可以分为香港华人社团和内地华人社团。谢菲尔德华人社区中心、谢菲尔德华人基督教会和励贤会的成员大多出生于香港,而谢菲尔德学生学者联合会的成员大多出生于内地。

谢菲尔德春节联合委员会这个案例比较特殊,因为当地政府(谢菲尔德市议会)和跨国组织(谢菲尔德孔子学院)也参与组织和举办春节庆典。截至本研究结束,谢菲尔德市议会只在 2008 年参加过一次春节庆典,而纽卡斯尔市议会则多次参加了华人节庆集团。[③] 该现象并不常见,因为尽管在很多城市当地政府是春节庆典活动的重要赞助商,但它们很少参与庆典的实际组织过程。[④] 尽管本研究考察旅外华人子群(及其华人社团)之间的关系,重点研究

---

① 引自 2009 年 2 月 20 日对谢菲尔德春节联合委员会主席的访谈。

② 引自 2009 年 2 月 28 日对谢菲尔德市议会代表的访谈。

③ 引自 2009 年 3 月 1 日对纽卡斯尔东北社团代表的访谈。

④ 引自 2008 年 3 月 26 日对诺丁汉迅疾旅行公司经理的访谈和 2009 年 3 月 18 日对曼彻斯特金龙武术学校(曼彻斯特华人社团联盟成员)主席的访谈。

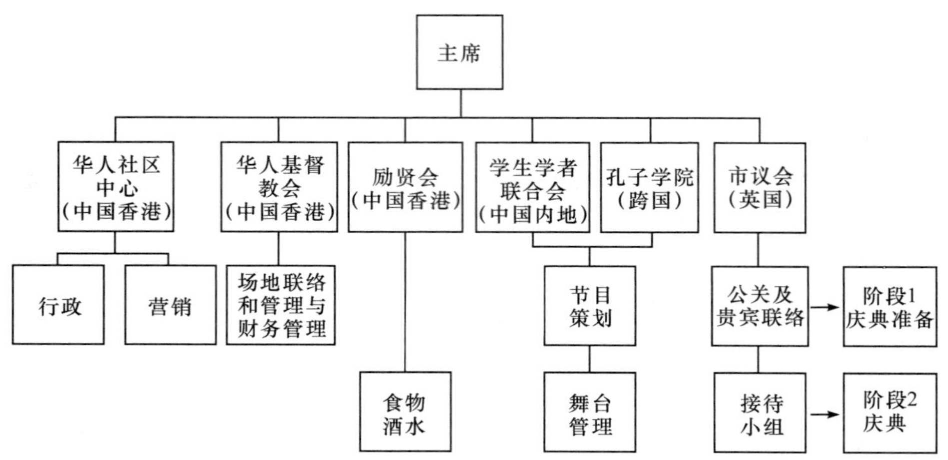

图 6-1 2009 年谢菲尔德春节联合委员会的组织架构及工作分配

它们的互动,但是也不能忽略它们与非华人的关系。

谢菲尔德春节联合委员会的主席曾是华人社团——谢菲尔德华人社区中心的成员。参与性观察和访谈的数据显示,该组织的每个成员都有各自的责任和任务①。第一,谢菲尔德华人社区中心负责行政和营销工作,行政工作包括资助申请、在华人社群销售门票、在伦敦街及其附近区域张贴海报等,营销工作包括设计宣传材料(如宣传海报、网站、贵宾邀请函等)及其他相关事务。第二,谢菲尔德华人基督教会有两类职责:一是场地联络和管理,包括门票分配,联络市政厅(活动场地),音频、视频、灯光等与场地相关的硬件设施调配,以及联络市政厅责任经理确定参与庆典的工作人员和他们的时间安排;二是财务管理(包括预算制定和预算控制)、广告销售和财务汇报。第三,谢菲尔德学生学者联合会和谢菲尔德孔子学院共同进行节目策划。双方设计并编排节目,招募志愿者(艺术总监、摄影师及其他技术专家),协调演员,为节目进行后期制作,以及完成与节目和表演直接相关的一系列工作。此外,谢菲尔德学生学者联合会建立了一个舞台管理团队,管理庆典当天舞台上的表演。第四,谢菲尔德市议会负责确定宾客名单,联络参加者,包括整理贵宾名单、邀请宾客、为特殊客人预留前座、安排赠票以及组织接待团队。第五,励贤会负责活动当天的食物和酒水供应。

① 不同组织的任务分配信息来自谢菲尔德春节庆典的档案资料(见附录 8)。

联系第五章介绍过的上述各个组织的特点和优势，我们会发现谢菲尔德春节联合委员会的上述工作和责任分配是合理的。比如，谢菲尔德学生学者联合会能在学生和学者间集思广益，让他们以演员、专业技术人员及摄影师等身份参与春节庆典，所以让他们负责节目策划和舞台管理是合适的。谢菲尔德华人社区中心因为有正式的带薪职工，他们有行政管理经验，还有固定的工作场所，因此由它负责行政管理合情合理。励贤会的成员大多是华人女性，因为她们在谢菲尔德从事餐饮业，比较擅长烹饪，所以她们最适合负责活动的食物和酒水供应。在本章前文论述华人社团合作的原因时，有些受访者表示在合作时他们可以充分发挥和利用各自的长处和资源，同时又让其他社团承担他们本身力所不能及的任务，之所以有这种互补的情况主要是资源问题造成的。谢菲尔德春节联合委员会的责任和工作分配可以在实际工作中使各个社团进行合作并让每个社团及其代表的子群受益。

春节委员会里的各个华人社团的合作关系通常不是以正式的法律合同或其他任何诸如签署协议的形式确定的。各个华人社团的职责都写在备忘录里，以便于会议议程或其他内部场合的使用。Larson（2002）以瑞典音乐节为例，认为在节日庆典活动中涉及的法律问题关乎利益相关者的权力、责任和义务，但这些因素在春节庆典里经常只是由华人社团代表口头交流后讨论和决定的，而且很少有华人参与者将之视为“法律问题”。对华人社团而言，彼此的合作关系通常是基于相互信任和“保全面子”这一相同的价值观。纽卡斯尔蔡李佛功夫龙狮总会的主席强烈反对通过合同规定各个成员的责任，他说“我们（从）不签订任何协议。华人不喜欢这样（做事情）。如果你签协议，没人会做事，人们会变得非常谨小慎微。他们非常敏感。我不这样做……没这个必要”[①]。这体现了东西方组织文化的明显差异，尽管这些旅外华人生活于英国多年，但是当他们组织春节庆典这样规模较大、资金投入较多的节事时，还是主要依赖人际关系及与之绑定的义务、责任、信任、脸面来处理利益相关者之间的关系。

此外，春节委员会和私人赞助商之间也很少签订书面合同或协议，下一部分将对此进行进一步讨论。这种情况主要是因为早在参与春节庆典之前华人社团的代表们之间已经建立了私人关系，这表明双方之前已经有了互信，这种私人关系对于维持春节委员会内部的合作关系非常重要。但是，近来，少数春节委员会的华人社团也开始签订合同，诺丁汉春节委员会就是个例子。受访

① 引自 2009 年 7 月 29 日对纽卡斯尔蔡李佛功夫龙狮总会主席的访谈。

者表示这是因为两大主要组织成员对春节活动有大额投资，希望双方职责明确[①]，但这只是个别现象。大多数城市的春节委员会，比如纽卡斯尔、曼彻斯特和谢菲尔德等，都没有正式的法律文件明确规定华人社团的各项职责。

（二）为春节庆典调动资源

尽管每个社团都有责任完成自己的工作，但独立完成一项工作是很困难的。因此每个社团都需要其他社团的协助，同时也有义务为别的社团提供帮助。这意味着每个社团都需要贡献自己的资源，供他人分享，共同努力解决春节庆典中可能出现的各种困难。

本研究发现，在春节委员会中，华人社团成员运用长期积累的私人关系，在华人社群、英国社会和中国寻求支持春节庆典的资源，包括演员、赞助商和舞台道具等。为此，他们进行的活动不仅仅局限在所在的城市及英国，他们还积极开展跨国活动，以求获得更多利益相关者的支持。下文将重点讨论春节庆典组织过程中的一些重要阶段，讨论并揭示华人如何从华人社群、英国社会和中国获取资源，与他人（或其他社团、子群）共享资源，从而共同解决有关春节庆典的各类问题。

1. 运用私人关系寻求华人社群和英国社会的广告赞助

广告是春节庆典的重要收入来源之一，每个春节委员会都会制作内含广告的宣传册或节目单。节目单可以是一张双面打印的 A3 纸（2004—2010 年谢菲尔德春节），或几张 A3 纸（2010 年利兹春节，2009 年纽卡斯尔和利物浦春节）。图 6-2和图 6-3 分别是 2009 年谢菲尔德春节节目单的正反面。[②] 在节目单正面，右边是节目，左边是广告。节目单反面的中间位置是 2009 年日历，周围则是广告。不同的节目单设计反映了春节委员会各自的宣传策略。宣传册和节目单除了介绍节目外，还会介绍赞助商的相关信息，如公司简介等。广告的位置、规模和形式都根据广告商的赞助金额安排。

---

① 引自 2008 年 3 月 26 日对诺丁汉迅疾旅行公司经理的访谈。

② 源自谢菲尔德华人社团中心的历史存档文献（见附录 8）。

图 6-2　2009 年谢菲尔德春节节目单(正面)

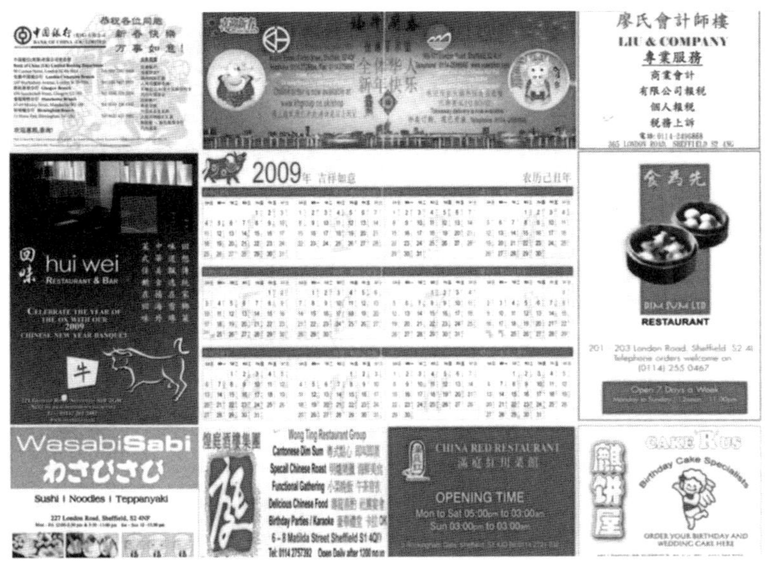

图 6-3　2009 年谢菲尔德春节节目单(反面)

尽管春节委员会有成员专门负责向广告商销售节目单版面，但这项工作实际上是大家分担完成的。例如，在 2009 年谢菲尔德春节庆典中，名义上是由谢菲尔德华人基督教会承担这项工作，但该社团代表讲述了其他人如何协助其完成这项工作：

> 今年很困难。金融危机让很多公司陷入困境，我也能理解……但要知道……一开始我非常紧张，我不知道我们的活动经费会不会像去年那样又不够。但……后来……幸运的是，我们成功了！很多人帮了我……Jerry、Yili，还有其他人……你应该也都认识……他们做了不少。不管怎样，我们干得不错。[①]

访谈中提到的两个人分别是谢菲尔德学生学者联合会和谢菲尔德春节联合委员会的主席。当时，前者的朋友——经营百特旅行社(Better Travel)的老板资助2009年的谢菲尔德春节庆典。百特旅行社位于曼彻斯特，谢菲尔德并不是该旅行社宣传的首选之地，但他们还是在节目单上登了广告，这还得归功于该公司经理和谢菲尔德学生学者联合会主席的私人关系。2009年夏天，谢菲尔德学生学者联合会更换了主席，百特旅行社就没有再资助谢菲尔德春节庆典[②]。谢菲尔德春节联合委员会主席也讲述了自己如何从赞助商那里获得资助：

> 在华人赞助商那里，我只要打个电话，问问他们对我们活动有没有兴趣。他们大多数……几乎所有人……都认识我。我也认识他们……有时候他们会直接告诉我(答案)……甚至是多少钱，有时他们还要考虑后才能告诉我。如果他们出于一些特定原因不想给钱，也可以……我们之间很熟悉。[③]

在访谈中，谢菲尔德春节联合委员会主席指着节目单上的广告说："我认识这个(赞助商)，这个(赞助商)……还有这个(赞助商)。"有些熟悉的赞助商过去几年一直支持当地的春节庆典，也一直在节目单上登广告。

作者的研究日记中有一段关于谢菲尔德春节联合委员会主席和麒饼屋(Cake 'R Us')的经理的互动的记录，可以说明两人的关系：

> (春节)联合委员会会议后，主席邀请我们去谢菲尔德华人社区中心附近的茶馆坐坐，这茶馆的名字很奇怪，叫作麒饼屋(Cake 'R Us')。店

---

① 引自2009年4月3日对谢菲尔德华人基督教会代表的访谈。

② 引自谢菲尔德春节联合委员会会议的实地考察笔记。

③ 引自2009年2月20日对谢菲尔德春节联合委员会主席的访谈。

很小，只有两张桌子和几把椅子，柜台上摆放着些蛋糕。主席认识店员，他们用粤语打了声招呼。我们每个人都点了想要的东西，一小块蛋糕，一杯茶或咖啡。我们没讨论春节庆典，更像是闲聊。聊着聊着，有个华人进来了，原来他是这家店的老板。主席站起来，拍了拍他的肩，两人也用粤语问了好。他俩给我的第一印象就是这两人是好朋友。之后的谈话也证实了我的印象。我让 Avion（谢菲尔德华人基督教会的代表）大致帮我翻译了下两人的对话。

主席说："来看我们的春节庆典啊！"

"想要钱对吧？"老板笑着说。

"哈哈……当然了。"主席直言不讳，"但老实说，我们的节目很不错，我们从中国请来了专业演员，很厉害！"

"你哪次不这样说。"老板笑着，又看了看我们，"好啊，多给我些门票就是了。"

"没问题，谢啦！"主席说。

麒饼屋的老板就这样答应了赞助我们，我十分吃惊。我不知道他会给多少钱，但根据之前的广告费，我猜至少也有 200 英镑。主席和他根本没讨论广告费、广告位置、给他多少赠票等其他问题，他们彼此信任。后来主席告诉我们，他们是好朋友，老板资助春节庆典好几年了。①

根据对 2004—2010 年谢菲尔德春节联合委员会内部财务报表和节目单的研究②，大多数广告赞助商来自华人社群，以中餐馆、华人公司，以及有大量华人顾客的组织为主。表 6-2 显示了这 7 年里谢菲尔德春节庆典的赞助商，其中 44 个是华人组织，6 个是非华人组织。

表 6-2 谢菲尔德春节庆典广告赞助商（2004—2010 年）

年份	广告赞助商（非华人）	广告赞助商（华人）	合计
2004	1. Arnold Laver 2. 阿诗兰美食（Aslam Foods）	1. 拉斯金海鲜（Ruskim Seafoods Ltd） 2. 龙数码（Dragon Computers） 3. 大新超市（Tai Sun Supermarket） 4. 海德菲尔德餐饮公司（Hatfields Catering Butchers Ltd）	4 个华人组织（香港）+2 个非华人组织

① 引自 2008 年 11 月 22 日的实地考察笔记。

② 源自谢菲尔德华人社团中心的历史存档文献（见附录 8）。

续表

年份	广告赞助商(非华人)	广告赞助商(华人)	合计
2005	精碗餐馆(Zing VAA Restaurant)及其他		不计
2006	西联汇款	添好餐馆(Tim Po Restaurant)	1个华人组织(香港)+1个非华人组织
2007	行则成健身(Love 2B)	1. 添好餐馆(Tim Po Restaurant) 2. 李锦记(Lee Klm Kee) 3. 广兴集团(KH)	3个华人组织(香港)+1个非华人组织
2008	1. 谢菲尔德足球联队和成都谢菲联(Sheffield United and Chengdu Blades) 2. 辛纳宝马公司(Sytner BMW)	1. 中国人寿保险公司英国分公司 2. 中国银行英国分行 3. 李锦记(Lee Klm Kee) 4. 麒饼屋(Cake 'R Us') 5. 面轩(Noodle Inn) 6. PHO 68 越南菜(PHO 68) 7. 芥末(WasabiSabi) 8. 精碗餐馆(Zing VAA Restaurant) 9. 广兴商贸(KH Trading) 10. 煌庭餐饮集团(Wong Ting Restaurant Group) 11. 点心(Dim Sum Ltd Restaurant) 12. 谢菲尔德健康中心网(www.sheffield-healthcare.co.uk)	12个华人组织(10个香港和2个内地)+2个非华人组织
2009	无	1. Chan餐饮(Chan's Cooker LTD) 2. PHO 68 越南菜(PHO 68) 3. 面轩(Noodle Inn) 4. 大新东方菜连锁集团(Tai Sun Oriental Food Chain) 5. 百特旅行社(Better Travel) 6. 刘氏公司(Liu Company) 7. 点心(Dim Sum Ltd Restaurant) 8. 麒饼屋(Cake 'R Us') 9. 中国红餐馆(China Red Restaurant) 10. 煌庭餐饮集团(Wong Ting Restaurant Group) 11. 芥末(WasabiSabi) 12. 回味(Hui Wei Restaurant & Bar) 13. 中国银行英国分行 14. 广兴中国超市(KH Chinese Supermarket)	14个华人组织(11个香港和3个内地)

续表

年份	广告赞助商(非华人)	广告赞助商(华人)	合计
2010	无	1. T.S 贸易(T.S Trading) 2. 圆山饭店(Yuen Shan Restaurant) 3. 广兴商贸和零食有限公司(KH Trading & Retailing Ltd) 4. 点心(Dim Sum Ltd Restaurant) 5. 麒饼屋(Cake 'R Us') 6. 面轩(Noodle Inn) 7. 中国红餐馆(China Red Restaurant) 8. 煌庭餐饮集团(Wong Ting Restaurant Group) 9. 回味(Hui Wei Restaurant & Bar) 10. 芥末(WasabiSabi)	10 个华人组织(香港)

注:①表中的"香港"指该组织的所有人是出生于中国香港地区的旅英华人,"内地"指该组织的所有人是出生于中国内地的旅英华人。

②2005 年谢菲尔德春节庆典的赞助商的资料不足,故该年的相关数据不计在内。

根据表 6-2 所示,2004—2010 年间,谢菲尔德春节庆典的华人赞助商比非华人赞助商要多得多,两者比例为 44∶6。在这 44 家华人赞助商里,39 家企业或商铺的所有人出生于中国香港,5 家的所有人出生于中国内地。前者大多在伦敦街或其附近区域经商,包括芥末(WasabiSabi)、面轩(Noodle Inn)、麒饼屋(Cake 'R Us')、点心(Dim Sum Ltd Restaurant)及 PHO 68 越南菜(PHO 68)。本章前文讨论了谢菲尔德春节联合委员会和当地华人社团领导人间的密切私人关系,以及他们中的多数人在伦敦街上经商。这与 Meridien pure(2006)的结论一致,即传统华人,尤其是来自中国香港的华人,都集中在伦敦街区域,这一块区域在当地人看来就是"谢菲尔德中国城"。人们认为这块集中区域有助于发展私人关系,但这种密切关系可能将伦敦街及其周边地区的华人群体(团体)与谢菲尔德其他地区的华人群体(团体)隔绝开了。正如 Christianse(1998)和 Watson(1977a)强调的,第二波移民潮带来的中国城的华人与之后抵达的华人学生、专业人员之间有着明显界限(第五章)。接下来两章在研究出生于中国香港的华人和出生于中国内地的华人间的冲突和权力关系时会对此进行进一步的详述。

近年来,华人社团成员运用自己与英国人的私人关系为其社团获取资金援助的情况也时有发生,例如,谢菲尔德辛纳宝马公司(Sytner BMW)曾在 2008 年资助当地的春节庆典。我们可能很难理解为什么一家英国汽车公司在不了解任何幕后故事的前提下就投资了春节活动。谢菲尔德春节联合委员会的主席说，几年前他曾在这家公司买过一辆车，之后就与该公司的经理有了私人交往。他还鼓励朋友去那儿买车，自己也打算再去那儿买辆车，所以该汽车公司才会在2008年赞助春节活动。他在采访中这么回忆：

> 这几年无论我去买车还是鼓励朋友过去买车，都没有想要让他做任何事。我当时没这么想。我们几年前就是朋友了。2008年我试探着问了下他们公司对我们的春节活动有没有兴趣。我希望他能做点事，但我还是不确定。不管怎么样，这可不是推销汽车的绝佳机会。他同意了。这事儿真的很难……人们，即使是华人，也不会浪费……钱，把钱打水漂。可能只有朋友……还是好朋友、家人，才不会首先考虑利益。当然，这也是因为以前我帮过他。我俩是长期关系。

谢菲尔德辛纳宝马公司只资助了春节庆典一次。谢菲尔德春节联合委员会主席向我们解释了辛纳宝马公司没有继续资助的原因："我们都知道（春节庆典）不是一个推销汽车的绝佳机会。"[①]2008年前，春节庆典的观众以年轻人为主，包括学生[②]，他们买不起车。以上这段话说明了这二人的交往更接近华人文化里的关系建立，而不同于西方文化中的交往，也正是他们的私人关系促成了辛纳宝马公司那次对春节庆典的赞助。比如，辛纳宝马公司经理明知道其不能在这次活动中得到实际利益，而是出于报答、儒家思想的"侠"等理念而提供赞助，后者是区别关系理论和西方关系网络的一个重要区别（Yeung et al.,1996）。纽卡斯尔东北社团的主席也同样强调了与纽卡斯尔市议会的英国人建立私人关系的重要性：

> 认识些市议会的人是非常重要的，说不定什么时候你就需要他们帮忙了呢，中国文化里就有这点，我们都知道。但这儿很多人都不和英国人打交道……实际上英国人乐于助人，他们在选票等事上也需要你的帮忙。你需要非常耐心，需要花时间认识人，与他们相处。例如，我以前和一个市议会的人一起去健身房，我们在一起的时间很长，我们的家人还一起吃饭……可以看出来……慢慢地，慢慢地……就像中国人里的关系……当你有需要的时候，他们也会帮助你。遇到一些他们认为你可能感兴趣的事时，他们会优先想到你。譬如说，纽卡斯尔有了演出机会，他们首先会来问你……我还觉得很多人是因为我才来参加新年庆典的……当然了，

---

① 引自2009年2月20日对谢菲尔德春节联合委员会主席的访谈。

② 引自2009年3月26日对谢菲尔德华人社区中心经理的访谈。

这是相互的……他们需要帮助的时候,我肯定也会过去帮忙。[1]

在春节庆典里出现的这些事例证明了 Yeung 和 Tung (1996)的一个推测,即华人正把华人独特的关系文化延伸至西方社会,并以此实现自己的个人目的和集体目的。

2.运用关系从其他英国城市和中国寻找演员

为春节庆典寻找演员同样需要春节委员会的各华人社团的共同努力。有些华人社团成员曾到不同的英国城市和中国观看当地的春节庆典和其他文化活动。如果他们发现有合适的演员,就会邀请这些演员来参加他们举办的春节庆典。此时私人关系再次发挥了重要作用。比如,2009 年约克春节庆典的组织者在当年观看了谢菲尔德春节庆典后,对传统舞蹈《桃夭》产生了兴趣,他们联系了谢菲尔德春节庆典的组织者,想要"借"这些演员在自己的活动中一用。负责谢菲尔德春节庆典节目安排的谢菲尔德学生学者联合会的代表说道:

《桃夭》是个很优秀的节目,大家都很喜欢,我们收到了很多称赞。表演结束后,其他春节委员会联系我,想要借用这个表演……有些甚至还说愿意花钱来"租用"该表演。我最后借给了约克,他们对此非常感激,我们也没收费……(采访者:为什么选择约克而不是其他城市?)去其他城市不是很方便,演员们会很累。我和约克(春节委员会)的组织者很熟悉,我们是朋友,也经常相互帮忙。他们以前也帮助过我们的活动。[2]

约克春节委员会的成员和谢菲尔德学生学者联合会的成员最初建立关系是因为他们都来自中国内地,他们的关系之后随着双方的长期互动而不断发展。除了社团的专业互动外,两个社团主席和朋友有时也会一起吃饭、唱歌。[3] 各个春节委员会之间的"演出债"成了普遍现象,这种方式能为委员会省钱。但不是每个人都能从其他城市的春节委员会借来演员。如果没有关系,是很难借到的。上一位受访者还说道:

我们通常不收费……所以需要了解借方。不管怎么样,我们自己设计并排练出一个节目是很困难的。譬如《桃夭》的舞者花了半年时间培训、彩排,还有……我们在服装上花了不少钱。衣服和饰物都是在中国制

---

① 引自 2009 年 3 月 1 日对纽卡斯尔东北社团代表的访谈。

② 引自 2008 年 2 月 13 日对谢菲尔德学生学者联合会主席的访谈。

③ 2009 年约克春节庆典结束后,谢菲尔德学生学者联合会的一些成员受约克春节委员会成员的邀请,一起吃饭、唱歌。作者也受到了邀请,但未前往。

造，然后空运过来……所以我们只能借给我们信任的人，要不然我们会担心。[①]

春节委员会成员还运用自己的私人关系在中国招募演员。例如，2009年11月，谢菲尔德春节联合委员会主席前往伦敦参加由中国大使馆组织的一场活动，活动当天，他碰到了一位来自四川的政府官员，两人在此之前已经认识多年了，且颇有私交[②]。谢菲尔德春节联合委员会主席曾作为谢菲尔德市代表团成员前往四川参观，协助将谢菲尔德和四川省会成都发展成为友好城市[③]；四川的政府部门曾在2008年派艺术家们参加谢菲尔德春节庆典的表演[④]；2008年谢菲尔德春节联合委员会主席又带领谢菲尔德春节联合委员会为四川地震捐款，之后他还与谢菲尔德其他人一道奔赴成都，在当地建了一所小学[⑤]。尽管他和该四川政府官员主要因两个城市的商业、文化、体育等合作有了公共活动上的互动（第五章），但这些互动帮助他们发展了私人关系。他们保存了彼此的电话号码，在传统节日到来时也会互相问候[⑥]。这位四川的官员及其带领的表演团队访问英国的时间表早在其遇到谢菲尔德春节联合委员会主席之前就安排妥当了。但是，正是（主要）因为他们彼此之间的私人关系，当两人在伦敦巧遇，并且谢菲尔德春节联合委员会主席突然邀请其及其带领的表演团队支持谢菲尔德春节庆典的时候，他才会欣然应允，而且没有接受英国其他城市的邀请。

Florence是纽卡斯尔春节联合委员会的主席，该组织还有另外一个名字——华人节庆集团（Chinese Festivity Group）。Florence也动用了私人关系，邀请上海艺术家来纽卡斯尔表演。Florence在1987年从上海移民到纽卡斯尔，在纽卡斯尔大学教授钢琴，同时还管理该市的中英文化交流协会（Sino-Anglo Cultural Exchange Association）（The Journal，2009）[⑦]。她以学生身份从中国移民到英国，是第三波移民潮的成员（第五章）。因为是上海人，她经常

① 2009年约克春节庆典结束后，谢菲尔德学生学者联合会的一些成员受约克春节委员会成员的邀请，一起吃饭、唱歌。作者也受到了邀请，但未前往。

② 引自2009年2月20日对谢菲尔德春节联合委员会主席的访谈。

③ 引自2009年2月20日对谢菲尔德春节联合委员会主席和2月28日对谢菲尔德市议会代表的访谈。

④ 信息来自谢菲尔德春节联合委员会的内部文件。

⑤ 引自实地考察笔记和研究日记。在田野考察中，谢菲尔德春节联合委员会主席讨论了如何组织捐助，如何与当地华人社团代表处理给四川的捐款。

⑥ 引自2009年2月20日对谢菲尔德春节联合委员会主席的访谈。

⑦ 有关Florence的信息来自2009年3月1日对纽卡斯尔东北社团代表的访谈。

往返纽卡斯尔和上海，帮助巩固两个城市的联系。她与很多上海人尤其是上海的艺术家建立了私人关系。来自华人节庆集团的受访者说：

> 她(Florence)认识好多中国的艺术家和演员，尤其是上海的。这跟她的职业有关，她以前是钢琴老师……自己就是艺术家，所以有资源。她(以前)经常邀请上海人过来演出……当然了，这些人很不错，毕竟他们是专业的。今年，我们也想邀请一个团队，但最终没有成功，因为他们春节有其他演出计划，跟我们的正好冲突了……她在其他城市没那么多关系，她可以找其他演员来替代，但是我们却没有来自中国的演员(支持我们)。[①]

这段访谈清楚地表明 Florence 的私人关系大多基于祖籍——中国上海展开，这与 King 的观点一致，King 认为相同的出生地是人们建立关系的重要基础。

除了赞助商和演员，春节委员会还在华人社群、英国和中国寻找其他资源。例如，诺丁汉春节委员会成员运用与拉夫堡学生学者联合会成员的关系，向他们借用舞台道具。[②] 谢菲尔德学生学者联合会主席动用自己与中国大使馆工作人员的关系，从其他春节委员会、中国大使馆或中国艺术组织借用服装[③]，这样不仅可以节省成本，还能提高庆典质量。华人社团成员和潜在利益相关者的私人关系对于春节庆典的顺利举办非常重要，正如谢菲尔德春节联合委员会主席说：

> 现在我们的赞助商越来越多，给了我们很多帮助。其中有些来自谢菲尔德，有些来自中国……很多(赞助商)是冲着我来的。当然，别人也有赞助商……我认为人们总是需要……总是需要一种关联……联系……我们叫作关系，你永远需要有人脉(资源)的人，否则你永远得不到这些资源……也永远没法办成事情。这点很重要……非常重要。[④]

以上访谈说明华人社群的私人关系对调动华人社群、中国和英国的资源组织、举办春节庆典能发挥重要作用，具有现实意义。

第二、三章从现有文献入手，从理论上讨论了关系和社会资本。在此有必

---

① 引自 2009 年 3 月 1 日对纽卡斯尔东北社团代表的访谈。

② 引自 2008 年 2 月 27 日对诺丁汉学生学者联合会主席和 3 月 26 日对诺丁汉迅疾旅行公司经理的访谈。

③ 引自谢菲尔德参与性观察的实地考察笔记。

④ 引自 2009 年 2 月 20 日对谢菲尔德春节联合委员会主席的访谈。

要根据本研究收集的实证证据对两者的关系进行进一步分析。首先，本研究证明华人社团和子群联合成立的春节委员会有助于整合各社团、各子群之前分散的资源。其次，较之缺乏合作、独立举办的春节庆典，联合举办的春节庆典是各个城市全体华人的集体活动，这有助于华人社群作为一个集体更好地使用、管理来自英国社会或中国的多种资源，例如管理当地市议会的赞助或邀请中国的演员。尽管 Brinkherhoff(2006)也认为华人旅外社群的社会资本有助于有效地开发由各个华人社团独立拥有的资源，但他没有发现这同样有助于开发来自母国、居住国等华人社群以外的资源。这也是为什么本研究强调旅外社群跨国活动的重要性，因为这些跨国活动可以连接社群、居住国社会和母国社会(第二、三章)。

此外，本研究针对第三章提出的"社群成员的个人资源、关系网络是否会影响社群资本即社会资本?"这一问题，给出了肯定的回答。本章前文提供的证据，包括华人社群领导运用自己的私人关系成立春节委员会，春节委员会成员运用其关系寻求其他华人甚至是非华人利益相关者的赞助或演员等，都说明社群成员的私人关系能促进华人子群的合作，增加整个华人社群的社会资本。

四、中华文化在旅英华人的春节庆典里的表征

本研究除了考察华人社团和社群共同组织和举办春节庆典的过程外，还研究了节日的表征。第一章讨论过，Magliocco(2006)与 Misetic 和 Sabotic(2006)对节日的研究都使用了这种方法。前文揭示了华人社团合作举办春节庆典的原因是"展示中华文化、庆祝中华传统"，这体现了所有华人群体的共同目的和利益。那么问题来了:春节庆典如何展现"中华文化"? 春节庆典所体现的"中华文化"与华人社团和华人子群之间的关系是否存在联系? 如果是，前者会给后者带来什么影响?

第三章提到，理解中华文化，需要考虑民族、地域、语言和宗教等因素。"文化比族性对于定义华人的身份认同、文化的华人、文明的华人具有更重要的意义，因为就像神话所塑造的那样，华人都有着共同的祖先。"(Tu, 1994a)[3] 大多数华人用"中华文化"表明并确认自己在他人眼中的华人身份:建立与"中华文化"的联系是一个独立华人定义自身的思想和精神基础(Tu, 1994a)。为此，华人总是有意识或无意识地参加各种能将他们与中华文化和华人身份认同联系起来的活动，例如参加传统仪式或庆典，遵循传统习俗，说华人语言(包

括各种方言),穿中式服装等。华人主要居住在中国内地、香港、澳门、台湾地区和新加坡,此外就是以少数民族的身份散居在世界其他国家,他们在政治、民主、经济发展、信仰和意识形态等方面有诸多不同与争端。但是 Tu(1994a)认为这些华人社群仍然有同质性,即共享"中华文化"的某些共同部分。Tu 没有说明"中华文化"是如何表现的,作者认为只有在特定情境下才能解释这一问题。本研究发现"中华文化"在英国的春节庆典里主要通过两方面予以表征:一是春节庆典里使用的传统元素(如场地装饰和表演),二是表演传达的民族自豪感。

1.春节庆典展示的中华传统文化元素

在中华传统文化里,红色多有积极含义,常与勇气、忠诚、荣誉、成功、幸运、丰饶、幸福、热情等相关(Cullen, 2000)。在婚礼、开业庆典等传统仪式、节日和庆祝场合中,服装、彩礼包、对联纸、剪纸和其他装饰都是红色的。春节中红色常意味着"好运""丰功"等。

在田野调查中,作者经观察发现英国的春节庆典的场地的装饰主要以红色以及其他标志中华传统文化的元素为主。例如,春节期间,伦敦和曼彻斯特的中国城到处都装扮成红色:红灯笼高高挂起(见图 6-4),门框两边贴着红对联,街上铺着红地毯,窗上贴着红剪纸。各个城市里有关春节的海报和宣传单都是红色的,中华传统文化中象征幸福、财富和荣誉的龙凤麒麟吉祥物图案也是红色的(见图 6-5)。就连英国赞助商的标识也是红色的,还运用了传统的中国绘画技巧,例如虎牌啤酒在曼彻斯特中国城推销时,其销售人员派发的红包上面的老虎用毛笔绘成,红金相间。在餐馆里,菜单、桌布还有员工的制服都

图 6-4　2009 年伦敦中国城的春节庆典

换成了红色或用红色加以点缀。2009 年在中国生肖里是牛年，节目单、宣传册、商店橱窗等随处都能见到各种形式的牛装饰物，这些装饰物都在向游客讲述春节的传统故事(见图 6-6)。

图 6-5　2009 年诺丁汉春节庆典的海报

图 6-6　2009 年春节期间曼彻斯特一个超市货柜上的卡通牛摆件

传统表演是春节庆典里表现中华文化的又一重要元素。本研究根据 Schechner(2005)的定义，将“传统表演”解释为 1840 年前产生于中国的艺术形式，因为大约在 1840 年后因西方殖民主义扩张，中国开始受到西方的影响。本研究下的中华“传统表演”主要依据形式而非内容确定，依靠视觉和听觉感知通常由服装、音乐、动作、声音、道具和舞台布景体现的表征。在春节庆典中，表演形式比内容更能为人们轻易、直接地了解。春节庆典主要有四种传统表演形式，即武术、杂技、古典音乐和各民族的民间表演，在纽卡斯尔、曼彻斯特、谢菲尔德、诺丁汉和利物浦的春节庆典中都能见到这四种表演。

本研究以谢菲尔德春节庆典为主要分析案例，会重点论述其表演形式。作者亲历了该市 2009 年和 2010 年的春节庆典，并且观看了 2005—2010 年春节庆典的视频以及回顾了有关这几年的庆典节目介绍的内部文件，从而总结出这 6 年的表演(见表 6-3)。2005—2010 年，谢菲尔德春节庆典共有 57 个传统表演和 31 个现代表演(见表 6-4)，尽管其中有 35 个传统表演是谢菲尔德从英国其他城市或中国邀请演员来表演的，但这也反映出谢菲尔德春节联合委员会更倾向于传统表演，因为在正式表演前所有表演都需经委员会讨论通过，而不是由某一个或几个委员会成员擅自决定的。而大多现代表演节目往往表达了当地华人的民族自豪感，下文会对此进行讨论。

根据谢菲尔德历年春节庆典的视频资料，在 2008 年以前，春节庆典没有明显展示东西方文化结合的表演。Carnegie 和 Smith(2006)对爱丁堡迷拉狂欢节(Edinburgh Mela)的研究发现，这一南亚印度裔旅英社群的节日的艺术表演有着多元的艺术形式，包括印度传统和西方流行音乐的结合(第一章)，这反映了西方文化对印度裔社群的影响。与爱丁堡迷拉狂欢节相比较，2008 年以前谢菲尔德的春节表演说明西方文化对该市华人社群的传统节日庆典未产生较大影响。但是，2008 年之后情况发生了改变，非华人艺术家有时也会在春节庆典上表演，如 2009 年谢菲尔德春节庆典上的演奏《从中国到西方》(*From China to the West*)(见表 6-3)。这一现象在未来可能还会更加明显，因为春节委员会逐渐有跨国组织参与进来，例如 2008 年谢菲尔德孔子学院加入了谢菲尔德春节联合委员会，但截至 2010 年，传统表演在案例研究城市的春节庆典里仍占主导地位。

表 6-3 2005—2010 年谢菲尔德历年春节庆典节目汇总

年份	传统表演	现代表演
2005	1. 舞狮 2. 锯琴表演 3. 蒙古舞表演:《草原茫茫》 4. 群舞:《担莲藕》 5. 女子集体舞:《俏花旦》 6. 男子独舞:《天堂》 7. 客家山歌独唱:《山歌世世唱乡情》《荔枝颂》 8. 藏族舞蹈:《欢庆节日》	1. 群舞:《民族大团结》 2. 钢琴表演 3. 儿童舞蹈:《好日子》 4. 群舞:《新年快乐》 5. 独唱:《吉祥如意送给你》《在希望的田野上》 6. 独唱:《说唱脸谱》等 7. 对唱:《敖包相会》《风风火火过大年》 8. 独舞:《瑞雪兆丰年》
2006	1. 鼓表演 2. 舞龙 3. 红绸舞 4. 少林功夫表演 5. 傣族舞 6. 杂技:转花蝶 7. 舞狮 8. 古典乐器表演:《紫竹调》《沧海一声笑》 9. 杂技表演 10. 杂技:顶技 11. 传统服饰表演:《我爱中华》	1. 钢琴演奏:《平湖秋月》 2. 群舞:《喜乐年华》 3. 华人教会合唱:《中国早晨五点钟》《野地的花》 4. 独唱:《我爱你中国》
2007	1. 舞龙 2. 少林功夫:群僧打坐、八段佛、翻子拳 3. 古典舞:《踏歌》 4. 群舞:《春花万里香》 5. 少林功夫:螳螂拳、牧羊鞭 6. 古筝表演 7. 少林功夫:通臂拳、双刀、双枪 8. 传统中乐表演:《凤阳花鼓》《旧欢如梦》《青梅竹马》《成吉思汗》 9. 少林功夫:地龙拳、太极、空翻腾空(群僧谢幕) 10. 传统服饰表演	1. 教会合唱:《耶和华祝福满满》《最知心的朋友》 2. 儿童舞蹈:《扇舞》 3. 钢琴独奏:《彩色中的记忆》《晚会》 4. 大合唱

续表

年份	传统表演	现代表演
2008	1. 舞狮 2. 儿童传统乐器表演 3. 杂技:《掌上芭蕾》 4. 杂技:双人滚杯 5. 藏族舞蹈:《溜溜的康定溜溜的情》 6. 杂技:单手顶 7. 川剧变脸	1. 儿童舞蹈:《新年喜洋洋》 2. 独唱:《为了谁》 3. 教会合唱 4. 儿童舞蹈:《灯笼》 5. 魔术表演 6. 独唱:《中国印》 7. 独唱:《我爱你中国》 8. 合唱:《中国人》 9. 群舞:《民族大团结》
2009	1. 舞狮 2. 藏族歌舞表演:《溜溜的康定》 3. 武术:集体拳术、三路长拳、陈氏太极、少林功夫、醉剑 4. 武术:中华硬气功 5. 川剧变脸 6. 武术:集体刀术、儿童棍术、对打(双刀对棍) 7. 传统歌舞:《桃夭》 8. 杂技:神功火、吃碗	1. 儿童舞蹈:《新年快乐》 2. 古筝合奏:《从中国到西方》 3. 歌舞表演:《民族大团结》 4. 大合唱:《大中国》
2010	1. 舞狮 2. 羌族男子群舞:羊皮鼓舞 3. 女子柔术杂技 4. 女子集体舞:《俏花旦》 5. 空竹表演 6. 羌族女子集体舞:《尔玛姑娘》 7. 长绸舞:大木偶 8. 藏族女子群舞:《酥油飘香》 9. 双人舞:《师徒春秋》 10. 杂技:《小草帽》 11. 女子独舞:《女茶倌》 12. 川剧变脸 13. 彝族群舞:《快乐的罗嗦》	1. 铃鼓舞 2. 红灯笼舞

注:节目《民族大团结》以相同的表演形式和内容连续两次出现在2008年和2009年谢菲尔德的春节庆典里。根据两年的节目单,其英文名为*Chinese People Holding Together*,但中文名分别为《民族大团结》和《迎春放歌》。因前者的名字更直接、明了,本研究中统一使用前者。

表 6-4 谢菲尔德华人社团为该市春节庆典提供的传统和现代表演

年份	谢菲尔德华人社区中心和雪埠华人联谊会	谢菲尔德学生学者联合会	谢菲尔德华人基督教会	特邀演员	合　计
2005	1 传统+1 现代	2 现代		7 传统+5 现代	16
2006	6 传统+1 现代	2 传统+2 现代	1 现代	3 传统	15
2007	5 传统+1 现代	1 传统+2 现代	1 现代	4 传统	14
2008	2 传统	1 传统+7 现代	1 现代	4 传统+1 现代	16
2009	1 传统	2 传统+4 现代		5 传统	12
2010	1 传统	2 现代		12 传统	15
合计	16 传统+3 现代	6 传统+19 现代	3 现代	35 传统+6 现代	88（57 传统+31 现代）

注：表中“传统”指传统表演，“现代”指现代表演。

2005—2010 年间，谢菲尔德华人社区中心和雪埠华人联谊会为谢菲尔德春节庆典提供了 16 个传统表演（只有 3 个现代表演）。表演者大多是当地小孩，是第二波华人移民潮的嫡系子孙，这些小孩的父母大部分出生于中国香港，少部分出生于东南亚其他国家或地区（第五章）。他们被自己父母送到雪埠华人联谊会和谢菲尔德华人社区中心参加中华传统文化的培训课，也为谢菲尔德春节庆典提供了表演。这说明这些出生于中国香港的华人不希望自己的孩子断绝与传统和祖先的联系。根据作者对谢菲尔德春节联合委员会的参与式观察，华人社团的代表讨论节目时对传统表演的态度是基本一致的，围绕某些表演的质量可能会引发一些问题。对此，谢菲尔德华人社区中心的代表说：“华人新年是我们的传统节日，我们就应该展现这样的传统文化”。[①]

旅英华人在春节庆典里通过表演、装饰这样的传统元素表征中华文化——这是他们构建自己与中华文化、华人社群的共同祖先之间的联系的一种方式。借此，他们定义、声明他们共同的华人身份认同。通过传统装饰、参与传统表演，他们表达了对一个由中华传统文化、想象的历史及古老的祖先组成的世界的向往。对华人社群而言，这是一个想象的家园，而不是一个固定的地理区域，其被 Tu（1991）称为“文化中国”，被 Anderson（1983）称为“想象的共同体”（第二、三章）。世界上大多数旅外社群在精神和心理上都需要构建一个想象的家园，就好像本研究里旅外华人社群以及散居在世界各地的锡克人

① 引自 2009 年 3 月 26 日对谢菲尔德华人社区中心经理的访谈。

(Cohen, 1997)。传统元素和春节庆典仿佛一座桥,连接旅外华人社群和想象的家园。传统元素、春节庆典及中华传统交织而成的表征,就像每一个华人心中的"家园"的理念,引起了旅外华人的共鸣。尽管不同的华人子群成员有着不同的籍贯(出生地)、语言(方言)、移民历史等,但他们有着相同的(想象的)"家园",这激发他们为了一个共同的春节庆典团聚在一起。

2.春节庆典传达的民族自豪感

在研究2005—2010年谢菲尔德春节庆典的现代表演时(见表6-3),作者对这些表演进行了总结。第一,华人通过这些表演表达了民族自豪感,例如他们歌颂中国多民族的统一,抒发爱国情怀。有16个表演都表达了这种情感,占现代表演(共31个)的一半以上。第二,有6个表演表达了与新年相关的幸福和祝福。其余的表演中,3个是基督教会合唱,4个是西方乐器演奏,1个是魔术表演,1个是中国流行歌曲演唱。尽管这些表演都展现了中国文化,但与那些表达华人民族自豪感的表演相比,这些表演在内容上没有直接表达促进社群团结的强烈愿望。

展现华人民族自豪感的表演在谢菲尔德春节庆典里发挥着重要作用。表演这些节目的演员都来自当地以中国内地华人为主的社团:谢菲尔德学生学者联合会及星星中文学校(Star School)。星星中文学校是谢菲尔德的第一所普通话学校,其建立的宗旨在于向来自中国内地的华人和来自其他说普通话国家和地区的人的孩子教授普通话[①]。学校的很多老师都是谢菲尔德学生学者联合会的成员,他们从中国内地来到英国学习,毕业之后继续在谢菲尔德生活,有着强烈的民族自豪感和爱国热情。很显然,他们通过此类表演表达自己的意识形态和情感。2008年的谢菲尔德春节庆典能很好地说明这一点。根据作者的直接观察,2008年谢菲尔德春节庆典的主题紧紧围绕北京获得2008年奥运会的主办权[②]。表6-3显示,有5个表演直接表达了与奥运相关的民族自豪感和爱国情感,包括歌曲《为了谁》《中国印》《我爱你中国》和《中国人》,以及群舞《民族大团结》。作者在研究日记中对这些表演进行了评论:

> 我感觉当晚的节目表达了强烈的爱国情怀。当演员唱着《为了谁》时,舞台上的大屏幕放着人民解放军抗洪救灾的图片。这一年北京政府在奥运会举办前使用的宣传北京和中国的歌曲《中国印》也搬上了这里的

---

① 摘自网页 http://ogma.shef.ac.ukstarindex.html,于2010年1月20日访问。后文有关星星中文学校的信息也摘自该网。

② 引自2008年2月6日的研究日记。

> 舞台，演员在台上唱着，大屏幕放着有关中国历史和中国历史文化遗产的纪录片……我能感受到身边的很多人都很激动，他们大多是年轻的华人学生。表演接近尾声的时候，所有演员走上舞台，手拉着手合唱了《民族大团结》。他们穿着中国不同民族的传统服装，唱着，跳着……欢呼声经久不息。①

对来自中国内地的华人社群来说，“家园”这一概念已经与现实世界的母国（中国）和精神家园——中华传统文化和祖先交融在一起。尽管他们在远离中国的国家生活，与中国也缺乏（足够的）实际联系，但他们在心理层面仍然与母国紧紧相连。

除了谢菲尔德这个主要案例城市，2008 年，作者还调查了其他城市的春节庆典，包括伦敦、利物浦、诺丁汉、曼彻斯特、利兹和纽卡斯尔。作者发现，这些城市的春节庆典都有与北京奥运会相关的节目。值得一提的是，非中国内地出生的华人受访者中没有人明确反对这些表达民族自豪感和爱国热情的节目，其中有些人表达了对这些节目的喜爱以及观赏这些节目时的兴奋之情。这一发现在一定程度上否定了 Chrisansen（2003）的观点，即出生于中国香港的华人出于潜在的反共情绪可能会对出生于中国内地的华人的爱国主义情感感到反感。以下两段文字摘自作者对部分非中国内地出生的华人的访谈稿。首先是来自于谢菲尔德春节联合委员会主席的一段话：

> 我认为这（在春节庆典中表达的爱国主义）不是什么问题。我们尊重他们（中国内地出生的华人）。在英国每个人都能自由发言：这是一个自由的国家。但有时我们需要考虑英国观众……他们是否喜欢这些表演。到目前为止都还不错。我们还没有收到任何对这些表演的负面反馈。②

该受访者的回答表现了旁观者的冷静。他强调了第三方即英国社会非华人观众的重要性，认为他们的看法是选择和安排春节庆典节目的标准之一。在他看来，如果英国社会不喜欢这些爱国表演，很可能就会出现问题。很显然，他不像来自中国内地的华人那样对中国怀有思乡（母国）之情。但是，他于 2009 年的这种态度在 2010 年当作者再次遇到他的时候发生了很大改变，那是在他受邀前往北京参加中华人民共和国成立 60 周年庆典之后，他表达了自己的强烈的民族自豪感：

---

① 引自 2008 年 2 月 4 日的研究日记。

② 引自 2009 年 2 月 20 日对谢菲尔德春节联合委员会主席的访谈。

> 我非常激动。他们(中国政府)邀请了 1500 名海外华人,我就是其中之一。在北京我们受到了热情款待。我还观看了天安门广场的阅兵,非常壮观……让人印象深刻……中国现在成了世界大国。作为一名华人,我非常自豪。①

另外一位来自中国香港的华人有着非常强烈的民族自豪感,他说:

> 这(中国新年)是我们展示我们人口壮大、国力增强的机会。我们的国家不再羸弱……现在我们也有了奥林匹克运动会……我们还有功夫……在这儿我们有很多同胞。这不是非法聚集,我们必须坚持(举办春节庆典)……②

对这位受访者来说,春节庆典本身就是旅英华人表达民族自豪感的方式,因此旅英华人应该继续举办这样的活动。就这两段访谈来说,毋庸置疑的是,民族自豪感的发展与中国崛起和中国在世界的影响力密不可分,举世瞩目的北京奥运会等就能说明这点。因此可以推断,一些出生于中国香港的旅英华人在一定程度上与出生于中国内地的华人有共同的民族自豪感,至少有时是这样。如果按 Christiansen 的说法,即多数出生于中国香港的华人对中国共产党怀有敌意,那我们就不会有上述发现。因此在本研究中,民族自豪感在春节庆典中是连接华人和华人子群的重要因素。在与他人分享民族自豪感时,旅英华人(社群)定义并声明华人的身份认同,构建集体意识。但是,我们不能将这种民族自豪感完全等同于来自中国内地的旅英华人的爱国情感,也不能轻易认为爱国主义广泛、稳固地存在于所有华人群体中。出生于中国内地的华人普遍有着稳定的爱国情感,与他们相比,出生于中国香港的华人的民族自豪感很可能是暂时的、偶然的、易变化的、易消逝的。

五、结　语

本章分析并论证了旅英华人子群和社团如何成立春节委员会并共同组织和举办春节庆典。尽管各华人社团有着不同的目标和利益,但它们都希望在英国庆祝传统节日,宣传社群的传统文化。它们的共同利益说明它们有着共

---

① 引自 2010 年 9 月 21 日与谢菲尔德春节联合委员会主席的闲聊。

② 引自 2009 年 7 月 29 日对蔡李佛功夫龙狮总会主席的访谈。

同的华人身份认同，都在精神和心理上向往共同的(想象的)“家园”——“文化中国”(Tu, 1994a)，这也是它们共同举办春节庆典的精神和心理基础。

此外，研究揭示了促使各华人子群合作组织和举办春节庆典的实际原因。组织和举办春节庆典需要多种资源，包括赞助商、场地、演员、道具等，各个华人子群和社团既各有所长，也各有所短。它们只有合作才能克服资源局限，充分发挥各自的长处。例如，以出生于中国内地的华人为主要成员的社团——学生学者联合会有很多学生演员、专业技术人才，在与其他社团合作时，学生学者联合会可以专注于节目策划和表演设计，而把寻找资助等任务交给其他更适合这项工作的社团。这样可以避免资源分散，化解华人社团、子群的潜在竞争。华人社群的合作可以建立一个社群团结的形象，有利于提升知名度，吸引资助。正因为各华人子群在春节庆典里的合作，整个华人社群的社会资本增加了，因而也变得更加团结、有凝聚力。

本章还指出旅英华人的私人关系在建立合作关系中发挥着重要作用。首先，华人社群领导者运用自己的关系召集各华人社团领导人共同建立春节委员会。华人社群领导人多来自中国香港，与当地出生于中国香港的华人社团领导人有着紧密关系。如果华人社群领导人与某些社团领导人(通常非中国香港出生)之间没有关系，就会寻找中间人建立关系，从而说服他们加入当地春节委员会。因此，与春节委员会或其他社团的成员是否有私人关系是华人决定参加春节委员会的重要因素。实现华人社团和子群之间的合作需要社团领导人团结起来。这一发现不同于翟学伟(2009)的观点，翟学伟认为关系不能促进社群团结。其次，春节委员会的华人社团成员运用自己的私人关系获取华人社群、英国和中国的资源，例如为春节庆典寻找潜在资助和演员。但是，如果没有关系，他们就很难获得并利用丰富的资源。

本研究除了考察春节庆典的组织和举办过程外，还研究了春节庆典的表征。旅英华人社群主要以两种方式表现“中华文化”：一是通过运用中华传统文化元素，二是通过表演传达民族自豪感。旅英华人社群运用中华文化强调内部的同质性，构建华人的共同身份认同，促进各个华人子群间的合作，增强集体团结和凝聚力。因此，春节庆典本身作为一种“集体活动”(Brinkherhoff, 2006)，反映了旅英华人社群的统一与团结。

第七章　春节庆典里的矛盾与冲突

上一章讨论了华人社团及华人子群如何协作、共同组织和举办春节庆典。这个过程同时伴随着利益冲突。冲突是“个人或集体不相容的行为、观念或目标”(Little et al., 1989)[32]。第一章提到过，很多学者，如 Larson 和 Wikström (2011)，在研究节事活动的利益相关者的关系时，往往只考察他们在该活动情境中发生的冲突，很少将视角延伸至对这些利益相关者所在的群体的研究，这样导致的结果是忽视后者对前者的影响。因此，本研究不仅考察各华人子群在春节庆典中的互动，还研究它们在更为广阔的社会文化情境里的关系与互动，尤其是那些与春节庆典相关的情境。

通过考察春节情境内外各华人社团和子群的互动，本研究发现华人子群间存在冲突，最明显的冲突体现在出生于中国香港和内地的华人子群之间。本章讨论这些冲突如何在春节庆典中产生及产生的原因，主要分为五个部分。第一部分揭示了华人子群的个人成员及其社团对春节庆典的功能有着冲突性的期望。第二部分论述了华人子群在节目选择和目标观众群的确立方面有着不同的观点，由此导致的冲突说明双方对春节庆典的期望不同，双方与客国（英国）和母国（中国）的物质和精神联系也不同。第三部分讨论华人社群的领导权和代表权引发的冲突，从而说明华人子群（的成员）之间针对权力的潜在竞争。第四部分讨论了华人子群就如何在春节庆典中分享关系和社会美誉①等无形资产发生的冲突，还揭示了华人社群内部的分化和杂糅的身份认同，并说明这是造成华人子群冲突的本质原因。第五部分为本章的小结。

① 本研究中，社会美誉指通过参与春节庆典获得的称赞、良好声誉、认可和其他积极反馈。具体论述可见本章第四部分。

一、有关春节庆典功能的不同期待

第六章论述了各个华人社团加入春节委员会、共同组织和举办节日庆典的原因。作者通过询问受访者参与春节庆典的动机（“您和您的社团为什么参与春节庆典？其他社团呢？”），从而得知他们是基于一个共同的利益和目标庆祝传统节日，即向外界社会展示中华文化——这是他们合作的精神和心理基础。但是，受访者同时还表示，除了共同的利益和目标之外，各个社团也有不同的参与原因和动机，这反映了他们对春节庆典的功能怀有不同的期待。

在 21 位受访者（22 场访谈）中，11 位来自中国内地，7 位来自中国香港（8 场访谈[①]），1 位来自马来西亚（见表 7-1 和表 7-2），还有 2 位是非华人。为什么受访者大多来自中国内地？这主要有以下两个原因。首先，按照研究规划，本研究要对春节委员会各华人社团的代表进行访谈，这些受访者并不是作者事前特意从春节委员会根据出生地挑选出来的，但是作者在之后的实际研究中发现华人社团根据出生地可以清晰地被划分为香港华人社团和内地华人社团，前者的社团代表和大多数成员出生于中国香港，后者的社团代表和大多数成员出生于中国内地。不过需要说明的是，根据成员出生地划分社团不是完全绝对的，偶尔会有例外的情况，即极少数的华人社团会有一两位社团代表或成员与社团里的大多数成员的出生地不一样。例如，有位受访者来自中国内地，却在香港华人社团——纽卡斯尔东北社团工作，但是这种情况非常少见。其次，内地华人社团的代表每年都会更换，而香港华人社团的代表总是保持不变，这造成了在前后三年的访谈中，作者采访了更多的内地华人社团的代表。例如，由于谢菲尔德学生学者联合会 2008 年和 2009 年的领导者更换了，所以其派出了不同的代表加入这两年的谢菲尔德春节联合委员会。由于香港华人代表重复参加春节联合委员会，有些人在 2008 年和 2009 年接受了两次访谈，谢菲尔德华人社区中心的代表（同时还是谢菲尔德春节联合委员会主席）就是如此。

从访谈文本来看，出生地相同的受访者给出的答案相似度很高。首先，出生于中国香港的华人移民认为春节庆典可以赢得英国社会的认可和尊重（见表 7-1），他们比出生于中国内地的华人更加关注华人社群和客国社会的关系。

---

① 本研究对一位受访者进行了两次访谈，具体可见第四章。

表 7-1　春节庆典中非中国内地出生的华人子群的目标

采访引述	组　织	出生地	社会身份
“这就是中华文化……它团结了全体华人。我们能赢得(英国)社会的认可……让英国人了解华人在做什么……成为这个城市的一部分。”	谢菲尔德华人社区中心	中国香港	移民
“华人春节能呈现中华文化……帮助英国了解和尊重我们。”	谢菲尔德华人社区中心	中国香港	移民
“春节是我们的传统……让他们知道我们如何庆祝新年……他们将会尊重我们。”	谢菲尔德励贤会	中国香港	移民
“这是我们的文化。华人庆祝春节……如果他们了解得多了,他们也会更尊重我们。”	谢菲尔德励贤会	中国香港	移民
“让西方关注了解华人春节。”	谢菲尔德华人基督教会	中国香港	移民
“帮助英国人了解我们。”	谢菲尔德华人基督教会	马来西亚	潜在移民
“这是我们的文化,我们的传统。英国人有他们的新年,我们有我们的……让他们知道我们是谁,就不会再欺凌我们华人了。”	纽卡斯尔蔡李佛功夫龙狮总会	中国香港	移民
“让别人了解我们和我们的文化……尊重我们。”	曼彻斯特中国艺术社团	中国香港	移民

注:“潜在移民”指递交了移民申请的人。

有位受访者来自谢菲尔德华人社区中心,同时还是谢菲尔德春节联合委员会的协调者,他讲述了谢菲尔德华人社群过去十年的历史和发展,并道出了自己参加春节庆典的原因及对春节庆典的功能的期待:

> 春节庆典对华人社群而言……是一个宣传工具(publicity vehicle)……是一种媒介,帮助我们和英国社会进行交流。我们再也不是他们(英国社会)想的那样。因为我认为在过去,历史上华人一直被孤立……(不是)因为(英国社会的)每一个人……去孤立他们[①],而是因为他们自己的所作所为让他们被孤立了……我(1975 年)第一次来到英国时,英国社会对华人的看法有点……表现得不太喜欢。他们(华人)总是神神秘秘……我觉得甚至在 20 年前,外界都视华人为一个有秘密的沉寂群体……普遍认为华人自己不想融入当地社会。不知怎么的,华人(社

① 受访者在这里使用了“他们”,指的是过去的华人。

群)总好像隐形者一般。他们并没有真正(把自己)融入当地社会。所以华人群体有点“脱节”,与社会其他群体隔离……正因为如此,他们遭遇的处境……不能说是偏见,但……我们都知道……结果就是即便他们想要什么,也没有任何渠道去实现。任何(来自当地英国社会的)人都不会聆听他们的诉求,因为反正他们也不是当地社会的一部分……但是我认为他们可以成为(当地)社会的一员。他们能为这个社会做很多事,这对华人、(当地)社会双方都是有益的。如果华人能更融入(英国)社会,就意味着华人也能成为(英国)社会的一员……

我们在六年前开始庆祝春节……我之所以做这个是……想把华人社群……拉在一起……这是所有华人聚集的平台,大家可以合办庆典,不仅华人可以看,非华人也能看……因为要是庆典办得好,华人社群以外的其他人也会来看的。他们会看到……这些华人能够团结在一起……这给外界呈现了一个积极形象。①

纽卡斯尔蔡李佛功夫龙狮总会的主席同样出生于中国香港,他联系自己和其他移民在 20 世纪 70 年代移居到英国的经历,对春节庆典的功能表达了类似的看法:

我 25 岁(1976 年)来到这儿。我姐姐在这儿开店,需要人帮忙,所以我就来了……本来我在香港教功夫,还有份正式工作,但我还是过来帮我姐姐了。那时当地英国人比较不厚道……他们吃完饭不付钱,甚至还殴打我们。当地很多华人知道我以前在香港教功夫,让我也教他们,因为一点功夫都不懂的话肯定会吃亏,在受欺负时功夫可以用来保护自己。

当时中餐外卖店还不多。晚上十点半或十一点工作结束后,我们都去一个叫作蒂凡尼的夜总会,20 世纪 70 年代时我们也都在那儿庆祝春节。我们常练功夫、聊天、喝酒。春节是个很好的机会,让大家聚在一起。80 年代时有点变化,因为开了更多的店,来的人也更多,所以在 1987 年时我们开始舞龙舞狮。当地很多英国人对这个很感兴趣,向我们打听春节,问春节是什么时候等等。

春节是我们的传统节日,就像每年的生日。这是一次展示我们人数众多、力量增强的机会。在英国,他们过新年,我们也有自己的新年。我们需要向他们表明,我们国家并不弱小。春节也是展示我们华人数量众

① 引自 2009 年 2 月 20 日对谢菲尔德春节联合委员会主席的访谈。

多的机会，这不是非法聚集，我们必须坚持（举办春节）。1977 年我们开始庆祝春节，一直持续到现在。[①]

来自中国香港的华人由于在 20 世纪遭受或目睹了英国社会对华人不公正、不友好的对待，都希望自己能被视为当地社会的一员，受到公正对待。香港华人受访者提及的这一现象在 20 世纪七八十年代很普遍，不仅适用于英国的华人社群，也适用于其他少数民族社群。当时少数民族社群和英国白人社会之间紧张的种族关系是一个非常严重的社会问题，前者处于英国社会的边缘地带，与后者隔绝（Benton et al., 2011）。这与英国较为自由宽松的种族关系管理有关，因为当时的政策强调少数民族社群的自治（Joppke, 1996）。整体而言，这个时期的华人社群表现得比较沉默，至少史料没有明确的相关证据说明它们对所受到的不公正待遇进行反抗，它们的忍让与黑人社群的反抗形成了鲜明对比，后者愤怒地制造了 20 世纪 80 年代的布里克斯顿暴乱（Brixton Riots）（Joppke, 1996）。正如谢菲尔德华人社区中心受访者在上文说到的，华人社群半自愿、半被迫地成为社会的“隐形者”。但是，作者认为华人的沉默不代表他们无视或者忘记自己受到的不公待遇，也没有就此觉得自己已经融入英国主流社会，因此他们仍然希望被英国社会接纳，只有这样，他们的社会地位才能提高，人们对待他们的方式才会改变。公开庆祝春节让过去一直“隐形的”华人社群出现在大众面前，是华人社群赢取英国社会的认可、理解和尊重的一个策略。Kasinitz（1992）对旅外社群的节日的功能也持类似的观点。本研究认为出生于中国香港的华人比出生于中国内地的华人更有兴趣加强与英国社会的联系。

采访中唯一一位出生于马来西亚的华人[②]表示，谢菲尔德华人基督教会参与春节庆典是为了“帮助英国人了解我们”。他希望英国能借此机会更多地了解华人和中华文化，这说明他认为当时双方的理解和沟通还不足。因为他的这个观点与很多出生于中国香港的华人受访者的观点类似，所以他们的观点被归为一类（见表 7-1）。

在“为什么联合举办春节庆典？”这一问题上，出生于中国内地的华人的回答比出生于中国香港的华人的回答更多样（见表 7-2），这些回答主要分为三类：庆祝新年传统；宣传中国文化或促进文化交流；促进个人生存与发展。

---

① 引自 2009 年 7 月 29 日对纽卡斯尔蔡李佛功夫龙狮总会主席的访谈。

② 本研究中只有一位马来西亚华人。虽然纽卡斯尔、曼彻斯特和诺丁汉的春节委员会的受访者均表示当时的委员会成员只有出生于中国香港的华人和出生于中国内地的华人，但在其他英国城市的春节委员会里不排除有一些出生于东南亚的华人。

表 7-2　春节庆典中中国内地出生的华人子群的目标

采访引述	组　织	社会身份
“让华人高兴，庆祝我们的传统节日。”“宣传中国文化。”	谢菲尔德学生学者联合会(2008)	潜在移民
“让我们的学生高兴，为他们提供展现自我的平台。”	谢菲尔德学生学者联合会(2008)	学生
“每个游客都能玩得高兴。”“文化交流。”	谢菲尔德学生学者联合会(2009)	潜在移民
“文化交流。”	谢菲尔德学生学者联合会(2009)	移民
“推广并宣传中国文化。”	谢菲尔德孔子学院	短期工作人员
“把当地建设成一个多元文化社会。”	纽卡斯尔东北社团	移民
“宣传北京奥运会。”	纽卡斯尔学生学者联合会	学生
“宣传中国文化、中国和文化交流。”	诺丁汉迅疾旅行公司	移民
“宣传中国文化和文化交流。”	诺丁汉学生学者联合会	学生
“团结华人。”	曼彻斯特学生学者联合会	学生
“谋生，提高社团知名度，宣传中国文化。”	曼彻斯特金龙武术学校	移民

注：“潜在移民”指递交了移民申请的人。

出生于中国内地的华人移民或学生与出生于中国香港的华人在英国的经历颇有差异，他们大多由政府资助或自费来英国学习(第五章)，没有经历 20 世纪七八十年代后者遭受的种族主义对待，所以他们不像后者那样强烈渴望赢得英国社会的认可。他们在母国和客国间游移，不确定或者还未确定哪里会是自己的长期居住地。对他们来说，春节庆典可以满足他们的精神需求：庆祝传统，追忆家园。正如谢菲尔德学生学者联合会的代表表示：

> 我们举办春节庆典有两个原因。第一是为了让当地华人高兴，第二是宣传中国文化。当地华人没有开展很多娱乐活动庆祝我们中国的传统节日，但不管怎么样，新年对中国人来说是最重要的传统节日。尽管(这里)有一些小型的活动，但这些活动无法反映春节的重要性，也不能营造新年气氛。我们每年都有这样的活动，大家也都很享受新年氛围，这是主要目的……另外我觉得这也是中国活动。我们需要展示真正的中国文化，而不是聚在一起吃吃喝喝。[①]

出生于中国内地的华人非常希望春节庆典能宣传华人文化、中国文化，较

① 引自 2008 年 2 月 13 日对 2008 年谢菲尔德学生学者联合会代表的访谈。

之出生于中国香港的华人，他们有着强烈的爱国情怀，不仅希望英国社会能理解春节这一华人传统节日，也希望通过春节加强他们对母国（中国）的认识。他们通过春节表达对中国文化的自豪感，同时也希望与英国社会一起分享这种自豪感。诺丁汉迅疾旅行公司的代表指出：

> 我们只是想要向英国公众展现中国形象……不管是文化……还是中国……让人们进一步了解中国、中国的文化和其他事情，激发他们对中国的兴趣。[①]

各华人社团的代表还表达了其他个人期待，包括谋生、提升社团知名度等（见表 7-2）。纽卡斯尔东北社团的代表认为春节有助于"把当地建设成一个多元文化社会"（见表 7-2），这位代表在 20 世纪 80 年代初由政府公派到英国留学，之后成为英国公民。[②] 华人由学生或毕业生身份转变成英国公民，社会身份发生了变化，这可能会影响他们对春节庆典的功能的期待，因为他们会逐渐加强与客国社会的联系，减少与母国的联系。但这只是一种推测，本研究没有足够的证据证明这点。

除华人社团外，谢菲尔德孔子学院和谢菲尔德市议会的两位非华人代表也接受了作者的采访。尽管他们不是华人，但是他们的回答却说明他们及他们所代表的群体或与出生于中国香港的华人群体或与出生于中国内地的华人群体有相似的想法和较为紧密的联系。其中有位受访者是谢菲尔德孔子学院的一位来自瑞士的女士，她表明谢菲尔德孔子学院和她本人加入谢菲尔德春节联合委员会是希望促进"文化交流"。这一回答与当地内地华人社团——谢菲尔德学生学者联合会代表的回答相似，这也解释了为什么谢菲尔德孔子学院与谢菲尔德学生学者联合会的成员之间往往有着"紧密关系"[③]。谢菲尔德市议会的政府官员没有直接解释市议会参加春节庆典的原因，但他认为华人希望通过春节庆典吸引外界社会的关注，宣传华人文化，这个观点体现了整个华人社群的心愿。他还表示参加春节庆典可能会在日后的选举中为自己带来更多的选票[④]，这位议员是英国自由民主党派的成员，他的这个表述说明了他和他所代表的政党将参与华人社群的春节庆典与政治目的挂钩，尤其要与当

---

① 引自 2008 年 3 月 26 日对诺丁汉迅疾旅行公司经理的访谈。

② 引自 2009 年 3 月 1 日对纽卡斯尔东北社团代表的访谈。

③ 有关"紧密关系"及"疏远关系"的讨论参见第八章。

④ 引自 2008 年 12 月 13 日的研究日记。当天受访者在春节联合委员会会议后，与作者进行了交谈。

地出生于中国香港的华人群体加强沟通联系，因为其成员大多为英国公民，具有选举权，而春节庆典中的出生于中国内地的华人群体的成员大多数不是或还未成为英国公民。

根据上述讨论，我们发现香港华人群体（和他们的社团）与内地华人群体（和他们的社团）对春节庆典的功能有着不同的期待。整体而言，前者更希望通过春节庆典赢得英国社会的认可、尊重和理解，更渴望加强与客国社会的联系；后者更关注当地的华人群体，更强调与母国——中国的联系。本研究的访谈没有发现春节庆典能为各华人群体和社团带来直接的物质利益。但是，这两大华人子群对春节庆典的功能的不同期待揭示了它们有着不同的精神需求和政治目的，这反映了双方不仅在包括出生地、移民历史等物质特征方面，而且在价值观、爱国情感等精神特征方面有显著差异。按照 Larson 和 Wikström(2001)的观点，如果节事的利益相关者的个体利益与集体目标相容，即一个节事所有利益相关者的共同目标和个别利益相关者的个体利益都能在这个节事中实现，矛盾和冲突就不会出现。同样的，在春节庆典中，如果华人社团和华人子群都能实现各自对春节庆典的期待和目标，彼此之间可能不会产生明显冲突；反之，对它们而言，共同参与举办春节庆典就在一定程度上失去了意义，那么冲突就会出现。那么我们就要讨论，基于华人群体上述相去较远的参与春节庆典的个体目标和期待，在事实层面上矛盾和冲突会不会发生。作者的答案是肯定的，即在春节庆典的筹办过程中，华人群体往往在节目的选择和目标观众设定上发生矛盾冲突。

二、节目选择与目标观众设定引发的矛盾冲突

（一）语言类表演

对出生于中国内地的华人来说，相声和小品[①]这两种普通话表演节目在他们的春节庆典里扮演着重要角色，这不会受限于春节的庆祝地点，即不管是在母国还是在客国。第五章提到，从 20 世纪 80 年代开始，在除夕夜观看由中

① “小品”一词最早出现在晋代(265—420)，包含多个概念，可以指佛经和文学或艺术创造。但是，在现代社会，小品指舞台短剧，是现代商业社会的产物，同时也是对商业主义的评论(Du, 1998)。本研究中讨论的小品主要指舞台喜剧短剧。

国中央电视台(CCTV)播出的春节联欢晚会成为中国内地民众庆祝春节的传统。除歌舞表演外,相声和小品也是春节联欢晚会的重头戏,经常出现在春节联欢晚会的舞台上。在英国,出生于中国内地的华人群体独立举办的春节庆典多数会有相声和小品。例如,2009 年曼彻斯特学生学者联合会举办的春节庆典就出现了相声、小品这样的表演,其主要以出生于中国内地的华人为目标观众(见图 7-1)。

图 7-1　2009 年曼彻斯特春节庆典中的相声表演

但大多数非中国内地出生的华人,在本研究中主要以中国香港出生的华人为代表,尤其是那些年长者,他们的传统春节庆典里没有这种普通话表演,他们无法理解相声和小品。即便那些会说普通话的香港出生的华人也不能轻易理解这些表演中与内地文化相关的幽默和社会讽刺。谢菲尔德华人基督教会的代表对此说道:

> 我去纽卡斯尔看春节表演,他们自顾自地高兴,也不管观众。他们的表演……应该是小品吧……我觉得。他们在台上很高兴,所有人都哈哈大笑,很开心……但我觉得一点意思也没有。[①]

这位受访者来自中国香港,不仅能听懂普通话,而且说得非常流利,但是他却表示他无法理解他当时观看的小品节目。也许他看的那个节目本身质量

① 引自 2009 年 4 月 3 日对谢菲尔德华人基督教会代表的访谈。

不高,但是他在上面的陈述中将来自中国内地的观众与自己进行了对比,前者非常享受观赏的过程,而他觉得非常无趣。这样鲜明的差异性更能说明双方春节文化及传统的疏离。

（二）舞龙舞狮表演

除了普通话表演,舞狮(见图 7-2)和舞龙(见图 7-3)表演也会在春节委员会里造成冲突、分歧。最主要的分歧焦点是在既定的春节庆典里为舞龙、舞狮表演分配多少时间以及如何为其安排表演顺序。根据作者的参与性观察,2009 年谢菲尔德春节联合委员会就舞狮表演发生了争论。其中,出生于中国内地的华人群体的代表希望减少这类表演的时间,因为他们认为这类表演缺乏足够的审美价值[①],减少其表演时间能为其他更精彩的表演腾出时间。但是,出生于中国香港的华人认为一个完整的舞狮表演包含一整套动作,减少表演时间就破坏了整个表演的完整性和质量。此外,出生于中国内地的华人还建议将舞狮表演放在整个表演过程的中间,而非开场,因为节目开场有开幕演

图 7-2　2009 年 2 月 9 日纽卡斯尔春节庆典中的舞狮表演

① 引自 2009 年 3 月 8 日对谢菲尔德学生学者联合会代表的访谈。

图 7-3　2009 年 1 月 25 日利物浦春节庆典中的舞龙表演

讲，无法确定邀请嘉宾会讲多久。如果开幕演讲很长并且接下来的舞狮表演时间又很长，那观众可能会对整场演出失去耐心。但如果将舞狮表演安排在中间，这一问题可以得到解决。但是，以香港华人为代表的群体坚持认为舞狮表演是节目中的重中之重，就应该放在最前面以吸引观众的注意力。因此，香港华人群体坚持将舞狮表演放在演出的最开始。

表面上，双方在舞狮表演上的争论源于双方对整场演出的质量持不同观点。但是，华人社团的代表却指出这种分歧主要是因为双方对艺术品位和审美有着不同的态度和观点，可见下文谢菲尔德学生学者联合会的代表兼该市 2009 年春节庆典的导演的评论：

> 对于今年（2009 年）的表演，我觉得唯一的问题在于舞狮。当然我知道中国香港人[①]和英国人都喜欢舞狮表演，但看得出……今年的舞狮（表演）太长啦。我觉得舞狮……和舞龙都过时了，落伍了……没意思。但他们就是喜欢这个……但……不管怎么样，我觉得他们应该减少这类表演的时间……[②]

受访者首先表示舞狮和舞龙表演的时间太长，随后用“过时”“落伍”这样的词汇对这类表演做出了消极评价。该评价可能只说明个人喜好，但是如果联系舞狮舞龙这类民俗活动在中国内地的发展，这位受访者的观念反映了独特的历史文化背景。舞狮舞龙在中国是历史悠久的民俗传统，它们最早的历

① 这里指出生于中国香港的旅英华人。

② 引自 2009 年 3 月 8 日对谢菲尔德学生学者联合会代表的访谈。

史分别可以追溯至三国和西汉时期(Shang, 2004; Rao, 2007)。1919年五四运动至中华人民共和国成立初期掀起了反封建、反传统之风,包括鲁迅先生在内的一些思想和政治精英认为春节和民俗活动已经过时、落后,不符合中国的现代化发展(Gao, 2006)。因此,很多传统民俗活动在中国内地的都市、城镇里被摒弃了,只在一些偏远的农村地区被保留了。尽管目前没有直接证据说明那段时期舞龙舞狮的情况,但可以推测其在当代中国反传统的大背景下逐渐衰落了。不过,自20世纪90年代开始,舞龙舞狮在中国国家政府的推广下逐渐以民间体育运动的形式回归公众视线(Li et al., 2004)。

经历了从中华人民共和国成立到"文化大革命"这段时期之后,中国内地面临巨大的文化断裂,这体现在传统的继承和现代化建设之间、传统节日和现代节日的庆祝方式之间等诸多方面。在英国的春节委员会里,来自中国内地的华人成员多是年轻学生、毕业生和学者,他们是在中国进行现代化建设的大背景下成长起来的,因此在很大程度上割裂了与传统的联系,也正是因为如此他们中的很多人不了解舞龙舞狮。20世纪80年代随第三波华人移民潮移居到英国的华人大多属于这种情况(第五章),包括上文对舞龙舞狮做出评价的受访者。另外,春节委员会的一些来自中国内地的学者多生于1949年中华人民共和国成立以后,现如今人到中年,纽卡斯尔东北社团的代表和中英文化交流协会的主席就是例子。他们没有强烈反对舞龙舞狮这类民俗表演,而将之视为传统,但也没有明确表示欣赏这类表演,比如纽卡斯尔东北社团的代表如是说:

> 这(舞狮或舞龙)是我们的传统,广受大家的喜爱。但我个人不是很喜欢……可能也只是个人审美……但我猜像我这样的人,还有从中国内地来的年轻人,应该有着相同的感受。毕竟在中国,我们也很少这样庆祝……[①]

该受访者是第一批海外学人之一,由中国政府出资派往英国学习西方先进科学技术,其观点反映了经历了毛泽东时代反封建和反传统的国家文化政策的那一代人的普遍看法。

非中国内地出生的旅英华人的祖先大多在1949年前或1949年前后离开中国内地,继承并保留了传统习俗,即在传统节日庆典的场合还会表演、观看舞龙舞狮及其他民俗活动。对那些来自中国南方尤其是广东省、福建省的移

① 引自2009年3月1日对纽卡斯尔东北社团代表的访谈。

民来说，在春节期间表演并观看舞龙舞狮是家乡的传统。正如纽卡斯尔蔡李佛功夫龙狮总会的主席表示：

> 我九岁（1960 年）开始学习舞狮舞龙……春节我们放五天假，这五天里我们就有舞龙舞狮表演。[①]

当这些华人从非中国内地地区移民到英国的时候，他们将其庆祝春节的传统，包括舞龙舞狮表演带到了英国，使之成为英国华人春节庆典的重要特征。受他们的影响，西方社会首先接受了他们庆祝春节的方式。但是，在中国内地，过去的很长一段时间内人们很少在春节期间见到这样的表演。同样的，在英国，由内地华人组织、面向内地华人的春节庆典也很少有这类表演。双方对舞龙舞狮的态度和他们对中国城的态度是接近的，因为来自中国内地的年轻华人往往并不欣赏中国城的仿古建筑，认为这满足了西方社会对东方世界（中国）的想象，是一种“东方主义”的体现（Cartier，2005）。

因此，以香港华人为代表的非内地旅英华人和来自内地的旅英华人在本质上对舞龙和舞狮有着不同的态度和审美观。本研究发现这种不同引发了双方在决定其表演时间和表演顺序的问题上发生冲突。此外，双方对舞龙舞狮表演的分歧反映了他们将不同的群体设为春节庆典的目标观众，这也进一步反映了他们对春节庆典功能的不同期待及不同的参与目的。前文分说明出生于香港的华人希望借春节庆典加强自己与客国社会的联系，因此他们主要将当地香港华人及英国人民视为目标观众，自然倾向采用更多能受当地非华人喜欢的节目，如舞狮舞龙，而非相声和小品这样的普通话表演节目。对春节委员会的内地华人来说，他们的首要目的是娱乐本群体的华人，这些人在理解相声和小品上毫无困难，但不像香港华人和非华人那样喜欢舞狮舞龙表演。尽管他们想通过春节向非华人观众宣传中国文化，但他们不认为舞狮舞龙表演能很好地展现中国文化。此外，值得一提的是，双方的社团都想要通过安排和决定春节庆典的节目施展自己对春节庆典的影响，这就需要双方通过春节委员会内部的权力竞争予以实现。更多细节可参见第八章对双方权力关系的论述。

---

① 引自 2009 年 1 月 29 日对纽卡斯尔蔡李佛功夫龙狮总会主席的访谈。

三、当地的华人社群代表权和领导权

造成春节委员会里华人群体之间的冲突的另一个因素在于领导权和代表权的问题，即谁有资格领导和代表当地春节委员会和华人社群。每个城市的春节委员会和华人社群的领导者和（或）代表人物往往是一样的，也就是说，如果某人在某个城市被看成是华人社群的领导和（或）代表，他（她）往往同时也是春节委员会的领导和（或）代表。截止到本研究结束，英国各个城市的春节委员会的领导和代表通常是由出生于香港的旅英华人担任的。他们在春节委员会里拥有最高决策权，以代表当地华人社群的名义参与众多社会活动，与外界人士互动。第八章在讨论华人社群的权力关系时会详述领导人如何执行权力。这里主要就两方面展开讨论：春节委员会和华人社群在领导权和代表权的冲突如何通过春节庆典的组织过程体现；造成这些冲突的原因。

谢菲尔德华人社区中心过去的一位领导人自 2004 年起开始担任谢菲尔德春节联合委员会的主席，他是在 20 世纪 70 年代从中国香港移民到英国。曼彻斯特华人社团联盟的主席也来自香港，而利物浦华人商会（Liverpool Chinese Business Association）也由一位出生于香港的华人领导，其同时也领导当地华人社团举办该市的春节庆典。[①] 2008 年伦敦中国城的春节庆典由中国城华人协会领导举办，该社团的主管是一位来自香港的华人餐馆的老板。[②] 纽卡斯尔华人节庆集团共有 12 个华人社团，其中仅有 2 个由内地华人管理，剩余的 10 个全由香港华人管理。[③] 纽卡斯尔华人节庆集团有一套领导更换制度，其领导一年一换，每个华人社团的领导轮流担任集团领导[④]，那么该集团领导权在每十二年里仅有两年才轮到内地华人手里。因此，整体而言，春节委员会的领导权通常由出生于香港的华人掌控。

当这些领导人进行社会活动尤其是跨国活动、和中英两国相关人士互动时，他们常被视为华人社群的代表。例如，2009 年谢菲尔德春节庆典之前，谢

---

① 源自网站 http://www.liverpoolecho.co.uk/liverpool-life/liverpool-lifestyle-01/25/liverpool-s-chinese-community-celebrates-year-of-the-tiger-100252-25674774/的报道（于 2010 年 4 月 4 日访问）。

② 引自 2007 年 7 月 31 日与伦敦中国城华人协会某工作人员的电话交流。

③④ 引自 2009 年 3 月 1 日对纽卡斯尔东北社团代表的访谈及 2009 年 7 月 29 日对蔡李佛功夫龙狮总会主席的访谈。

菲尔德市政厅的舞会厅举办了中国—谢菲尔德商务集团活动。谢菲尔德市议会的一位官员将谢菲尔德春节联合委员会的主席介绍为当地华商和整个华人社群的代表。[①] 2010 年谢菲尔德春节庆典中，谢菲尔德市议会的领导在开幕演讲中表示，谢菲尔德春节联合委员会的主席代表着当地华人社群，为当地社会及谢菲尔德和中国的联系做出了重要贡献[②]。谢菲尔德 2005 年、2006 年及 2008 年的春节庆典视频记录了当地某位出生于香港的华人代表当地华人社群同各界名流进行社交活动，例如市长、中国大使馆的参赞等一道坐在贵宾区观看春节庆典的表演并互相交流等。但是，在春节委员会和华人社群内部，他们的领导权及社群的代表身份受到了出生于内地的华人的质疑。

谢菲尔德春节庆典有一个传统，即邀请三位分别来自市议会、中国大使馆或中国政府及当地华人社群的代表进行开幕或闭幕演讲。这三人分别代表着当地英国社会、中国和当地华人社群。决定由谁代表谢菲尔德华人社群致辞并不经过春节联合委员会正式讨论[③]，2004—2010 年间，由该市春节联合委员会主席发表演讲，这成为谢菲尔德春节联合委员会的既定规则。其原因之一在于该主席是谢菲尔德春节联合委员会的发起人，他号召当地华人社团的领导人共同成立春节联合委员会（第六章）。2010 年谢菲尔德春节庆典闭幕的时候，春节联合委员会主席做了如下演讲：

> 我谨代表春节组委会、华人社群，并以我个人的名义向所有赞助人和机构致以衷心的感谢……同时还要感谢所有的志愿者和演员，尤其是四川艺术职业学院，你们从中国远道而来，今夜与我们欢聚……
>
> 谢菲尔德最打动我的地方在于这里的华人社群的力量，这种力量在过去五年得到了蓬勃发展，远超出了人们的想象。去年我有幸受邀至北京与中国政府高级官员和其他欧洲华人社群的领导们会面。我们就很多事进行了商讨，其中一个明确的信息是我们海外华人融入当地社会，同时也要铭记自己的出生地，保持文化认同。这不禁让我想到谢菲尔德精神——对自由和多样性的渴望，对传统和遗产的尊重，这也解释了为什么我对这个如今我称为家的城市如此依恋。[④]

---

① 引自 2009 年 1 月 26 日的研究日记，当时作者参加了中国—谢菲尔德商务集团活动。

② 引自作者在观看完 2010 年谢菲尔德春节庆典后于 2010 年 2 月 16 日写下的研究日记。

③ 信息来自 2008—2009 年间作者对谢菲尔德春节联合委员会会议的参与性观察，以及对该组织内各华人社团领导的访谈。

④ 引自谢菲尔德春节联合委员会主席的演讲词。

这一致辞说明谢菲尔德春节联合委员会主席将自己视为委员会和当地华人社群的领导者和代表，强调自己与当地社会和中国的相关人士的互动，把谢菲尔德当成自己的家，强调自己不仅希望融入当地社会，也希望保持华人传统。

不过，该演讲引起了一些出生于内地的华人的批评，坐在作者旁边的一名男子大声嚷嚷："华人社群的代表？谁授权他成为我们的头？一个香港人……他连普通话都不会说。"①当主席说完，一位观众对自己的同伴说："看吧，我不想让你来就是因为这个。这是给香港华人看的秀，他根本就不是中国人。"②这些人对他的演讲颇为不满，尤其是当他自称为谢菲尔德华人社群的代表时。这样的不满首先在一定程度上说明了华人社群内部存在着内地华人和香港华人的身份隔阂，其次表明了前者的成员否定了后者的成员代表他们的合理性。当天的活动结束后，谢菲尔德学生学者联合会和孔子学院举办了一场联欢会。③ 在聚会上，一位在 2008 年为谢菲尔德春节庆典工作过的谢菲尔德学生学者联合会的成员表达了类似的不满：

> 如果在华人社群里举行一场民主选举，他很难成为华人社群的代表。内地华人很多……这么多学生、学者；我们不会同意选他做领导。他不会为我们说话，只为香港华人说话。谢菲尔德的华人社群很多，我们都不同。我们内地华人不做餐饮(机构)，我们也不是商人；我们爱自己的国家，但我们也爱这儿……他怎么能代表我们呢？④

这再次证明了本章第一部分的论点，即香港华人群体和内地华人群体之间有明确的界线，这种疏离植根于它们迥然不同的意识形态、文化认同及各自与中英两国的联系。出生于内地的华人认为，如果香港华人代表华人社群，那么内地华人的身份和文化就会受到忽视，以致外界会认为他们和香港华人没有区别。这样一来，华人社群的同质性就被放大了，而不同华人群体间的异质性就被减弱了——内地华人甚至会失去他们的文化认同。所以，他们想为自己发声，传播自身的文化遗产，例如通过相声、小品等工具表达对母国的思念之情，表达本群体的文化认同。因此，他们对香港华人担任整个华人社群的领导以及代表他们提出质疑。

---

①② 引自 2010 年 2 月 16 日的研究日记，该研究日记基于作者对 2010 年谢菲尔德春节庆典的直接观察。

③④ 2010 年 2 月 16 日谢菲尔德春节庆典结束后，谢菲尔德学生学者联合会和孔子学院的成员在市中心的一家酒吧举行聚会，作者受邀前往。此处信息源自该聚会之后作者写下的研究日记。

以上讨论说明香港华人和内地华人群体间的本质差别导致双方围绕谁应担任整个春节委员会及华人社群的领导者和代表产生了矛盾冲突。此外，双方在领导权上的冲突还在于领导权有助于维护、扩大某一方的利益。当春节委员会成员就特定问题产生争执时，通常会采用民主投票机制来解决问题。多数春节委员会拥有更多的香港华人，例如2009年谢菲尔德春节联合委员会中有6位香港华人，来自谢菲尔德华人社区中心、谢菲尔德华人基督教会和励贤会，却只有3位内地华人，来自谢菲尔德学生学者联合会和孔子学院。在进行投票时，来自同一群体的人往往在多数问题上看法一致，这不仅因为双方在意识形态和价值观上的固有本质差别（第五章），也因为一个“紧密关系”团体内的成员有互相支持的义务（第八章）。纽卡斯尔华人节庆集团2009年的组委会中有3位内地华人，9位香港华人[①]，因此如果就某些问题进行民主投票，例如决定是否采纳相声、小品作为春节庆典的节目，内地华人群体很有可能失败。对此，纽卡斯尔的一位受访者表示：

> 如果领导人是他们那一方并且决定用民主投票的方式来解决任何争执的话，那我们的利益就会被削弱。民主投票在形式上是民主的，在事实上却不是，因为他们人数占多数，我们占少数，但如果领导者是我们这方的，即便我们人占少数，情况也会不同。这就是为什么我们需要成为组织领导人的原因。[②]

因此，对来自内地的华人群体来说，如果要改变当前的困境，一个解决之道便是与香港华人竞争并获得当地春节委员会和华人社群的领导权和代表权。正如Bourdieu(1986)的观点，一旦个人或小群体成为一个大群体或社群的代表，其就有权集中垄断社会资本，这就是所谓的“公利私用”。所以，尽管华人群体通过合作增加了整个华人社群的社会资本（第七章），但是合作框架之内的领导权和代表权的行使有可能给社会资本的积累带来消极影响，尤其是当领导权和代表权受到质疑、挑战甚至争夺的时候。

---

① 引自2009年3月1日对纽卡斯尔东北社团某代表的访谈。

② 2010年2月16日谢菲尔德春节庆典结束后，谢菲尔德学生学者联合会和孔子学院的成员在市中心的一家酒吧举行聚会，作者受邀前往。此处信息源自该聚会之后作者写下的研究日记。

四、分享关系和社会美誉引发的冲突

第一章曾论述过，合作项目里的参与者提供并分享资源，以克服单个机构的限制（Pfeffer et al., 1978; Snavely et al., 2000）。每个华人社团都有不同的资源，当它们参与到春节庆典中，有些社团可将资源运用于节目策划、演员招募，而有些社团可以运用经济资源为春节庆典寻找资助。因此，大多数华人社团在春节时都会选择合作而不是独立举办春节庆典。这也是大多数社团的领导人及社团成员普遍接受的合作哲学。但是，本研究也发现在实际操作过程中，资源共享并没有延伸至春节庆典的所有合作领域，也就是说，各个华人社团及其成员并没有充分分享资源，而这往往引发了彼此间的冲突。

（一）在合作关系中分享私人关系

King（1991）提出，关系是决定个人可调动资源的关键因素。[①] 个人拥有的关系越多，在调动资源完成个人目标时就越处于有利地位。Cheung（2004）和 Sum（1999）分别论证了旅外华人利用自己的关系在东南亚和中国经济特区通过获取经济和政治资源以取得商业成功。与之类似，本书的第六章发现春节委员会的华人社团的成员运用自己的关系寻求华人社群、英国社会和中国的利益相关者支持春节庆典，这些利益相关者包括庆典的赞助机构、演员、政府官员等。由此作者认为，旅英华人拥有的私人关系可以看成Pfeffer和Salancik（1978）形容的一种稀有资源，其在很大程度上决定了有多少有利资源能用于春节庆典。

基于关系和资源的密切关系，King（1991）提出，在构建关系时，竞争是不可避免的。他还提出了一个理论假设，即如果一个人独自占有关系，这个人就能垄断与之相关的资源，其他人则无法使用这些资源，这样很有可能造成争执和冲突（King, 1991）。翟学伟（2009）通过研究中国人在中国的关系对这一假设进行了检验，并得出了肯定的答案。但是，目前没有类似的实证研究调查旅外华人的关系。本研究试图填补这一空白。

正如第四章所述的，2008—2009 年间作者在谢菲尔德春节联合委员会公共关系组担任志愿者，对该市的春节庆典的组织、举办过程进行参与式观察。

---

① 第三章第二节对关系进行了详细的理论探讨。

作为公共关系组的一员，作者的任务主要是联系曾支持过谢菲尔德春节庆典的贵宾，包括华商和非华商，当地政府、英国公共组织、英国的海外华人社团和中国政府的要员等，这些人能为谢菲尔德春节庆典带来巨大影响。但是，2009年谢菲尔德春节庆典之前，谢菲尔德春节联合委员会并没有公共关系组。2004—2008年期间参加谢菲尔德春节庆典的嘉宾一般是通过以下两种方式受邀：大多数嘉宾是由春节联合委员会主席动用其私人关系邀请前来[①]；各华人社团的领导者邀请与自己有私人关系的客人。成立公共关系组就是为了分担春节联合委员会主席在这方面的工作。

在2008年11月19日的春节联合委员会会议上[②]，作者从主席那里获得了一份有36位嘉宾联络方式的名单，这些嘉宾大多来自主席的关系网络。他还要求各华人社团主席将他们拟邀请嘉宾的名字和联系方式告诉作者，每个华人社团可以邀请两位嘉宾。作者被要求在获得所有嘉宾的联系方式且邀请卡设计完毕后，大约是2009年英国新年假期结束后开始联系这些客人。在那天开会现场，作者将宾客名单放在面前的桌上，坐在旁边的谢菲尔德学生学者联合会主席要求借阅，作者同意了。春节联合委员会主席注意到了这一细节，会后嘱咐作者保管好名单，不可随意借阅。在那之后的一次春节联合委员会会议上，该主席宣布，他和其他华人社团领导人负责这次的邀请事宜，而作者被排除在外。[③]在当年的访谈中，主席拒绝就此事做出回应。但是两年后在一次闲聊中，主席主动提起了这件事。[④] 研究日记对这次谈话做了如下记载：

> 在我们聊着各自生活的近况时，主席突然提到以前嘉宾名单这件事。他问我还记不记得……他说华人社团领导向来不分享有关嘉宾的细节。“这是内部事务，”他说。我问为什么这个是秘密，如果名单公布，又有怎样的后果。他表示自己也不知道会发生些什么，因为以前没这么干过。“这是私人关系，也就是华人所说的关系，这些跟我有关系的人都帮了我好多忙……人们一般不会公开地与他人分享自己的私人关系。”[⑤]

---

① 如果有时候谢菲尔德华人社区中心的经理碰巧也认识某些嘉宾，其会帮春节联合委员会主席邀请这些嘉宾。

② 引自2008年11月19日的研究日记。

③ 引自2008年12月13日的研究日记。

④ 以前他不想谈这个问题可能是因为当时作者是春节联合委员会的一个成员，而这个问题比较敏感，牵涉到他和谢菲尔德春节联合委员会里其他人的关系。

⑤ 引自2010年9月21日的研究日记。

根据这段解释,主席认为包括其在内的华人社团领导通常不分享私人关系,而嘉宾名单恰恰体现了他的私人关系网络。但是这不能解释为什么他最初主动让作者接触他和其他(来自香港的)华人社团领导的私人关系网络,之后又禁止作者这么做。作者无意间将代表他和他的同伴们的关系网络的嘉宾名单泄露给谢菲尔德学生学者联合会的主席是不是这个变化的起因呢?如果是,这隐含着什么意思呢?直接访谈不能揭示的答案通过田野调查的其他手段显现出来了。

2009 年 1 月 26 日举办的谢菲尔德春节庆典有诸多附属活动,包括当天在谢菲尔德市政厅的宴会厅举办的多个前期活动(pre-events)。[①] 其中一项活动是中国—谢菲尔德商务集团活动,参与者主要是华人社群商人、来自中国政府部门的代表及谢菲尔德当地的名流政要,包括市议会成员、中国大使馆代表和研究中英两国的学者等。他们中的大多数人的名字都应该出现在上文提到的那张"保密的嘉宾名单"上。宴会厅的正中间是一个较为开放的长方形空间,当天被用来表演节目。在其一侧是 VIP 房间,中国—谢菲尔德商务集团活动主要在那里进行。当受邀的贵宾到达宴会厅的时候,他们首先会被带到 VIP 房间参加中国—谢菲尔德商务集团活动。这时,谢菲尔德春节联合委员会主席会将华人社团的领导者和成员引见给各个宾客。春节联合委员会的三大香港华人社团的代表都参加了这次活动,包括谢菲尔德华人社区中心的经理和主席,谢菲尔德华人基督教会的主席,以及谢菲尔德励贤会的两名代表,但内地华人社团的代表和领导人缺席了。宴会厅的活动虽然由来自内地华人社团的志愿者提供接待服务,但这些志愿者的活动空间主要在 VIP 房间之外,他们很少与来访的宾客互动,春节联合委员会主席也没有特意将他们引见给宾客。很显然,在事实层面,春节联合委员会主席与其他香港华人社团的领导分享彼此的私人关系,但没有与内地华人社团的领导(成员)分享彼此的关系。这反驳了该主席之前将私人关系形容为不与他人分享的私人财产,反而说明了私人关系的分享是限定在特定人群内部,在这个案例里即香港华人社团的领导与成员们。多数研究合作性节事活动的学者都认为,合作的前提以及促成合作顺利进行的保障是利益相关者能提供并分享己方的资源(Hellgren et al., 1995;Snavely et al., 2000),但是很少有研究深入探讨如何分享资源。春节庆典里香港华人彼此之间的关系(资源)分享使他们的合作更为融洽,更为紧密,却因为这是有选择的分享(将内地华人拒之门外)又在很大程

① 引自 2009 年 1 月 26 日作者对谢菲尔德春节庆典进行参与式观察后完成的研究日记。

度上削弱了合作，制造了矛盾和冲突。这也提醒我们将来要更加深入地研究合作性节事里有效的资源分享。另外，尽管多数参加春节庆典活动的宾客与春节联合委员会主席及香港华人社团的领导在事前就彼此认识，甚至熟识，彼此之间已经搭建好关系网络，但是私人关系需要各种机会、场合长期维系和巩固——春节庆典正是这样的一个机会。

事后，内地华人社团——谢菲尔德学生学者联合会的代表在访谈中对宴会厅的前期活动进行了如下评论：

> 宴会厅里的活动很令人尴尬，也让人恼火。我们这边很多人过来问我发生了什么……我当时什么都不知道……所有贵宾都直接被带过去（VIP 房间），与我们隔离开。我们在 VIP 房间外呈现了精彩的节目，但他们不知道……（当时参加活动的有些人）是中国大使馆来的老师，有些来自中国内地。我甚至没过去跟他们说声新年好……我们的人也想拜访他们……这不是拉关系，而是表示尊重，向他们拜个年。毕竟走出国门后大家很难在春节聚到一起。我还想见一下市议会的一个官员，他以前支持过我们的活动……我应该当面感谢他。但是……我了解我们的工作是负责好节目（表演）。但其实我们是互相合作的。他们这样做又是什么意思呢？……活动是大家一起举办的。我们应该分享由活动建立起来的资源，而不是他们独自享用。①

这段文本里的“我们”主要指谢菲尔德学生学者联合会、孔子学院的成员及来自内地的旅英华人，“他们”主要指以春节联合委员会主席和香港华人社团的领导和成员为代表的香港华人群体。这段文本提供了两个信息。首先，这位受访者明确表示后者独占了春节庆典活动发展的资源，这损害了他和他的同伴们的权益。其次，他和他的同伴们希望加强与中国大使馆和中国内地的代表的联系，通过他所描述的问候的方式，而不是“拉关系”的方式。如果我们回想英国的学生学者联合会这个组织的本质与特征，我们会更好地理解这位受访者作为这个组织的分支机构的主席的观点。第五章提到过，学生学者联合会是英国庞大的学生和学者社团，在各个城市拥有 80 多个分支机构。虽然学生学者联合会是非政治组织，但其各分支与中国大使馆及其他中国政府机构有着密切联系。中国大使馆分管教育的官员能直接影响学生学者联合会和各城市的学生学者联合会的领导人选举。学生学者联合会的一些领导人和

---

①② 引自 2009 年 2 月 20 日对谢菲尔德春节联合委员会主席的访谈。

成员认为与中国大使馆建立关系会对他们将来在中国的社会上升有帮助，对那些有志从政的人来说更是如此。[②] 因此，谢菲尔德学生学者联合会的成员希望通过参加活动与中国大使馆及其他中国政府部门的官员互动可能就有这样的个人动机。

作者在访问参加活动的香港华人社团的领导者时，询问他们如何看待谢菲尔德学生学者联合会的成员的上述评论。他们解释道，这是一个商务场合，参与者以商人为主，他们以为学生（学者）对此没有兴趣。[①] 但是，如果是这样，为什么他们要在事前拒绝让他们浏览宾客名单并与他们分享私人关系呢？谢菲尔德华人基督教会的代表对此说道：

> 学生们为什么想来？这是一次商业活动。我们聚在一起，随便聊聊……这种社交是因为我们将来可能有互动。但对学生来说……是没用的。他们到英国是为了学习，之后就回去了。他们只是暂时性地住在这儿……我们是这儿的公民。我们使用这儿的资源很正常。我不明白为什么他们想要参加这样的活动，还想与这些商人交际。[②]

受访者认为学生对这样的商业活动没有任何兴趣，而事实上正好相反。内地出生的学生和香港出生的华人一样，认为整个春节庆典包括其各种附属活动是发展关系、拓展资源的机遇或平台，正如上文谢菲尔德学生学者联合会主席的评论所示。与这些宾客发展关系对学生而言是一种潜在的资源。另外，受访者强调，出生于香港的华人大多是英国公民，有合法使用英国的资源的权利，学生[③]作为英国的暂时性居民没有这样的权利。因此，他们被排除在相关活动之外，也不能与香港华人分享资源。

很多学者已经论证过私人关系与资源的紧密联系，如 King(1991)，Cheung(2004)和 Sum(1999)(第三章)。一个人拥有的关系越多，这个人能调动的资源就越多，个人能获得的潜在利益就越多。在本研究中，对出生于香港的华人来说，他们可以与出生于内地的华人一起分享其通过关系获取的资源，如为春节庆典获取的资金和政治支持，但是不愿意与之直接分享其形成多年的关系，可能是担心后者会影响这些关系的不可估量的潜在利益。但是，他们

---

① 引自 2009 年 2 月 20 日谢菲尔德春节联合委员会主席的访谈及 2009 年 3 月 26 日对谢菲尔德华人社区中心经理的访谈。

② 引自 2009 年 4 月 3 日对谢菲尔德华人基督教会某代表的访谈。

③ 事实上，谢菲尔德学生学者联合会的成员不仅包括学生，还包括在当地公司工作的年轻专业人士，例如 2008 年谢菲尔德春节庆典的舞台监督当时就供职于一家当地 IT 公司。

借由春节庆典继续培育、维系、巩固原有的私人关系，并有意或无意地将来自内地的华人排除在外，这被后者视为利用春节庆典这个合作平台进行资源垄断，侵犯了他们的利益；对出生于内地的华人来说，与华人社群、英国和中国的参与者建立关系对他们的未来有潜在帮助，所以他们希望在春节庆典上建立关系，甚至努力去获得香港华人建立已久的私人关系，例如通过竞争来获得私人关系。这样一来，在一个合作的项目（春节庆典）中，就资源（及潜在利益的）分配存在分歧的参与者们自然会产生冲突：一方为了维护、巩固、发展自己积累多年的私人关系，另一方为了获得、建立、竞争新的私人关系。

（二）分享社会美誉引发的冲突

研究发现，非内地旅英华人和内地旅英华人在分享关系以外的其他无形资源时也有冲突，社会美誉就是一个例子。此处的社会美誉指称赞、名声、认可和其他积极反馈。“社会美誉”一词最初是由来自纽卡斯尔东北社团的一位受访者提出的，其他受访者在谈到成就认可或接受称赞时，也对该词进行了解释。下文会对此进行详述。

根据方法论部分曾介绍过的访谈基本问题，受访者被问道：“与独立举办的春节庆典相比，你如何看待自己与其他社团和群体合作的模式（任何困难，优点或缺点）？”第六章讨论了社团、社群互相合作的积极因素，这些因素促使华人社群联合举办春节庆典。但有些来自内地的旅英华人对合作模式给出了负面的回应。纽卡斯尔东北社团的代表表示：

> 问题在于社会美誉不是根据大家做的贡献分享的。这里我说的“社会美誉”指的是称赞、名声、认可和其他积极反馈。大家知道，我对香港人没有偏见，但说实话，他们对活动的贡献非常小，但他们就爱出风头。这就可能会造成双方的冲突。在华人节庆集团组委会里，只有我和 Florence 是来自内地的华人……还有一些学生，但他们也是别人说什么就做什么……其余人都来自香港。除了蔡李佛功夫龙狮总会还做点事，其他人都做什么呢？绘画、表演、安排，他们说自己什么都做不来。所以我得负责一切事情。但活动那天，他们就站在第一排，与宾客进行社交，最后是他们获得鲜花和社会美誉。大家都知道他们……谁又知道我们呢？[①]

该受访者表示，即便香港华人做出的贡献更少，内地华人相比香港华人并

---

① 引自 2009 年 3 月 1 日对纽卡斯尔东北社团某代表的访谈。

未得到外界社会足够的认可。

对此，一位出生于香港的华人受访者说道：

> 这或许是事实。但我们认识的人比他们要多，我们认识议员、赞助商还有官员……他们对表演这块更在行，而我们认识的人更多。我们为活动赢得了很多支持。他们在做他们的工作，我们也在做我们的。我们的工作可能更引人注目，但其实……我们都在为活动做贡献。[①]

香港华人社团和内地华人社团的工作分配说明了前者为什么比后者获得更多社会美誉。在大多数城市中，春节委员会内部的工作分配都和谢菲尔德的一样，包括刚刚提到的纽卡斯尔(第六章)。内地华人社团通常负责表演策划和舞台管理，而香港华人社团负责资金申请、财务管理和市场营销，这些都能为各个社团成员带来关系和社会影响。在谢菲尔德，观众常会在春节庆典结束后送来感谢信，大多送给谢菲尔德春节联合委员会主席或香港华人社团——谢菲尔德华人社区中心[②]，内地华人社团却很少收到感谢信。双方不能平等地分享社会美誉还在于，尽管越来越多的毕业生和学者开始参加春节庆典，内地华人社团成员仍然以学生为主。由于他们没有公民身份，很难获得外界的关注，正如谢菲尔德市议会文化委员所说的，当他和同事使用“华人社群”一词时，他们并没有涵盖华人学生，而仅指英籍华人[③]；但是在人口普查的时候，学生及其他华人暂时性居住人口又会被统计在内。这也是为什么当他们对社群新年给出正面反馈时，他们通常都称赞以香港华人为主的英籍华人。政治家对香港华人的关注还在于他们需要这些华人的选票，文化委员在访谈中也提到这点(本章前文)。因此香港华人群体相比内地华人群体能获得更多社会美誉，在当地社会能赢得更多声望。

但是，来自内地的华人认为在一个合作模式里，他们有权利和香港华人一起分享这些社会美誉。组织诺丁汉春节庆典的一位受访者表示：

> 尽管这是一次非营利性活动，为华人社群做出了贡献，没人能否认这次活动对个人和社团都有好处……毕竟你能认识好多人，尤其当活动成功的时候，人们会给予你大量赞赏，这对社团或个人来说都是好的。但你也能看到……我们大多是学生，主要为节目和舞台出力。他们就在进行

① 引自2009年7月29日对蔡李佛功夫龙狮总会主席的访谈。

② 谢菲尔德华人社区中心存有这些感谢信的历史文件(见附录27)。

③ 引自2009年2月28日对谢菲尔德市议会代表的访谈。

> 社交，发展关系，赢得称赞……来的人好多好多……全是潜在资源。在以前，只有香港华人为社会做出贡献，连接中国和英国。他们使用这些资源。现在为什么我们不能像他们那样做呢？我们是中国人，我们是连接英国和中国的合适人选……我们应该使用这些资源。①

内地华人认为关系、社会美誉和名声是个人和社团发展的资源。他们质疑来自香港的旅英华人是否有资格分享中国的资源："我们是中国人，我们是连接英国和中国的合适人选……我们应该使用这些资源。"这一观点让我们联想到上文讨论的一些出生于内地的旅英华人质疑并挑战出生于香港的旅英华人领导和代表整个华人社群的权利与资格，因为在他们看来，出生于香港的旅英华人亦不是中国人。与之类似，在本章上一部分中，出生于香港的旅英华人质疑出生于内地的旅英华人作为英国的暂时性居民是否有权在英国发展私人关系并获得当地的资源。可见，双方都在质疑对方是否应该在中国或英国分享资源。

从以上讨论可以看出，尽管没人能说清社会美誉究竟能带来什么实际利益，但出生于香港的旅英华人群体和出生于内地的旅英华人群体都认为春节庆典是自己获取社会美誉的良机，能带来潜在的利益，例如有助于实现社会上升。当内地华人努力争取社会美誉而香港华人不愿分享的时候，双方的冲突就产生了。

作者认为造成两个群体间的上述冲突可能有两方面原因。一是华人社群内部多元、杂糅的身份认同造成的分裂隔阂。华人社群内部各个子群在物质方面和精神方面的特征差异非常大，物质特征包括出生地、语言、移民历史等，精神特征包括价值观、意识形态、爱国情感、对社会上升的期待等。这些特征影响着各个华人子群的成员如何构建并表现自己的身份认同。二是各个群体之间的权力竞争。第八章在讨论华人社群内部的权力关系和竞争时会对此进行详述。

第六章讨论过，英国的华人群体一般都有共同的华人身份，这种身份与他们假想的文化中国相连，是他们合作举办春节庆典的精神基础。但正如Cohen（1997）和Clifford（1994）指出的，理解旅外人民的身份，还需要考虑他们的移民（移居）经历和在客国的生活。对非内地出生的旅外华人来说，他们构建和声明自己的身份认同不仅通过自己与文化中国的精神联系，还基于他

① 引自2008年3月26日对诺丁汉迅疾旅行公司老板的访谈。

们在“外围地区”的生活[①](Wu, 1994; Tu, 1994a)。他们建构的身份与中国共产党领导的中华人民共和国缺乏直接、紧密的联系。但对出生于内地的旅外华人来说,华人身份的构建与中华人民共和国有着密切联系,所以相对而言他们往往普遍有更强烈的爱国情怀,他们的身份认同更加紧密地与中华人民共和国联系在一起(Wu, 1994; Tu, 1994a; Wang, 2003b)。

身份认同不仅关乎个人对自身的看法,还关系到个人如何与他人产生共鸣(Hall, 1990)。出生于香港的旅英华人群体和出生于内地的旅英华人群体参与春节庆典时,双方不仅构建和声明自己的华人身份,同时还在质疑对方的身份认同,这样一来就造成了冲突。第一,如前文论述,在为春节庆典挑选节目时,出生于香港的旅英华人群体偏好舞龙舞狮表演,而出生于内地的旅英华人群体偏好相声和小品表演。这两类表演分别象征双方不同的新年传统与华人身份认同。第二,出生于内地的旅英华人质疑由出生于香港的旅英华人领导春节联合委员会和华人社群是为了维护自己的身份认同。他们不愿别人将他们看成是和出生于香港的旅英华人一样的群体,因此希望来自内地的华人担任当地华人社群的领导和代表。第三,这两大群体分别质疑对方是否可以使用中国或英国的资源。出生于香港的旅英华人认为出生于内地的旅英华人(暂时性居民居多)不应竞争英国的资源,因为后者根本不是英国公民;后者则认为前者不应使用中国的资源,因为他们声称自己不是中国人。

五、结　语

本章指出以出生于香港的华人为代表的非内地旅英华人群体和出生于内地的华人群体的冲突也是旅英华人群体联合举办春节庆典的一部分,两大群体的冲突主要围绕三个问题展开:选用哪些节目,针对哪些观众,如何在春节庆典中分享关系和社会美誉等无形资产。

首先,双方在节目选择上存在冲突,这主要是因为双方对春节庆典的功能的期待不同。出生于香港的旅英华人群体希望借春节庆典加强本群体和英国当地社会的联系,而出生于内地的旅英华人群体希望借此机会来加强本群体与母国——中国的联系。因此,前者希望舞龙舞狮表演能受到重视,以娱乐本群体和来自英国社会的观众;而后者偏爱相声、小品等普通话表演,渴望用新

① 按照 Tu 和 Wu 的说法,“外围地区”是与“中国中心”相对的概念。

的方式来庆祝春节，因为这种方式是中国内地庆祝春节的独特传统。其次，出生于内地的旅英华人对出生于香港的旅英华人领导并代表春节委员会和华人社群提出了质疑。再次，双方对分享关系和社会美誉有着冲突性的看法和行为。两大群体都视关系和社会美誉为重要的无形资产，能帮助它们从英国社会和中国获取更多的潜在资源，促进本群体成员的社会上升。双方为资源展开竞争，从而引发冲突。这些冲突会给华人社群的社会资本的积累和增加带来消极影响。另外，值得指出的是，华人群体内部就关系、社会美誉这些无形资产产生的冲突揭示了作为英国的少数族裔群体为求社会上升而争夺资源的残酷现实，这也提醒英国的移民管理部门应该关注、改善旅英华人社群的生存和生活状态。

最后，作者认为这些冲突的根源是华人社群的内部分裂与各个子群差异化的身份认同。双方都希望采用本群体的传统春节表演（舞龙舞狮或相声和小品）表征自己的独特身份；都希望本群体的成员成为春节委员会和华人社群的代表和领导，从而维护、捍卫、声明自己的身份认同及实际利益；差异化的华人身份（中国人或英籍华人）使彼此质疑对方在中国或英国开发和使用资源的合法性和合理性。

第八章　春节庆典与华人社群内部的权力关系

华人社群共同组织和举办春节庆典不仅反映了各个社群的团结合作、矛盾冲突，也体现了它们的权力竞争。作者在前文回顾节日的理论文献的时候(第一章)曾基于 Mitchell 和他的同事(1997)，Thorelli(1986)，Larson(2002)的成果，将节日情境下的权力定义为：节日利益相关者在协作关系中施加自己的意愿于他人，影响他人决策或行动，创造机会追求自身利益的能力。因此，在节日中，利益相关者的权力越大，他对决策过程的影响就越大。节日利益相关者可利用自身的权力相互竞争，借此宣传自身(产品)，实现自身利益(Larson，2002)。通过探究两个利益相关者，如 A 和 B、B 和 C、C 和 A 之间的动态相互作用，Larson (2002)调查了活动利益相关者的权力关系，进而推断哪一个利益相关者最具影响力：如果 A 在某一特定问题的决策上比 B 更具影响力，则意味着 A 的权力大于 B。本研究沿用此策略调查春节委员会各成员之间的权力分配。

要了解春节委员会各成员间的权力分配，不可缺少的方法是通过参与式观察调查春节委员会各成员之间是如何互动的。由于研究者只能在同一个时间段在一个案例城市进行参与式观察(第四章)，只有本研究的主要案例——谢菲尔德春节庆典成为本研究调查春节委员会各成员之间的权力分配的主要对象。这也成为本章的焦点。当然，基于其他案例搜集的相关证据将为本章的论点提供佐证及反思。本研究还分析了华人群体是如何处理彼此之间滋生的冲突的。以 Thorelli (1986)，Mitchell 和他的同事(1997)，Larson(2002)为代表的学者表示，解决利益相关者之间冲突的过程可展现哪些利益相关者的利益需求得到了更大程度的满足，这表明这些利益相关者在各合作伙伴中的职位更高、影响力更大。因此，本研究通过调查华人群体之间解决冲突的过程，了解了哪些群体的利益得到更大程度的满足，这表明其成员在春节委员会中地位更高、在华人社群中更具影响力。

本章可分为六个部分。第一部分通过讨论春节委员会内部各个人成员之间的互动分析谢菲尔德春节联合委员会内部拥有最高权力的个人角色。第二部分通过分析春节委员会内部各个组织之间的互动，认为掌握财政权力的谢菲尔德华人社区中心是该组织内部权力最大的华人社团。第三部分论述春节委员会内部出生于香港的华人之间的互动，说明他们依据彼此的关系，形成了一个基于原生型关系和自发构建型关系的“紧密关系”群体以维护出生于香港的旅英华人群体的权力。第四部分讨论了另一个“疏远关系”群体的互动——影响力逐渐增长的出生于内地的旅英华人群体与其他委员会成员的互动。第五部分主要讨论华人群体如何解决冲突，从而说明华人社群的权力关系在春节庆典的语境里发挥的作用和产生的结果。第六部分为本章的小结。

一、春节委员会主席与华人社团间的互动

（一）春节委员会准入决定权

第六章探讨了英国各个城市的华人社群的领导者如何利用私人关系建立春节委员会。谢菲尔德春节联合委员会的第一批成员都是与该组织的成立者（即后来该组织的主席）有私人关系的社团，包括励贤会、谢菲尔德华人基督教会和雪埠华人联谊会。它们都是通过社团领导之间的私人关系加入春节联合委员会的。该春节联合委员会的主席曾经也是谢菲尔德华人社区中心的主席。因此，谢菲尔德华人社区中心成为谢菲尔德春节联合委员会的一员不足为奇。当该春节联合委员会的主席试图让谢菲尔德学生学者联合会加入该春节庆典组织却苦于与其领导者没有私人关系时，他通过一位中间人建立私人关系从而达到目的（第六章）。纵观整个春节联合委员会成立的过程，包括招募组织成员，主要由春节联合委员主席单方面独立决定哪个（些）华人社团可以加入春节联合委员会。与他没有私人关系的社团领导及其社团很可能会被排除在外，如谢菲尔德唯一一所教授普通话的学校——星星中文学校因其校长与谢菲尔德春节联合委员会主席在2003年没有私人关系就被排除在该组织之外。[①]

① 引自2009年2月20日对谢菲尔德春节联合委员会主席的访谈。

(二)春节委员会内部的人事任免和工作分配

谢菲尔德春节联合委员会主席的职权之一是给该组织的各个成员——华人社团分配有关春节庆典的各项工作。例如,在2009年春节庆典的准备阶段,谢菲尔德春节联合委员会主席在该组织的首次集体会议之前就已经给各个社团分配了工作任务。在首次集体会议上,他公布了工作时间表并宣布了各个社团的职责。[①] 总体而言,华人社团的工作和职责分配是根据它们各自的特点和优势决定的,这在几年以来春节庆典的历程中逐渐确定下来(第六章)。但是,春节委员会的主席有单方面的人事任命权。例如,谢菲尔德华人基督教会的一位代表要求负责2009年春节活动的广告营销,因为他想借此机会丰富自己的营销经验。[②] 谢菲尔德春节联合委员会主席随之在首次委员会会议上宣布了这一安排。[③] 他这样解释道:“我们已经认识好几年了。我信任他。这毕竟不是什么大事。这项工作通常由我或谢菲尔德华人社区中心来完成。既然他想从中学到些东西,我们为什么不帮他呢?”[④]然而,春节联合委员会的一些成员批评了这样的做法,比如谢菲尔德学生学者联合会主席评论道:

> 以前由他(谢菲尔德春节联合委员会主席)从事这项工作。我们认为这是可以理解的,因为他在华人社群和当地社团中资源丰富。他认识不少餐馆和公司的老板。但现在由一位新人接管这项工作,我们都不认识他。他(主席)甚至没和我们讨论过这件事……在民主的情况下,如果他真的想让这个人从事这项工作,提前告诉我们会好一些。他需要向我们讲明为什么让这个人做这项工作以及这个人以后如何开展工作,但他私自做了决定。[⑤]

如果我们联系第六章讨论过的谢菲尔德春节联合委员会的组织结构,主席的这一决定实际上违背了最初确定的该组织的组织结构的工作分配,因为原定是由华人社区中心负责庆典的营销,但是这一决定将这项工作交由华人社区中心和华人基督教会共同负责。作者无意在此处评判这一决定正确与否,而是说明在春节委员会内部,因为缺乏民主制度,该组织主席在人事任免、

① 引自2008年10月8日的研究日志。

② 引自2009年4月3日对谢菲尔德华人基督教会代表的访谈。

③ 引自2008年10月8日的研究日志。

④ 引自2009年2月20日对谢菲尔德春节联合委员会主席的访谈。

⑤ 引自2009年2月26日对谢菲尔德学生学者联合会(2009)主席的访谈。

工作分配上具有最高决定权。到本研究结束之时，尽管没有大规模行为反对他的领导，但如果类似上文的批评和不满日渐积累，有可能在将来引发威胁其领导地位的潜在危机。类似的情况同样普遍地出现在其他城市的春节联合组织内，即公开、公正、民主的现代组织管理方式并没有出现在英国华人的春节庆典组织内部，基于传统中国社会的人际关系仍然是其最主要的组织原则。这与现代西方节事的组织差异非常大，包括在确定节事利益相关者的准入资格、人事任免和工作分配方面（Larson，2002）。

此外，第七章讨论了谢菲尔德春节联合委员会主席是如何代表华人社群与其他英国和中国的利益相关者互动的。例如，该主席曾参加 2009 年中国—谢菲尔德商务集团活动，与来自谢菲尔德和中国的商人和官方机构互动；曾代表谢菲尔德华人社群参与谢菲尔德市议会为谢菲尔德和四川成都缔结友好城市进行的相关活动；作为谢菲尔德华人社群的代表于 2009 年前往中国参加中华人民共和国成立 60 周年庆典。他是外界公认的当地华人社群的代表。拥有谢菲尔德春节联合委员会和当地华人社群的代表这一身份也体现了其拥有的领导权。因此，综上所述，谢菲尔德春节联合委员会主席在该组织拥有最高权力，这主要体现在三个方面：决定华人社团能够进入春节联合委员会的资格；作为当地华人社群的代表与外界社会互动交往；拥有春节联合委员会内部人事任免和工作分配的权力。

二、谢菲尔德华人社区中心和其他华人社团间的互动

（一）财务控制：资金申请与开支批准

谢菲尔德春节联合委员会的行政管理由谢菲尔德华人社区中心负责，其一项重要内容是资金申请和财务管理。这也违背了最初确定的该组织的组织结构的工作分配（第六章），因为财务管理原定由华人基督教会负责。这里讨论的该社团在谢菲尔德春节联合委员会的地位和拥有的权力，其主要体现在该社团对春节庆典的财务控制上。2006 年，谢菲尔德春节联合委员会向谢菲尔德市议会提交了 2007 年度小额资助（small grant）的申请，目的就是为 2007 年春节庆典寻求资金支持（见图 8-1）。在申请表中，谢菲尔德华人社区中心为银行账户持有者。申请表的第 29 项显示谢菲尔德华人社区中心的主席和财务主管“经授权可从该账户提款”。其他年份的经费申请表也同样标注了这些

Rec'd:
Ackn:

Sheffield City Council

small grant application form

The guidance booklet sets out what we will consider funding. Please read it, as it will help you answer the questions.

1 What is your group called? *Give your name as it appears on your bank account.*
SHEFFIELD CHINESE COMMUNITY CENTRE

2 Please give us your contact details.
Title MS First name BELINDA Surname SHIU
Position in group CENTRE MANAGER
Address *Give us the address to which you would like us to send the cheque.*
157 – 159 LONDON ROAD
SHEFFIELD
Postcode S2 4LH
Your phone number, if we need to ring you. 0114 2509994 or 07809155717
Your email address, if you have one. cyproject@hotmail.com

3 Details of a second contact person. *We will not usually use this name and address unless the contact given above is unavailable.*
Title MR First name JERRY Surname CHEUNG
Position in group CHAIR

Page 1

Full postal address of second contact person.
SHEFFIELD CHINESE COMMUNITY CENTRE
157 – 159 LONDON ROAD
SHEFFIELD Postcode S2 4LH
Telephone number of second contact 07786176176

4 Name of person filling in this form.
BELINDA SHIU

5 Full address of where your activities will be based.
SHEFFIELD CITY HALL and
SHEFFIELD CHINESE COMMUNITY CENTRE
SHEFFIELD Postcode S2 4LH

6 If you are a registered charity, please tell us your number. 1040956

7 In what year was your group set up? 1995

8 What is the purpose of your group – why did you originally set up?
The purpose of the organisation is to serve the Chinese Community in Sheffield through the provision of services, activities and education. An important role is to promote cultural integration and community cohesion.

9 How many weeks a year does your group meet? 52

10 How many hours a week does your group meet? 48

11 How many people attend each week? 200

12 If you are a membership organisation, how many members do you have? 550

2

25 To which of the groups in question 24 do the majority of the beneficiaries belong?
The event is aimed at all community and group.

26 How many people will benefit from the grant?

27 How would you describe the people who will benefit from the grant? *Please tick all appropriate circles.*

Men	✓	Women	✓
Children / Young people under 16	✓	Older people over 60	✓
Disabled people	✓	From a Black or Ethnic Minority	✓
Mental Health Service Users	✓	People on a low income	✓

28 Please tell us where your members live. *The following is a list of electoral wards in Sheffield. Please put the number of members in each of the boxes that apply.*

Arbourthorne	East Ecclesfield	Richmond
Beauchief & Greenhill	Ecclesall	Shiregreen & Brightside
Beighton	Firth Park	Southey
Birley	Fulwood	Stannington
Broomhill	Gleadless Valley	Stocksbridge & Upper Don
Burngreave	Graves Park	Walkley
Central (Sharrow & Broomhill)	Hillsborough	West Ecclesfield
Crookes	Manor Castle	Woodhouse
Darnall	Mosborough	Citywide ✓
Dore & Totley	Nether Edge	

Page 6

29 Please list all the people who are authorised to make withdrawals from your account.
Name MR JERRY CHEUNG Name CHAIR
Name MR ISAAC LAM Name TREASURER

30 How many people have to sign for each withdrawal? 2

31 If any of the signatories to your account are related to one another, or part of the same family, or a Council employee, please say who in the box below.

32 Does your group produce annual independently examined accounts? *Please circle.* Yes / No

If *Yes* go straight to the *Finishing Off* section on page 9. You will need to send a copy of your most recent independently examined accounts and a copy of your group's most recent bank statement or building society pass book page.

Please note that if your group's annual income is over £5,000 you will need to submit independently examined accounts. For further information about this, please refer to the guidance booklet *Small Grants Fund* enclosed with this form.

If *No* you need to send a copy of your group's most recent bank statement or building society pass book page. You also need to write down on the following page a financial summary of all your group's income and expenditure over the last 12 months. Please state below which 12 month period your statement covers.

From 200 to 200

Page 7

图 8-1　谢菲尔德春节联合委员会向谢菲尔德市议会递交的 2007 年度小额资助申请

人对该经费的提取权。[①] 谢菲尔德华人社区中心不仅是经费申请者，也是控制春节联合委员会银行账户的组织：春节庆典活动的预算和支出必须得到该组织的批准。这意味着，一方面，如果某个社团需要资金，比如为表演者购买服装或食物等，就必须获得谢菲尔德华人社区中心的同意并由其给予资金；另一方面，如果谢菲尔德华人社区中心已经批准了某些支出申请，它无须与春节联合委员会的其他成员（即其他华人社团）商议。例如，谢菲尔德学生学者联合会的学生舞蹈团为了 2008 年春节庆典中的《桃夭》舞蹈提前 6 个月进行舞蹈编排及练习。[②] 由于表演者大多为学生，他们白天通常有课，所以主要在晚上进行排练。训练期间，他们希望有一定的补助用来购买食物或饮料。另外，排练结束后，如果时间太晚无法乘坐公交车回家，他们个人需要支出额外的出租车交通费用。因此，谢菲尔德学生学者联合会主席要求谢菲尔德华人社区中心对此提供帮助，如支付交通费、饮食费。但是，谢菲尔德华人社区中心经理以舞蹈演员自愿参加春节庆典为由拒绝提供帮助。[③] 她表示："如果每个人都要求资金支持，我们怎么办呢？"[④]尽管双方经过多次沟通，但这一问题一直悬而未决。直到春节联合委员会主席决定在该年春节庆典结束后给舞蹈队发放 200 英镑补助金时该问题才得到解决。[⑤]

2008 年春节庆典结束后，谢菲尔德春节联合委员会在当地一家中餐馆举办了一场庆功宴。除了春节联合委员会的个人成员外，一些当地商人和谢菲尔德市议会的官员也受邀参加了晚宴。宴会共有 5 桌客人用餐，花费约 750 英磅。[⑥] 因为此事没有体现在春节联合委员会的内部讨论上，这项支出受到了春节联合委员会的大多数成员的批评，包括香港华人社团的代表。例如，励贤会的代表表示："我们认为没有必要邀请这么多人。虽然活动每年都可以赚钱，但我们不应该这样花钱。"[⑦]谢菲尔德学生学者联合会的主席表示：

> 我们为春节庆典设计了一场每个人都喜欢的演出，这是一场非常棒的演出。与花钱从外面邀请别人演出相比，这可以为春节联合委员会节

---

① 引自 2009 年 3 月 26 日对谢菲尔德华人社区中心经理的访谈。

② 大部分相关信息来自 2008 年 2 月 13 日对谢菲尔德学生学者联合会(2008)主席的访谈。

③④ 引自 2009 年 3 月 26 日对谢菲尔德华人社区中心经理的访谈。

⑤ 该决定于 2008 年 10 月 8 日举行的 2009 年谢菲尔德春节庆典首次会议上宣布。

⑥ 引自 2009 年 2 月 20 日对谢菲尔德春节联合委员会主席的访谈和 2008 年 2 月 13 日对谢菲尔德学生学者联合会主席的访谈。

⑦ 引自 2009 年 2 月 28 日对励贤会代表的访谈。

> 省一大笔资金。我们训练了半年，只是想争取一点资金补偿学生的辛勤付出，却遭到了他们（谢菲尔德华人社区中心）的拒绝。然而，他们决定花大笔资金邀请这么多的人参加庆功晚会，而且这其中大部分人我们都不认识。他们是客人、贵宾，而不是为春节庆典效力的志愿者。这说得通吗？他们忽略了我们的意见，完全是自作主张。[①]

春节联合委员会主席在采访中证实了参加那次庆功宴会的客人名单是由他本人拟定的，并表示以后不会邀请这么多人参加类似的活动。[②] 本研究的目的不在于评判谢菲尔德华人社区中心是否在上述两种情形中做出了正确决定。这里的重点是谢菲尔德华人社区中心有权决定如何支出，而其他社团没有这项权力。当然，春节联合委员会主席在经费支出上拥有显而易见的权力。不过，上述事件也说明了春节联合委员会的其他成员对华人社区中心和春节联合委员会主席在资金使用上有一定的约束力。

（二）一个不可替代的申请政府补助的社团

谢菲尔德华人社区中心在谢菲尔德春节庆典的财务管理方面的影响力引发了这样一个问题：为什么该社团拥有这项权力？作者认为最主要的原因在于该社团与谢菲尔德当地政府建立了长期联系，在后者眼里，该社团是最有认知度的华人社团，因此它被认为是最适合向英国政府申请补助的华人社团。除私营企业的广告收入之外（第六章），政府或公共机构的补助为谢菲尔德春节活动提供了另一重要资金来源，而且更为稳定。表 8-1 列出了 2004—2010 年间政府和组织提供的节日补助。[③] 与大多数来自当地华人社群的广告商相比（第六章），春节庆典的大多数补助来自英国的赞助机构（商）：谢菲尔德市议会是关键的赞助商。要获得当地政府的支持，申请者必须在当地有良好的声誉，而且与当地政府有良好的关系。谢菲尔德市议会每年都会为谢菲尔德的一些组织和项目提供支持，并保持紧密联系，比如创意谢菲尔德（Creative Sheffield）和谢菲尔德优先（安保）（Sheffield First for Safety）都曾受市议会资金支持。[④] 创意谢菲尔德在 2008 年和 2010 年为谢菲尔德春节庆典提供资助，

---

① 引自 2008 年 2 月 13 日对谢菲尔德学生学者联合会（2008）主席的访谈。

② 引自 2009 年 2 月 20 日对谢菲尔德春节联合委员会主席的访谈。

③ 根据谢菲尔德华人社区中心存留的历年春节庆典的历史材料整理。

④ 引自 2009 年 2 月 28 日对谢菲尔德市议会代表的访谈和 2009 年 2 月 20 日对谢菲尔德春节联合委员会主席的访谈。

支持来自四川的表演团队，这是谢菲尔德和四川成都建立友好城市关系的系列活动之一①。除此之外，谢菲尔德春节庆典的其他资助来自谢菲尔德本地或外地的公共服务组织和政府机构。

表 8-1　2004—2010 年资助谢菲尔德春节庆典的政府机构和公共服务组织

年份	资助来源
2004	谢菲尔德优先（安保） 谢菲尔德市议会：街区提升(Neighbourhood Renewal) 谢菲尔德市议会：小额资助 谢菲尔德城市信托(Sheffield Town Trust)
2005	谢菲尔德优先（安保） 谢菲尔德市议会：小额资助 谢菲尔德市议会：社群安全
2006	谢菲尔德市议会：小额资助
2007	谢菲尔德市议会
2008	谢菲尔德市议会 创意谢菲尔德
2009	谢菲尔德市议会 创意谢菲尔德 艺术委员会(Arts Council) 约克郡文艺复兴(Renaissance Yorkshire) 谢菲尔德博物馆(Museum Sheffield)
2010	谢菲尔德市议会 创意谢菲尔德

谢菲尔德华人社区中心被普遍认为是最适合申请谢菲尔德政府机构和公共服务组织的资助的华人社团。与英国其他城市的华人社区中心类似，谢菲尔德华人社区中心被英国政府视为联系当地英国社会和华人社群的桥梁，前者可通过后者提供与华人需求相关的政策和服务，增进彼此之间的交流(House of Commons, 1985a)。谢菲尔德市议会将谢菲尔德华人社区中心称为当地华人社群的“第二个家”(Meridien pure, 2006)[5]。该社团已经运行了诸多由政府支持的长期项目，如青年参与项目(Youth Participation Project)和雪埠华人健康计划(Kinhon Chinese Health Programme)，这两个项目分别由谢菲尔德市议会和国家医疗服务体系（谢菲尔德）(NHS Sheffield)资助，包

① 引自 2009 年 2 月 28 日对谢菲尔德市议会代表的访谈和 2009 年 2 月 20 日对谢菲尔德春节联合委员会主席的访谈。

括向这两个项目的工作人员支付薪酬。与谢菲尔德华人社区中心相比，谢菲尔德的其他华人社团既未获得同等程度的支持，也未像谢菲尔德华人社区中心一样被视为谢菲尔德社会的重要组成部分。因此，从这层意义上来说，谢菲尔德华人社区中心是不可替代的。谢菲尔德市议会的一名受访者表示：

> 我们总是通过谢菲尔德华人社区中心提供服务，推行政策。我们认为谢菲尔德华人社区中心是联系华人社群和外界社会的桥梁。我们认为当地大部分华人都可以从那儿获得帮助……当然，我们也会在一些特定的项目上支持其他社团，但提供的帮助没有对谢菲尔德华人社区中心那么多。①

类似的，谢菲尔德春节联合委员会主席也强调了谢菲尔德华人社区中心的重要性：

> 举办第一次春节庆典非常困难，以前从未举办过如此大型的活动，让他们支持你真的很难，所以你得小心翼翼……谢菲尔德华人社区中心与当地政府有着良好的合作历史，所以他们信任我们。此外，即便是在庆典结束后，谢菲尔德华人社区中心仍会继续各项后续工作，如撰写报告反馈给谢菲尔德市议会。其他社团很难完成这些工作。②

三、来自香港的旅英华人之间的互动：利益集团联盟

上文分析了春节联合委员会主席和谢菲尔德华人社区中心在谢菲尔德春节联合委员会中的影响力最大，即权力最大。由于二者均属于香港华人社群（第五章），因此可以说来自香港的华人社团有效地控制着谢菲尔德春节联合委员会。这部分探讨这些来自香港的华人和他们的社团如何形成利益集团以维持其在谢菲尔德春节联合委员会的权力。首先，春节联合委员会主席和谢菲尔德华人社区中心关系密切，这有助于巩固他们的领导力。其次，香港华人社团的成员之间有着紧密的私人关系，形成了一个“紧密关系”集团（Chen et al.，2009），因此他们觉得有义务支持彼此，形成统一的利益集团。

---

① 引自 2009 年 2 月 28 日对谢菲尔德市议会代表的访谈。

② 引自 2009 年 2 月 20 日对谢菲尔德春节联合委员会主席的访谈。

(一)春节联合委员会主席和谢菲尔德华人社区中心之间的关系

春节联合委员会主席与在谢菲尔德春节联合委员会中权力最大的谢菲尔德华人社区中心有着密切联系。前者在2003—2010年一直领导谢菲尔德春节联合委员会。2002—2006年间,他还担任谢菲尔德华人社区中心的主席。[①]仔细研究二者的关系,我们认为这种关系经历了两个阶段。第一阶段是2007年之前(主要是2003—2006年间),春节联合委员会主席同时领导着谢菲尔德华人社区中心。在这一阶段,他不仅掌握个人利益——控制春节联合委员会的领导权,而且还代表着谢菲尔德华人社区中心的组织利益。换句话说,这个阶段,他需要保证谢菲尔德华人社区中心在谢菲尔德春节联合委员会中的利益。虽然谢菲尔德华人社区中心拥有其他华人社团缺乏的独特优势(如在英国社会的认知度),但是这位同时身兼两个组织领导岗位的主席无疑在帮助谢菲尔德华人社区中心获得或(及)维持其在春节联合委员会的权力发挥了重要作用,这种权力主要体现在该社团对春节庆典的财务控制方面。谢菲尔德华人社区中心也因为其领导人成为谢菲尔德春节联合委员会的主席得以进一步提升了自己的形象。因此,春节联合委员会主席和谢菲尔德华人社区中心捆绑成为一个利益集团。

体现二者关系的第二阶段发生在这位身兼二职的主席于2007年卸任谢菲尔德华人社区中心领导者职务之后。但是,即使如此,他和谢菲尔德华人社区中心仍保持着紧密联系。他依然保留着谢菲尔德华人社区中心的代表的身份并以这种身份参与各种与当地社会、中国进行互动的活动,例如,中国—谢菲尔德商务集团等当地组织在网站上将他列为谢菲尔德华人社区中心的代表。[②] 对他个人来说,谢菲尔德华人社区中心的代表身份是其社会属性。如果没有这种社会属性,即如果他切断与谢菲尔德华人社区中心的联系之后,他就无法利用只象征其个人利益而非集体利益的个人身份在谢菲尔德春节联合委员会实施其领导权,并对该组织产生影响,在当地华人社群也是如此。Little和Farrell(1989)表示,在谈判中个人代表集体比代表自己更具有利地位。对于春节联合委员会主席和华人社区中心来说,这种关系是互利的,因为前者的

---

① 引自2009年2月20日对谢菲尔德华人社区中心主席和2009年3月26日对谢菲尔德华人社区中心经理的访谈。

② 引自 http://www.creativesheffield.co.uk/locate-in-sheffield/International/SheffieldChinaBusinessNetwork/KeySupporters/,于2010年2月1日访问。

领导权无疑有助于确保后者维持对财政的控制权。在实际考察中，作者发现谢菲尔德春节联合委员会中的其他香港成员在有些情况下与该组织的主席持不同意见，但谢菲尔德华人社区中心代表很少反对主席。还是引用上一部分使用的一个例子，即尽管春节联合委员会的大多数成员都批评、反对主席在2009年的庆功晚宴上投入了过多经费邀请太多宾客①，包括励贤会这样的来自香港的华人社团，但是谢菲尔德华人社区中心仍然批准了这项支出。因此，我们可以合理地推断谢菲尔德华人社区中心和春节联合委员会主席已经形成较为稳固的联盟来巩固各自在谢菲尔德春节联合委员会中的权力和影响力。

（二）春节联合委员会主席和委员会其他香港成员间的关系

Chen和Chen(2009)的研究说明一个组织内存在紧密关系(close *guanxi*)和非紧密关系(non-close *guanxi*)。紧密关系是指“个人的关系网络中最核心的关系圈中的人际关系，以高度的情感联系和义务承担为特征”，而非紧密关系也叫疏远关系(remote *guanxi*)，是指“个人的关系网络中外围关系圈中的人际关系，情感联系和义务承担相对较弱”(Chen et al., 2009)[38]。本研究发现在谢菲尔德春节联合委员会内部，主席和香港华人社团的领导人或代表之间有着紧密关系，如谢菲尔德华人社区中心、谢菲尔德华人基督教会、励贤会。在谢菲尔德春节联合委员会内，香港华人社团的领导者或代表之间通常有着紧密关系，形成了紧密关系集团，但他们与内地华人社团的成员之间往往只有非紧密关系。这部分着重探讨香港华人社团领导或代表间的互动，探讨他们是如何形成、发展这种紧密关系的，这决定着他们如何形成一个有助于增强其权力的利益集团。

一些华人社团的领导者彼此之间有基于血缘的原生型关系，如励贤会的两名代表来自同一家族。②这种类型的关系在中国文化中至关重要。Haley及其同事(1998)认为原生型关系网络中的成员有着不可推卸的互相帮助、彼此支持的义务。这可能在某种程度上可以解释励贤会的两名代表在谢菲尔德春节联合委员会里总保持相同立场的现象。尽管在谢菲尔德春节联合委员会内部这种原生型关系没有广泛存在于香港华人社团的领导人之间，但是它却广泛存在于香港华人社团的普通成员之间。这是因为谢菲尔德的香港华人社团的大部分成员是在第二次世界大战之后依赖血统或家族关系移民到英国的(第五章)。他们是英国第二波华人移民潮——链式移民的成员(第五章)。本

①② 引自2009年2月28日对励贤会代表的访谈。

研究主要关注春节联合委员会内部的华人社团领导和代表之间的互动，尽管这些社团的大多数普通成员并未进入该组织，但是他们活跃地参与春节庆典，是春节庆典重要的利益相关者，如观众、演员、赞助商等。他们之间的原生型关系自然会影响他们的社团领导在谢菲尔德春节联合委员会里的互动。不少受访者都证实了这一点，例如，谢菲尔德春节联合委员会主席说道：

> 我们（社团领导者）通常会大力支持彼此。我认为这是有必要的，因为在这个国家我们需要团结一致保护自己……但有时我会认为这是一种义务。你不得不支持其他人。如果你不这样做，其他人会知道……如他的社团成员……然后是他们的家人、亲戚和朋友。你知道，这是一个网络……然后你和你的家人会听到难听的话……也许没那么难听，但也不那么中听……有时候，你远在老家（香港新界）的亲戚甚至都能听到谣言。在华人文化中，我们称之为坏事传千里……

这段评论说明谢菲尔德的香港旅英华人之间有着紧密关系，这在很大程度上取决于他们基于血缘的家庭或家族关系。这决定了包括社团领导者在内的大多数香港华人社团成员必须承担帮助和支持彼此的重大义务，这不仅发生在春节庆典里，在其他活动中也是如此。

除了原生型关系之外，谢菲尔德春节联合委员会内部有一种更普遍的关系类型，即 King（1991）所说的自发构建型关系。在该组织内，香港华人社团（谢菲尔德华人社区中心、励贤会、谢菲尔德华人基督教会）的领导者因有着相同的出生地（香港新界）、说着相同的语言（粤语或客家语）形成了自发构建型关系。这一类型的关系也需要其成员履行相互帮助和支持的义务，但它可能不如原生型关系强势。在这种关系里，长期的互惠性交往是维持紧密关系的必要条件（Chen et al.，2009）。

一个鲜明的例子是谢菲尔德春节联合委员会主席和谢菲尔德华人社区中心的社团成员之间建立了长期的互惠性交往。上一部分论证了春节联合委员会主席和谢菲尔德华人社区中心之间有着密切联系，这在一定程度上可归因于春节联合委员会主席和谢菲尔德华人社区中心的成员在长期互惠性交往过程中建立了紧密的私人关系。例如，前者与谢菲尔德华人社区中心的时任主席有着生意联系，前者把餐馆租给后者，并将餐馆的服务打包（软、硬件设备）卖给后者。[①] 主席这样描述他们之间的互惠互利关系："我们在生意上相互支

---

① 引自 2009 年 2 月 20 日对谢菲尔德春节联合委员会主席的访谈。

持，在其他方面也是如此。她（谢菲尔德华人社区中心时任主席）之前帮助我当选谢菲尔德华人社区中心主席[①]。我也会照顾她的家族生意。她和她的丈夫在伦敦路开了一家打印店，我帮了他们不少。"[②]这种长期互惠互利的关系（很多时候还涉及金钱）可以在其他例子中得到再次验证。比如上一章讨论过的一个现象，即以谢菲尔德春节联合委员会主席为代表的香港华人社团领导会借助春节庆典分享彼此的私人关系。根据作者的参与式观察，谢菲尔德春节联合委员会主席邀请了谢菲尔德华人社区中心时任主席参加2009年春节庆典的前期活动，即中国—谢菲尔德商务集团活动，与之分享其私人关系网络，尽管后者并没有参加该年春节庆典的任何组织活动，但他拒绝以同样的做法对待来自中国内地的华人（第七章）。同样的，谢菲尔德华人社区中心的时任主席也承认其允许春节联合委员会主席利用谢菲尔德华人社区中心代表的身份开展社会活动并与外界社会进行互动，即使后者不再担任该组织的任何职务。那些活动被认为有助于春节联合委员会主席为其社会上升积累资源。

此外，当春节联合委员会主席兼任谢菲尔德华人社区中心的领导的时候，他任命或招募的谢菲尔德华人社区中心的成员后来都进入了春节联合委员会，成为他在委员会的支持者，如谢菲尔德华人社区中心经理。[③] 在春节联合委员会主席离任谢菲尔德华人社区中心领导的职位之后，这位经理每当在工作中遇到困难时，都会向前者求助。[④] 另外，谢菲尔德华人社区中心青年项目的领导者这样描述他与春节联合委员会主席的关系：

> 我们就像革命战友。是他把我招进来的。那时他担任谢菲尔德华人社区中心主席……起初，他并不想招收我，因为我不讲粤语……但后来我们关系非常好。当时，我真的非常感激他，因为我需要这份工作……否则我就得离开这个国家。我们一起花了几年时间提高谢菲尔德华人社区中心的服务质量。这是一段美妙的经历。至于今年的春节庆典，起初我真的不想参加，因为我确实很忙。但他打电话给我，让我帮帮忙，因为他需

① 这位受访人是谢菲尔德华人社区中心的前任主席，他描述的这位女士是作者进行田野调查时候的谢菲尔德华人社区中心的时任主席。

② 引自2009年2月20日对谢菲尔德春节联合委员会主席的访谈。

③ 引自2009年2月20日和2009年3月26日对谢菲尔德华人社区中心主席的访谈。

④ 引自2010年9月21日作者在与谢菲尔德春节联合委员会主席进行非正式座谈后记录的研究日记。那天主席接到了来自谢菲尔德华人社区中心经理的两个电话。他解释说，她打电话来询问有关她工作的建议，他提到这样的情况时有发生，尽管他已经不再担任该组织的主席。

要有人设计网站。我不能拒绝他。你知道的，他给我打了电话。我真的不能拒绝。①

显然，谢菲尔德春节联合委员会主席和谢菲尔德华人社区中心的成员已经建立了长期的互惠性交往，这有助于他们形成紧密关系，进而在春节庆典中相互合作。谢菲尔德华人社区中心成员在春节联合委员会中支持主席正是在回报主席之前的帮助。因此，尽管前面章节曾提到个人利益促进了谢菲尔德华人社区中心和主席的联盟，但他们之间的私人关系加强了彼此的联系。他们在谢菲尔德春节联合委员会开展新一轮的互惠性交往，互相扶持。这种现象很像主席与香港社团领导者之间的长期关系，这些领导者响应主席的呼吁，成立春节联合委员会，共同举办春节（第六章）。

除了谢菲尔德春节联合委员会主席和谢菲尔德华人社区中心的成员之间具有紧密关系外，谢菲尔德华人基督教会和励贤会在参与春节联合委员会之前也保持着长期互惠性交往和互动，这不仅体现在社团的公共事务方面，也体现在社团成员的私人事务方面。谢菲尔德华人基督教会的一位代表表示："我们与其他（香港华人）社团关系非常密切，因为我们总喜欢互相支持。所以，即便我们在举行各自的庆祝活动或其他个人活动时，我们总会邀请对方前来参加并给予支持。"②类似的，谢菲尔德华人社区中心经理这样描述与其他香港华人社团间的互动：

我们一般都知道他们将举办什么活动。比如，如果妇女社团（励贤会）在举办某个活动，我们会尽力给予支持。如果我们要举办活动，我们也会寻找机会相互支持，这就是彼此的关系。我们总是分享信息，他们会将服务传单发放给我们，将宣传手册发放至我们中心，要求我们陈列出来，我们也会将自己的服务传单和宣传手册发放给他们，这样他们就可以了解我们，知道我们将提供哪些活动……我们非常熟悉……彼此为社群提供的各项服务。③

除支持社团活动外，各个社团的成员之间也相互提供个人支持。励贤会的领导者这样描述她与谢菲尔德华人社区中心现任主席之间的私人互动：

---

① 引自 2009 年 3 月 8 日在谢菲尔德与谢菲尔德华人社区中心职员的非正式谈话。他也是 2009 年谢菲尔德春节联合委员会宣传组的成员。

② 引自 2009 年 4 月 3 日对谢菲尔德华人基督教会代表的访谈。

③ 引自 2009 年 3 月 26 日对谢菲尔德华人社区中心经理的访谈。

> 她生意非常繁忙。你知道的……她在伦敦路开了一家打印店，而且还在其他某个地方收购了一家大型购物中心……有时候她会给我打电话，问我能不能去她家帮忙照看孩子，我就去啦。[①]

励贤会的代表就谢菲尔德华人社区中心、谢菲尔德华人基督教会、励贤会成员间的紧密关系发表了以下评论："最初几年他们（当地非华人）对我们不太友善，尤其是当我们的父母刚移居这儿时……我们的英语不是很好。大家聚在一起会好一些。这就是为什么大多数人都定居在伦敦路的原因。我们可以互相帮助。"[②]这段话让我们想起了来自香港的华人受访者记忆深处关于早期移民的困难经历（第七章），这使得他们不得不团结一致。这在很大程度上解释了香港旅英华人之间从很多年前就建立了关系——长期的互惠性交往的紧密关系的原因。这一发现与 Christiansen（1998）的观点类似，他对伯明翰华人社群进行调查后发现，华人社群主要有两种互相支持的方式：一是互相维护"面子"，二是与不同的华人社群成员建立私人关系。

谢菲尔德华人社区中心、谢菲尔德华人基督教会和励贤会的领导者或代表因彼此之间的紧密关系支持在谢菲尔德春节联合委员会享有最高权力的主席及谢菲尔德华人社区中心，保护他们在委员会的权力。如此一来，他们一方面维护了香港华人社群的集体利益，另一方面削弱了非密切关系团体（非香港华人社群）的利益，因为根据 Garapich（2008）的观点，如果将旅外社群内权力较大的某一个团体视作一个有界对象，那么这不仅将该旅外社群内的权力关系合法化和固化，同时还否定了该社群内其他人（团体）质疑既定社会结构和主导话语的能力（第一章）。

四、内地华人社团在春节委员会中的角色变化

（一）谢菲尔德春节联合委员会主席、谢菲尔德学生学者联合会和雪埠华人联谊会之间的互动

谢菲尔德春节联合委员会主席与内地华人社团（如谢菲尔德学生学者联合会）的成员之间几乎没有类似于他和香港华人社团的成员之间的那种紧密

---

①② 引自 2009 年 2 月 28 日对励贤会代表的访谈。

关系。第六章中讨论过，由于缺乏与谢菲尔德学生学者联合会成员之间的私人关系，主席让一位中间人搭线鼓动谢菲尔德学生学者联合会的领导者带领他的社团加入谢菲尔德春节联合委员会。当时，春节联合委员会主席也是谢菲尔德华人社区中心的领导者，这位中间人是他的员工，过去曾是学生学者联合会的成员。尽管谢菲尔德学生学者联合会加入了谢菲尔德春节联合委员会，春节联合委员会主席却依旧没有与谢菲尔德学生学者联合会的领导者建立私人之间的紧密关系，双方除春节庆典的事务之外很少保持联络，这与主席同香港华人社团的领导者之间的相处方式甚有差距。造成这种情况的原因之一可能在于谢菲尔德学生学者联合会在很长一段时间内都没有固定的领导者，领导人通常一年一换，而香港华人社团却有着固定的领导者。

早年谢菲尔德学生学者联合会在谢菲尔德春节联合委员会中的作用几乎就只是提供表演节目。2004—2007 年的会议记录显示，谢菲尔德学生学者联合会的成员很少在谢菲尔德春节联合委员会的会议上发言。[①] 春节联合委员会主席表示，谢菲尔德学生学者联合会之前的领导人很少表达强烈的意见或提出要求，“他们很少要求某样东西。他们只是来参加会议，结束后就离开……但是他们通常会认真对待自己的工作”[②]。在那时，谢菲尔德学生学者联合会的贡献仅仅是安排几个表演节目，该社团成员在自己提供的这些节目及其他有关春节庆典的任何问题的决议上都缺乏影响力。

然而，这种情况正在逐渐改变，在本研究进行的时候，谢菲尔德学生学者联合会正试图对春节联合委员会施加更大的影响。该社团主席和春节联合委员会主席在 2008 年春节庆典的组织和策划开始之前就双方的合作有一场协商，前者对这场协商的回忆如下：

> 去年我不在学生学者联合会，但我欣赏了春节庆典……还以志愿者的身份帮助他们。我发现我们贡献了很多。但是我们并未在春节联合委员会中发挥重要作用。实际上，这不仅仅是我个人的想法。学生学者联合会的大多数成员也这么认为。所以当春节联合委员会主席联系我，问我们是否想加入他们时，我告诉他如果学生学者联合会加入，我们想负责节目和舞台……在这两方面……整体上不想受到他人的干扰。我是在要求控制节目和舞台的权力。我们有这样的实力。没有哪个社团能像我们

① 指 2004—2007 年间春节联合委员会的会议记录。谢菲尔德华人社区中心和谢菲尔德春节联合委员会主席保留了这些会议记录(附录 10 是其中一个例子)。

② 引自 2009 年 2 月 20 日对谢菲尔德春节联合委员会主席的访谈。

做得那么尽心尽力。他没有直接回答,但我不在乎。我们有这么多学生。我们甚至可以举办(自己的)活动。这是他们的损失,因为我们会给(联合举办的)春节庆典带来大量观众。但是后来他同意了,所以我们加入了。[①]

因为谢菲尔德学生学者联合会主席及其社团成员对该组织在春节联合委员会中的影响力和地位感到不满意,所以他们与春节联合委员主席谈判,要求获得2008年春节庆典的节目和舞台的控制权。从上述访谈可知,谢菲尔德学生学者联合会主席为他的社团在春节庆典里争取更多的影响力时态度强硬、毫不妥协。最终,他说服了春节联合委员会主席同意他的建议,即由谢菲尔德学生学者联合会负责整场春节庆典的节目策划和舞台管理。如此一来,从2008年开始,各个社团为春节庆典提供的表演节目在数量上发生了变化(见图8-2)。

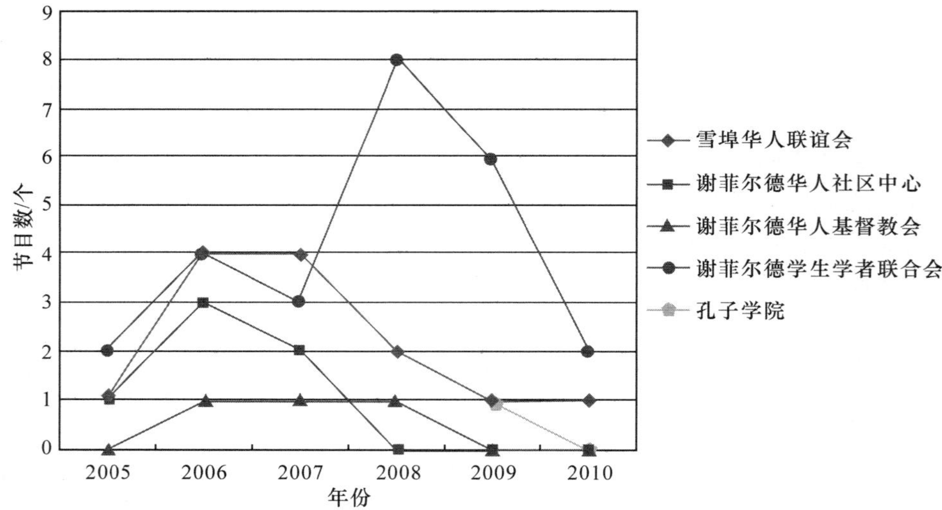

图8-2　2005—2010年谢菲尔德各组织为春节庆典提供表演节目的变化

从图8-2可以看出,2005—2007年间,雪埠华人联谊会、谢菲尔德学生学者联合会和谢菲尔德华人社区中心三个华人社团提供的表演节目数量差不多,谢菲尔德华人基督教会提供的表演稍少一些。但是,当谢菲尔德学生学者联合会在2008年获得节目的决定权之后,其表演节目数量从2007年的3个陡增至2008年的8个,占到2008年谢菲尔德春节庆典表演节目总数(16个)

① 引自2008年2月13日对谢菲尔德学生学者联合会时任主席的访谈。

的一半；而 2008 年所有香港华人社团仅贡献了 3 个节目。2009 年，由于孔子学院的加入，从英国其他城市和中国内地邀请来的专业艺术团队参与了谢菲尔德春节庆典，每个华人社团的表演节目都减少了，但是谢菲尔德学生学者联合会仍然提供了 6 个表演节目，与之形成巨大反差的是仅一个香港华人社团（雪埠华人联谊会）提供了 1 个表演节目。2010 年的春节庆典非常特殊——因为来自中国四川的艺术团队为之提供了一场专场表演，以推动谢菲尔德和四川成都缔结的友好城市关系的发展，所以当地华人社团仅准备了 3 个表演节目，其中香港华人社团提供了 1 个表演节目，谢菲尔德学生学者联合会提供了 2 个表演节目。因此，2005—2010 年间，香港华人社团提供的表演节目大大减少了。它们在 2009 年和 2010 年的春节庆典中都只保留了一个舞狮表演。

自从 2008 年谢菲尔德学生学者联合会获得了对春节庆典节目的管理权之后，它试图从其他方面扩大其在春节联合委员会里的影响力。2008 年，在与春节联合委员会主席协商讨论后，谢菲尔德学生学者联合会主席还获得了 2009 年春节联合委员会副主席一职。[①] 虽然很难看出这一任命对春节庆典的实际过程的直接影响，但谢菲尔德学生学者联合会主席的企图是显而易见的，这反映了该社团的发展规划。谢菲尔德学生学者联合会主席表示：

> 今年（2009 年），我在春节联合委员会的位置非常特殊，我当选为副主席。以前从未出现过这种情况。这意味着我是一人之下，有六个社团在我之下……我们可以在各项事务中发挥更大的影响力，不仅仅限于表演和舞台方面。过去几年，学生学者联合会一直在发展壮大。我们希望自己能为春节联合委员会和当地华人社群做出更多贡献。[②]

谢菲尔德学生学者联合会在春节联合委员会的影响力越来越大，这与春节联合委员会主席的支持息息相关。本章前文讨论过，主席个人通常在与春节庆典相关的多数问题上有决定权。但是，我们也注意到他就谢菲尔德学生学者联合会的要求做出了妥协，这不仅仅因为该组织在表演和志愿者方面具有其他华人社团缺少的绝佳资源（它有 1000 多名成员，见第五章和第六章），也因为一个香港华人社团——雪埠华人联谊会于 2007 年退出春节联合委员会，这为谢菲尔德学生学者联合会提供了一个增强权力的契机。

---

① 引自 2008 年 10 月 7 日的研究日记，日记记录了谢菲尔德春节联合委员会主席在第一次委员会会议上宣布这项任命。

② 引自 2009 年 2 月 26 日对谢菲尔德学生学者联合会主席的访谈。

第五章曾讨论过，雪埠华人联谊会在当地华人社群中声誉良好，尤其是在随第二波移民潮来到谢菲尔德的香港移民群体中颇受赞誉，那些移民都将自己的子女送到雪埠华人联谊会的中文（粤语）学校学习粤语和传统艺术。2004—2007年间，雪埠华人联谊会是谢菲尔德春节联合委员会的重要成员。从图8-2可以看出，雪埠华人联谊会是除谢菲尔德学生学者联合会外另一个最重要的表演节目提供者。除了参与谢菲尔德春节联合委员会组织的春节庆典外，雪埠华人联谊会也有自己的春节活动，它声称这样做不仅可以鼓励学生展示所学所得，还可以提高雪埠华人联谊会在谢菲尔德的声誉。① 2007年，谢菲尔德共有三个春节庆典活动，分别由谢菲尔德春节联合委员会、谢菲尔德学生学者联合会和雪埠华人联谊会举办。谢菲尔德学生学者联合会和雪埠华人联谊会率先举办春节庆典活动，随后谢菲尔德春节联合委员会才举行庆典活动，大部分民众只参加了前两场庆典（第六章），这导致了谢菲尔德春节联合委员会2007年的春节庆典的参与度没有预期那么高。因此，谢菲尔德春节联合委员会主席建议各个华人社团独立举办的春节庆典活动推迟至联合春节庆典之后。然而，雪埠华人联谊会主席拒绝了这一建议，谢菲尔德学生学者联合会则同意了。最后，谢菲尔德春节联合委员会主席建议由各个委员会成员投票决定社团独立举办的春节活动是否应推迟至联合春节庆典之后。雪埠华人联谊会在投票中失败了，离开了委员会，谢菲尔德学生学者联合会因此获得了委员会中的节目管理权。

根据以上对谢菲尔德春节联合委员会主席、谢菲尔德学生学者联合会和雪埠华人联谊会之间互动的讨论，作者做了如下总结。首先，正如Larson和Wikström (2001)所言，在一个节事组织过程中，当个体目标和集体的共同目标存在分歧或各个利益相关者的个体目标不兼容的时候，冲突就会发生（第一章）。雪埠华人联谊会和春节联合委员会内的其他利益相关者（华人社团）之间的冲突正是验证了这一观点。其次，春节联合委员会主席利用个人权力解决冲突。因为雪埠华人联谊会不接受主席提出的必须将华人社团独立举办的春节活动推迟至联合春节庆典之后这一提议（尽管人们认为这代表着集体利益），所以该组织被迫离开了委员会，这成为解决冲突的一个方法。这说明主席有权控制各成员在春节联合委员会的去留，本章开篇已对此做过论述。再次，前一部分讨论了香港华人社团形成了利益集团这一事实，但必须指出这样

① 引自2009年3月8日对谢菲尔德华人社区中心一名职员的访谈。他也是2009年谢菲尔德春节联合委员会宣传组的代表。谢菲尔德华人社区中心经理也在2009年3月26日的访谈中提供了类似信息。

的利益联盟是动态的，具有流动性。香港华人群体内部也存在冲突。最后，因为具有关键的资源（表演和参与者——观众和志愿者），谢菲尔德学生学者联合会在谢菲尔德春节联合委员会中的影响力逐渐增大。

（二）谢菲尔德学生学者联合会和孔子学院的成员之间的紧密关系

如前所述，内地华人社团——谢菲尔德学生学者联合会与香港华人社团的成员之间缺乏私人关系，两者之间可以被形容为"非紧密关系"（Chen et al.，2009），但是该社团成员与孔子学院的成员形成了紧密关系。孔子学院的目标是开展汉语（普通话）教学及中国语言和文化研究，其与中国政府的教育部门和很多中国大学有着密切联系（第五章）。孔子学院的工作人员有不少是来自中国内地的学生和学者，还有一些是从事与中国相关的研究的西方学者。前者与谢菲尔德学生学者联合会的成员有不少共性，如都讲普通话，有着相似的教育背景，与中国关系密切。谢菲尔德学生学者联合会和孔子学院的成员在个人生活中保持着密切联系：两个组织的很多成员都是朋友，会相互分享博客和个人在线相册①；他们通常在生日、圣诞节、新年等重要日子参加彼此的私人聚会或互赠礼物。这两个组织的代表还相约于 2007 年 8 月前往苏格兰旅行。② 谢菲尔德学生学者联合会主席提交博士论文后，还邀请了一些朋友于 2010 年 11 月 26 日到他家参加庆祝聚会，这些朋友大多来自谢菲尔德学生学者联合会和孔子学院。③ 谢菲尔德学生学者联合会的一些成员和孔子学院的一些访问学者还是室友，居住在一起。④ 双方合办了很多活动，如 2008 年 12 月 16 日的圣诞晚会⑤、2008 年 2 月 24 日的中国元宵节活动（见图 8-3）和汉语—英语角活动⑥。

---

① 可在网站 https://picasaweb.google.com/wongbo 上浏览其中一份个人在线相册。谢菲尔德学生学者联合会和孔子学院的许多成员都在相册链接部分分享个人在线相册。如果每个相册链接都被点击，这往往表明他们拥有相同的朋友。

② 引自 Picasa 网站上谢菲尔德学生学者联合会一名代表的在线相册 https://picasaweb.google.com/wongbo/TripToScotlandInverness#，于 2009 年 12 月 20 日访问。

③ 作者也参加了当晚的聚会，见 2010 年 11 月 26 日的研究日记。

④ 引自 2008 年 2 月 13 日对谢菲尔德学生学者联合会主席的访谈。

⑤ 引自在线相册 https://picasaweb.google.com/sinoenglish.corner，于 2008 年 12 月 16 日访问。那天的研究日记中也记录了这一点。

⑥ 引自 2008 年 2 月 13 日对谢菲尔德学生学者联合会（2008）代表的访谈和 2009 年 3 月 26 日对孔子学院代表的访谈。

图 8-3 谢菲尔德学生学者联合会和孔子学院成员在 2008 年元宵晚会上表演小品

资料来源：https://picasaweb.google.com/sinoenglish.corner/2008LanternFestivalSECPerformance#，于 2009 年 12 月 20 日访问。

谢菲尔德学生学者联合会和孔子学院成员之间的紧密关系被认为增强了前者在春节联合委员会里的影响力。2009 年，谢菲尔德学生学者联合会主席说道：

> 我们曾是(委员会里)唯一的内地华人社团。他们都是来自香港的。我们之间存在很多差异。现在孔子学院加入了……你知道，我们就像一个大家庭……(我们)有很多联系。我们中的大部分人都是朋友……虽然有些不是中国人……有些是来自内地的华人，但是我们有很多相似之处。我们沟通非常顺利……(我们)相互理解。我们通常会对表演节目形成一致意见……我们可以相互沟通，达成共识。所以我们与春节联合委员会(的其他成员)交谈时具有更大的影响力。①

虽然孔子学院的成员不都是来自内地的华人，但是谢菲尔德学生学者联合会的一名受访者表示他们与孔子学院的关系比与香港华人社团的关系更密切，这主要是因为他们对某些特定问题的理解一致，并且双方有过长期互动。尽管本研究还未发现他们两者之间的紧密关系影响由香港华人社团做出的决定，但是他们的紧密关系增强了他们作为一个整体在春节联合委员会中的影响力。第七章讨论过，谢菲尔德学生学者联合会批评香港华人群体借联合春

① 引自 2009 年 2 月 26 日对谢菲尔德学生学者联合会主席的访谈。

节庆典从外界社会获得了更多社会美誉，而且双方在这一问题上的矛盾持续了好几年。2009年，孔子学院第一次参加谢菲尔德联合春节庆典。在那之后，孔子学院的代表做出了如下评论：

> 我认为，人们对（这类）活动的参与者的赞誉非常重要。一旦他们开始做了，他们都需要愉快地（一起）工作。让这件事变得有价值，这非常重要。我在幕后认认真真地工作，（为庆典）做准备……我（像）你一样错过了大部分表演。我们应该……得到赞誉。我认为值得做更多事情……让人们知道幕后有哪些工作，谁在幕后工作。[①]

这与前一章提到的谢菲尔德学生学者联合会主席的观点一致。后来，谢菲尔德学生学者联合会、孔子学院的代表与谢菲尔德春节联合委员会主席讨论了这个问题[②]，主席表示他会尽力改善这种状况并在当年的春节庆典的闭幕致辞中公开强调了这两个组织所做的贡献。[③]

从上述讨论可以看出，香港华人和他们所在的社团是作为一个联盟一起行动的，这不仅有助于他们维护对春节联合委员会的控制，也有助于保护香港华人群体的集体利益，从而削弱其他群体的利益。此外，香港华人社团的成员之间，谢菲尔德学生学者联合会和孔子学院成员之间分别形成了两个紧密关系集团，但是这两个紧密关系集团之间却以非紧密关系相处，这加剧了谢菲尔德华人社群的分化。这种分化在他们追求各自群体的利益时加剧了双方的竞争，并制造了冲突。

五、冲突的解决：香港华人群体具有更大的影响力

本章前文运用Larson(2002)的方法对不同委员会成员（个人和社团）之间的互动进行了讨论分析，认为香港华人群体在谢菲尔德春节联合委员会中比其他华人群体拥有更大的影响力和权力。上文的讨论是主要基于对谢菲尔德春节联合委员会这一主要案例的相关实证证据的讨论。这部分将综合各个案例城市的春节庆典，进一步讨论春节庆典的组织过程中群体之间的冲突是如何解决的，从而巩固上文的观点。第七章讨论了春节联合委员会里香港和

①② 引自2009年3月26日对孔子学院代表的访谈。

③ 引自2010年2月16日的研究日记。

内地华人群体间的三种典型的冲突。简要回顾这些冲突是如何得到解决后，我们可以发现香港华人群体的影响力大于内地华人群体。

首先，当双方在庆典表演方面意见不一致时，大多数情况下各个城市的春节委员会会采纳迎合当地香港华人和英国观众的艺术品位和理解力的意见，而不是内地华人观众的意见。例如，舞狮、舞龙表演在2005—2010年间总是出现在一年一度的春节庆典中[①]，而普通话类型的语言表演——相声和小品则很少被选用。2009年纽卡斯尔、曼彻斯特和利物浦的春节庆典中都出现过这种情况。[②] Rattansi (1995)在讨论文化表征和权力之间的关系时表示，表征和权力息息相关，其关乎谁有权代表谁发言的问题（第一章）。族群内部和族群之间的权力问题对形成集体身份认同的叙事和图像的表征产生重要影响(Rattansi, 1995; Labrador, 2002)。就像夏威夷的卡蒂普南（Katiputan group）菲律宾人控制着当地“爱我母国”节日的表征，来自香港的华人有权力用春节庆典中的舞狮和舞龙表演构建华人身份。来自内地的华人社团成员试图对春节庆典的表演和节目施加更多影响，其目的也在于争夺对春节庆典表征的控制权。

其次，双方在谁可以代表华人社群的问题上产生冲突。虽然内地华人质疑并挑战香港华人代表整个华人社群的权力，但是这种情况还是没有得到改善。在多数英国城市的春节庆典里，香港华人代表当地华人社群是一个极其普遍的现象。例如，在谢菲尔德春节庆典和谢菲尔德中国商业网络活动中，当地社会、中国大使馆和中国地方政府机构普遍认为来自香港的春节联合委员会主席是谢菲尔德华人社群的代表。[③] 同样的，在其他案例城市的春节庆典中，香港华人社群领导者作为当地华人社群的代表与来自英国和中国的参与者互动（第七章）。Bourdieu (1986)在讨论“合法个人代表或群体代表”和社会资本之间的关系时坚持认为担任某一社群合法代表的个人或组织可以集中社会资本——社群内“实际或潜在资源的聚合”（第二章）。在本研究中，来自香港的华人个体和社团（如谢菲尔德华人社区中心）是在英华人社群的合法代表。在春节庆典这样一个象征着整个华人社群协作和各个华人社团资源整合的场合里，香港华人个体和社团与来自英国和中国的大量参与者互动。从这

① 引自2005—2010年间的春节活动视频，保存在谢菲尔德华人社区中心。

② 引自2009年1月25日、2月1日和2月8日的研究日记。

③ 引自2009年1月26日的研究日记，作者当时参加了中国—谢菲尔德商务集团活动；以及2010年2月10日谢菲尔德市议会的领导在2010年当地春节庆典中的开幕致辞。

层意义上讲，这些代表的确如 Bourdieu 所说，聚集了一个城市里整个华人社群的社会资本和资源。因此，来自内地的华人个人和社团无法轻易从春节庆典里获取华人社群的资源不足为奇。这两大群体之间资源分配的不均衡反映了两者之间的权力分配不对称：香港华人群体比内地华人群体拥有更多权力。

再次，双方还在由春节庆典发展起来的关系和社会美誉等无形资源的共享问题上产生了冲突。内地华人群体认为香港华人群体没有公平、公开地与其分享关系和社会美誉，于是试图竞争这些资源。香港华人群体可能正在改变这种情况，例如上文提到过，谢菲尔德春节联合委员会主席在公开场合称赞谢菲尔德学生学者联合会的贡献，这可能可以提高谢菲尔德学生学者联合会在社会上的声誉。但香港华人群体继续控制着资源的管理和分配，这意味着香港华人群体的权力更大一些，因为正如 Pfeffer 和 Salancik (1978)的观点，利益相关者的权力来自对资源的自由控制，如资源获取、资源的实际使用、制定规则的能力或对资源占有、分配和使用的控制。

春节联合委员会内部如何解决这三类冲突呢？一般的解决方案都有利于香港华人群体而非内地华人群体的利益。这表明香港华人群体在解决这些冲突方面比内地华人群体有着更大的影响力和权力。本章前几部分通过着重分析谢菲尔德春节庆典案例已经证实了这一论点。但是，从春节联合委员会这一层面无法发现这种权力关系的根源，作者认为是英国华人社群的社会结构从本质上决定了这种权力结构。

香港华人移民是自第二次世界大战以来英国华人社群中主要的群体之一。这个群体的大部分成员是来自香港新界的农民。他们在移居英国之前，生活贫穷，受教育程度低，处于社会底层(Benton et al., 2011)。自 20 世纪 50 年代起，他们及其子女逐渐垄断了战后英国的华人餐饮业。从那以后，在这个国家里，他们在华人社群中占主导地位并担任华人社群的领导者。在过去 60 年间，他们一直活跃地与来自当地华人社群、英国和中国的相关人员互动。因此，他们从外界社会得到了更多认可，也积累了更多私人关系。

自 20 世纪 70 年代以来，许多来自中国内地的学生、学者移居英国，加入英国的华人社群。他们当中的一些人在结束学业以后获得工作许可，并选择留在英国(Benton et al., 2011)。“尽管他们后来成为合法公民，但是在最初的时候，他们与有英国公民身份、轻视其他华人群体的香港华人移民相比，拥有的资源和权力都相对较少。”(Benton et al., 2011)[120] 但是，在中国传统文化中，知识分子在社会等级中的地位较高，而商人的社会地位较低(Ho，1962)。在英国的华人社群中，这种高—低社会阶层的顺序颠倒了，内地华人似乎不太能接受这一事实(第八章)。

然而,随着越来越多的来自中国内地的学生和学者来到英国,内地华人群体人数自20世纪80年代开始大幅增长,整个群体的规模不断扩大。内地华人群体的整体实力和影响力提升了社会对内地华人的认可,他们自己的华人社群和英国社会的经济贡献不断增加(第五章),他们也更加积极地投身社会活动(第七章)。在这种背景下,他们意欲加速社会上升,挑战华人社群的现有结构并与来自香港的华人争夺华人社群的领导权、关系、社会美誉等无形资源。

然而,总的来说,由于内地华人自20世纪末以来在英国居住和参加社会活动的时间较短,所以并未改变当前的这种状况。他们的影响力仍然不足以充分调动华人社群、英国和中国的资源,不足以让他们领导当地华人社群联合举办春节庆典。因此,在春节庆典中,香港华人(群体)仍拥有最高控制权,在春节委员会中比内地华人(群体)更有影响力,尽管后者尝试挑战和改变这种现状。

六、结　语

作者借用Larson(2002)的方法考察谢菲尔德春节联合委员会各成员之间的互动,从而发现香港华人群体在春节联合委员会里拥有最高权力。春节联合委员会的领导权体现在三个方面:决定进入谢菲尔德春节联合委员会的资格;以谢菲尔德春节联合委员会和当地华人社群的代表的身份面对外界社会;拥有给谢菲尔德春节联合委员会各成员分配工作的权力。香港华人社团——谢菲尔德华人社区中心控制着谢菲尔德春节联合委员会的财政,有权批准委员会成员提出的支出申请,而内地华人社团则没有这些权力。谢菲尔德华人社区中心也是谢菲尔德春节联合委员会的代表社团,地方政府通过谢菲尔德华人社区中心为华人社群提供服务,接触其他华人社团和群体。谢菲尔德春节联合委员会主席与谢菲尔德华人社区中心的工作人员的紧密关系加强了双方对谢菲尔德春节联合委员会的控制。

香港华人彼此之间通过建立和维持长期的互惠性交往形成了紧密关系,这决定了他们在春节联合委员会中有义务互相支持。因此,他们组成了有助于维护整个群体的权力的联盟。从这层意义上说,他们之间的紧密关系增强了香港华人群体的集体利益,但削弱了非紧密关系群体,即内地华人群体的利益。紧密关系和非紧密关系的隔阂加剧了香港华人群体和内地华人群体之间的分裂。这是私人关系带来的负面影响。

本章通过调查香港华人群体和内地华人群体如何处理春节庆典过程中出现的冲突,证实了前者的权力大于后者。虽然其他活动的利益相关者之间也可能存在权力斗争,但本研究发现春节联合委员会里的不对称权力结构并不是仅仅出现在春节庆典中的表面现象,而是由英国华人社群的权力结构引起的。总的来说,由于香港华人群体自 20 世纪 50 年代起逐渐垄断了第二次世界大战后的华人餐饮业,对英国的经济做出了大量贡献,因此香港华人群体得到了英国社会的更多认可,对外界社会产生了更大的影响力。内地华人群体近年才开始活跃在社会舞台上,影响力稍小,在英国华人社群中的权力地位低于来自香港的华人群体。然而,内地华人群体对华人社群当前的权力结构发起了挑战。内地华人群体在春节庆典中的积极表现以及与香港华人群体的互动就很好地证明了这一点。

第九章　总　结

随着旅外社群节日庆典在世界各地蓬勃发展，关于如何理解和组织这些节日庆典的讨论越来越多。无论这些讨论旨在研究旅外社群节日的意义和功能(Carnegie et al., 2006)，还是调查节日的组织和举办过程(Spiropoulos et al., 2006)，都表明尽管有众多利益相关者参与这样的节日，但是旅外社群在决定如何组织和表征社群节日上扮演关键角色。本书旨在探讨参与组织、举办旅外社群节日的各个旅外群体间的关系。

本研究主要关注华人春节庆典和旅英华人社群。田野作业发现旅英华人春节的利益相关者可分为两个层次："核心利益相关者"和"外围利益相关者"(第五章)。在有大量华人居住的英国城市里，当地的华人群体组建了春节委员会，成为春节庆典的"核心利益相关者"。"外围利益相关者"范围比较广泛，包括游客、演员、私企赞助商、当地政府以及中国大使馆的代表等。总体而言，春节庆典的利益相关者来自华人社群、中国或英国的非华人社群。本研究探讨属于核心利益相关者层面的各华人群体间的关系，但是也会兼顾华人社群和其他利益相关者之间的互动。

鉴于这样的研究目标，本研究借鉴了节日研究领域的两种研究思路。一种思路是从人类学和社会学角度考察节日与社会(社群)的关系，讨论节日对社会结构和社会关系的意义(Bauman, 1992; Gluckman, 1963a; Turner, 1967; Magliocco, 2006)。另一种思路是从节日管理角度思考节日利益相关者之间的关系(Getz, 1997, 2007, 2008; Larson, 2002; Spiropoulos et al., 2006)(第一章)。在传统的节日研究中，这两种研究思路一般都是分开独立使用的。Getz(2010)认为这种研究思路上的分离是节日研究领域的一个明显的局限，因为运用它们的研究在研究对象和研究语境方面是互相联系的。作者非常认同 Getz 的观点，故在本研究中将这两种研究思路予以结合：首先使用节日管理的研究思路调查各华人群体在春节委员会中如何共同组织和举办春节庆典；其次通过考察更广阔的社会语境(超乎春节庆典但与之相关)下华人群体的生活和活动探讨各华人群体间的关系，这受到了人类学和社会学研究思路的影响。通过结合两种方法，本研究探讨华人群体间的多元关系。

本研究还深受旅外社群研究的启发（第二、三章）。首先，永久居住不是旅外社群的必要特征（Brah，2996；Clifford，1992，1994），因此本研究将华人学生、学者、持有工作许可证的个人以及在春节庆典中发挥作用的暂时居民均视为研究对象。其次，旅外社群不是一个基于领土的本质主义概念，不是指向以过去或故土为导向的身份认同（Ghorashi，2004）。旅外社群是“连续的跨国网络”（ongoing transnational network）的一部分（Clifford，1994）[311]，其成员参与的跨国活动将出生地（或祖籍）、现居地和其他国家的旅外社群联结在一起（Sokefeld，2006）。因此，本研究考察了华人社群参与的与春节庆典相关的跨国活动，例如春节庆典组织者经常保持与中国（的利益相关者）的跨国联系，并运用这种联系影响春节庆典（第六章）。但这并不是本书的焦点，而是帮助我们理解华人社群如何运作以及这种运作如何在英国的春节庆典里表现社会文化环境。再次，旅外社群的“外部因素”（Edmondson，1986）[167]，如母国和客国的联系、中国的海外华人政策、英国的移民政策等都是影响旅外社群内部运作的重要因素。因此，本书特别讨论了不同历史时期的中英关系、中国的海外华人政策及英国的移民政策（第五章）。本书还分析了这些外部因素对华人社群的移居、发展及社群间的相互关系的影响（第五—七章）。

本研究运用案例分析的策略，结合了人类学和社会学的定性研究方法，调查谢菲尔德、纽卡斯尔、曼彻斯特、利物浦和诺丁汉的春节庆典，但以谢菲尔德为主要案例城市。通过对华人在春节庆典里以及其他社会环境下的生活和经历的参与式观察，本研究讨论了这些城市的华人群体间的互动和关系。通过对节日庆典的直观性观察，本研究考察了节日庆典如何表征华人群体间的关系。作者还对五个案例城市的春节委员会代表进行了半结构式访谈。除了以上这些第一手数据，本研究还使用了大量第二手资料，包括有关各个春节庆典、春节委员会、华人社团等的历史资料。最后，本研究对各种渠道获取的数据进行了反复交叉比对和分析。本书第六、七、八章对这些数据资料进行了描写、分析和讨论，从社群团结、冲突和权力关系三个方面探讨华人群体间的关系。

本章中，作者将总结本研究的主要发现和观点，以便于读者对旅英华人群体的相互关系有一个全面了解，包括旅英华人社群的内部分化、冲突和权力斗争。在这之后，作者还会讨论私人关系对于旅英华人社群的意义以及华人社群关系在春节庆典里的表征。最后，作者将探讨本研究的理论贡献、研究意义、局限性，并尝试为将来的相关研究提出建议。

一、华人社群的内部分化

学者们普遍认为，20 世纪中期之前，美国和东南亚的旅外华人社群可以根据语言(及与之相关的籍贯)被分成不同的群体和社团，如 Skinner(1957)和 Lyman(1974)。这种划分的一个重要原因在于各个华人群体使用的语言互不相通，群体之间泾渭分明。作者基于对英国的春节庆典组织过程的调查发现，旅英华人社群目前也有这些语言—群体差异，但是较之美国和东南亚的华人社群根据闽南语、潮州话、客家话、粤语和海南话等语言对群体可进行的精细划分(Skinner, 1957; Lai, 2003)，旅英华人社群目前的语言—群体差异相对较少(Benton et al., 2011)。

英国最大的华人语言—群体是讲普通话和讲粤语的群体，这两个群体的大多数成员分别来自中国内地和香港(Dobbs et al., 2006)(第五章)。方言在内地华人中的使用率下降可能与中国民族主义和普通话教育相关，因为普通话现已是中国内地的官方语言，而内地很多地区的方言和普通话差异明显。20 世纪 80 年代之后在中国内地出生并长大的很多人(包括作者)对普通话的掌握程度往往要好于方言。在英国，一些规模相对较小的华人群体的成员主要来自马来西亚、新加坡等南亚国家(Dobbs et al., 2006)，来自这些地区的华人主要以闽南语、粤语或客家话为母语，很少有人以普通话为第一语言或对普通话的掌握程度好于母语(第五章)。

本研究与大多数考察旅外华人社群的研究(White et al., 1987; Lyman, 1974; Wong, 1982; Wang, 1994; Lew et al., 2004)一样，通过华人社团探讨语言—群体的隔阂。各个华人群体通常有各自的社团，一个群体可能有一个或多个社团。语言—群体的划分通常与社团的划分一致，比如讲普通话的华人群体有自己的社团，讲粤语的华人群体有自己的社团。本研究的田野作业发现来自南亚的少数华人会参加以香港华人为主的社团，一个重要原因是这些华人或以粤语为母语，或熟练掌握粤语。因此，英国的华人群体和社团基于语言和出生地的分化仍然存在，内地华人社群(讲普通话)和非内地华人社群(讲粤语)的分化尤其明显。但这一发现只限于春节庆典，不能对其他语境一概而论。

二、旅英华人群体间的关系

(一)华人群体间的合作和团结

20世纪,华人群体经常独立举办春节庆典活动,且仅对本群体的成员开放。近年来,在大多数有大量华人人口的英国城市,各个华人群体开始合作举办对全体华人及外界社会开放的公共性的春节庆典。

代表华人群体的社团联合成立春节委员会,共同举办春节庆典,这是一个城市里的华人群体相互合作的一个象征(第五、六章)。第六章详述了华人社团如何合作组织并举办春节庆典。尽管这些华人社团有着各自的利益,但它们有一个共同的期望,即庆祝春节,并通过春节庆典向外界社会展示中华文化。分属于不同群体的华人有一些共同属性,包括华人身份认同及对"家乡"——"文化中国"的向往(Tu, 1994a)。这些共同属性唤起了他们对"家乡"的向往和渴望,成为他们联合举办春节庆典的精神和心理基础。这一发现在一定程度上与其他进行旅外社群研究的学者的观点一致,比如Cohen(1997)和Anderson(1983)就认为对家园(或者"想象的共同体")的精神和心理向往联合了旅外社群,加强了社群团结。

此外,这些社团的共同目标揭示了它们有着共同的实际目的——集中各个华人群体的资源,阻止群体间的潜在竞争。组织和举办一场春节庆典需要大量资助、演员等资源,各个华人群体和社团在不同方面各有优势与局限。它们只有合作,才能克服各自的资源局限,并充分利用其他群体(社团)的优势。在这种情况下,合作避免了过去华人群体单独举办春节庆典时出现的资源分散及华人群体间的潜在竞争(第六章)。合作还能营造华人社群团结的积极形象,提升外界对华人群体的认同,吸引外界的资助。因此,为广泛地开拓并使用华人社群、英国社会和中国的资源,华人群体通常选择互相合作。因此,一般来说,春节庆典是一次有利于整个华人社群的协作行动(Brinkherhoff, 2006)。这样的结论从文化的角度检验了一些学者从政治、经济的视角对旅外社群做的研究。比如,Esman(1986a)从政治角度对东南亚的华人社群进行调查后发现,只有合作才能保证和发展这一地区的华人社群的经济利益。

基于上述讨论,我们可以发现从20世纪开始英国的华人春节庆典已逐渐从各个华人群体的内部庆祝活动转变为一个城市里"所有华人"的集体庆祝活动。这样的春节庆典是受华人群体共有的民族认同、对故土的向往、对各种资源的功利性需求所驱使的，其又增进了华人社群的团结和凝聚力。因此，本研究和很多以其他节日（庆典）为对象的研究相似，也认为节日对促进社群（社会）团结有积极影响，如 Durkheim(1976)，Winthrop(1991)，Turner(1995)。

（二）旅英华人群体间的冲突

尽管春节庆典的组织与举办是一个合作过程，但华人群体（社团）间的冲突在合作过程中时有发生。很多调查节事利益相关者之间的冲突的研究只关注他们在节事中的利益和目标，如 Larson 和 Wikström(2001)，将其仅仅理解为在节事语境里“个人或群体间不兼容的行为、观念或目标”(Little et al., 1989)[32]。那些深埋于社群（社会）里的造成冲突的根源往往未能引起足够的关注。Getz (2010) 指出，节日管理领域的研究人员经常将节日视为单纯的娱乐活动，而忽略在社会文化的大背景里思考产生节日的根源。本研究发现华人群体在组织春节庆典的过程中产生的冲突反映了华人群体在春节语境以外的深层次的矛盾。因此，仅仅基于春节庆典对利益相关者的冲突进行分析是不够的。所以，本研究探讨的华人群体间的关系既基于春节庆典，又不仅限于春节庆典，即还将之置于更广阔的社会文化环境里，而且本研究发现社会文化环境对华人群体间的关系造成深刻影响（第七章）。

本研究发现春节庆典里产生的最显著的冲突通常发生在香港华人群体和内地华人群体之间。第七章分析得出三类冲突：设定哪些人群为目标观众以及策划怎样的表演迎合他们；由谁领导、代表春节委员会和华人社群；如何在春节庆典中分享和分配无形资产——关系及社会美誉。

第一类冲突是这两大群体在节目策划和目标观众上存在分歧。有关节目策划的分歧主要围绕是否及如何采用民俗类节目（如舞龙舞狮）和语言类节目（如相声和小品）。香港华人群体及其社团倾向舞龙舞狮表演，因为这是他们的春节传统——从小到大每年春节庆祝不可或缺的一部分。他们认为舞龙舞狮表演不仅能迎合英国观众对华人的认知，而且能取悦香港华人。但是，内地华人群体及其社团普遍倾向于相声和小品这类带有内地传统春节特色的表演。他们设定的理想观众是来自内地的华人。在节目策划上的冲突反映了两大群体不一样的春节传统，与之相关的不同的目标观众还反映出他们与客国（英国）、母国（中国）的亲疏关系。

第二类冲突涉及春节委员会和华人社群的领导和代表。春节委员会和华人社群通常由相同的个人和社团领导和代表。目前香港华人群体及其社团掌握着领导权和代表权，而逐渐壮大的内地华人群体及其社团正尝试改变这一局面。对于权力结构的（潜在）竞争导致双方的冲突。

第三类冲突是由分享关系和社会美誉这类无形资产导致的。King（1991）和 Zhai（2009）指出，中国人视关系为个人可调动资源的决定因素。本研究发现旅英华人对关系的功能有着相似的看法。春节庆典作为一个集体性合作活动，需要利益相关者提供各方面的资源（Snavely et al., 2000）。但由于关系和资源的紧密联系，关系与利益直接相关。香港华人对于在春节庆典里将自己的关系与其他群体的成员分享持消极态度，这可能是出于对自身利益会受到影响的担心，同时他们也试图垄断有望经由春节庆典发展起来的新关系。对其他华人群体来说，尤其对来自内地的华人而言，与参与春节庆典的来自华人社群、英国社会和中国的外围利益相关者建立关系有助于他们的未来和社会上升。因此，他们希望在春节庆典中发展关系，甚至努力去获取香港华人占有的资源，这样一来，双方的竞争就不可避免地产生了，从而造成了冲突。

以香港华人和内地华人为代表的旅英华人群体在如何分享社会美誉方面也存在矛盾。尽管无人证明社会美誉在现实中会带来什么直接利益，但是旅英华人仍然认为社会美誉可以带来社会上升的资源。当内地华人群体开始努力竞争社会美誉而香港华人群体不积极地与之分享、甚至拒绝分享社会美誉的时候，冲突就产生了。

上述冲突的根源在于华人社群本身。一个重要的根源在于华人社群内部杂糅、多元又分化的身份认同（第六章）。这不是在否认华人群体的共性和团结，而是强调华人群体除了共性之外还具有异质性。华人群体之间的分化明显，他们有着不同的物质和精神特征，物质特征包括籍贯、语言、移民经历、职业、教育背景等，精神特征包括价值观、意识形态、爱国情感、艺术品位、对社会上升的期待等，这些特征影响着华人群体的个体成员如何构建和表达自己的身份认同。

出生于中国香港地区和东南亚的旅英华人构建和主张的身份认同不仅基于他们与有着上千年历史的中华文明的联系[①]，同时还依赖于他们在“外围地区”的生活（Wu, 1994; Tu, 1994a）及英国的经历。前者反映华人社群的共性，而后者反映华人社群的异质性。出生在中国香港地区和东南亚的华人构建的身份认同通常和由中国共产党领导的中华人民共和国缺乏足够的联系。

① 这就是 Tu（1994）提出的所谓的“文化中国”，其是各个华人群体构建共同的身份认同——“华人”的基础（第六章），反映了华人群体的同质性。

但是，对于内地华人而言，尤其是 20 世纪 70 年代之后移居到英国的华人，他们的身份认同往往与中华人民共和国紧密相关，他们更具有爱国情怀或民族主义情感（Wu，1994），因为他们更把中国看成是一个民族国家并将自己与这个国家的命运联系在一起。他们的身份认同可以用“中国人”形容（Wu，1994；Tu，1994a；Wang，2003b）。

Hall（1990）指出，身份认同不仅指一个人如何看待自己，还指一个人如何定义他人。各个华人群体的成员不仅为了他们自己构建华人身份认同，还运用自己对成为华人的本质以及如何形成华人身份认同的观点定义他人的身份。在本研究中，华人参加春节庆典，不仅想通过该活动主张或重申自己的身份认同，同时还在质疑他人的身份。由于彼此不认同对方对华人身份的定义，冲突就产生了。

首先，如前所述，旅外群体试图优先考虑能象征其庆祝传统、代表他们独特身份的节目。香港华人倾向舞龙舞狮表演，而内地华人倾向相声和小品表演。当表演时间有限，他们需要二者取一时，冲突就产生了。其次，为了维护自己的身份认同，内地华人群体质疑香港华人群体对春节委员会的领导权，因为这象征着后者可以代表整个华人社群。内地华人群体不愿与英国殖民主义有联系，也不愿意对英联邦表示忠诚，哪怕只是名义上，所以他们希望为自己发声，代表自己。再次，两大群体都质疑为什么对方有权使用中国或英国的资源。香港华人质疑内地华人能否以临时居民的身份在英国与他们竞争并开拓资源。内地华人则回应：“如果你否认自己是‘中国人’，为什么要使用并开拓中国的资源？”

因此，旅英华人群体多元的身份认同是造成他们冲突的重要根源。冲突的另一来源是权力竞争，下一部分将对此进行讨论总结。华人群体的冲突关系不是在春节庆典中凭空出现的。因此，尽管本研究以春节庆典为视角探讨旅英华人的社群关系，但一个合理的推测就是这样的社群关系（及其影响）还会出现在其他旅英华人参加的节事或活动里。

（三）华人社群的权力关系

春节庆典的组织和举办过程中也出现了权力不平衡的现象。本研究运用 Larson（2002）的方法，通过考察两个利益相关者（如 A 和 B，B 和 C，C 和 A）的互动，探讨哪一方的影响力更大，了解节事中利益相关者的权力关系。此处权力指节日利益相关者在合作关系中施加自己意愿、影响他人决定或行为的能力，这样他们有更多机会发展自身利益（Larson，2002；Mitchell et al.，1997；

Thorelli，1986）。在研究主要案例城市谢菲尔德时，作者首先探讨了哪个群体在谢菲尔德春节联合委员会中地位更高，接着对其他案例城市的春节庆典进行了扩展论述（第八章）。另外，作者借鉴了 Larson（2002），Mitchell 与她的同事（1997），Thorelli（1986）的方法，通过调查冲突解决的结果了解权力关系。也就是说，本研究需要调查春节庆典中华人群体之间的冲突是如何解决的，从而探讨哪个群体的利益可以得到更大满足，表明这方成员在春节委员会里地位更高，在华人社群中影响力更大。

在谢菲尔德春节联合委员会中，香港华人群体有着最高决策权，因为该群体的成员和社团领导着谢菲尔德春节联合委员会。个人领导权常通过三种方式表现：谢菲尔德春节联合委员会主席决定其他成员是否能进入该春节组织；代表整个华人社群与外界社会交往互动；给委员会成员分配工作。主席在这三种情况下基本具有独立决定权，不必询问其他委员会成员的意见。因此，主席在谢菲尔德春节联合委员会里权力最大。谢菲尔德华人社区中心的成员多来自香港，负责春节庆典的资金管理，这一地位是其他华人群体（社团）无法获得的。谢菲尔德春节联合委员会的领导和社团代表同时也是当地华人社群的领导（第七、八章）。因此，总体来说，不管是春节联合委员会还是当地华人社群的最高权力都是由香港华人群体掌握的。此外，本研究还发现香港华人社团的成员之间的私人关系巩固了他们对谢菲尔德春节联合委员会的权力的垄断。

在其他案例城市中，香港华人群体往往都有着更大的影响力，因为当华人群体之间产生冲突时，经过协调之后的决定通常会更满足香港华人的意愿，而非其他华人群体，如同样拥有大量成员的内地华人群体。首先，当双方在表演上的观点不一致时，大多数时候他们采用的节目更符合当地香港华人和英国观众而非内地华人的艺术品位和理解。其次，在应由哪一方代表华人社群的冲突上，尽管内地华人群体质疑和挑战由香港华人代表整个华人社群，但他们并没有改变这一现状。再次，香港华人通常控制着通过春节庆典开拓的资源，尤其是关系这种“稀缺资源”（Pfeffer et al.，1978）[48-49]，而内地华人常常没有这种资源控制权。Preffer 和 Salancik（1978）指出，利益相关者的权力来源于他们对资源的控制权，如接近资源，使用资源，制定规则或规定资源所属、分配和使用的能力。

为什么在春节委员会中香港华人群体比内地华人群体的权力更大？这个问题的答案无法从春节委员会和春节庆典里找到，因为这与英国华人社群的社会结构相关。第五章对该问题进行了详细回答。20 世纪 50 年代之后，即香港华人及其后代逐渐垄断了第二次世界大战后英国的华人餐饮业后，香港华人群体就成了英国社会一个主要的少数族裔群体。在过去60年里，他们与来自当地华人社群、英国和中国的参与者有着积极互动。总体而言，香港华人群体在外界社会比其他华人群体的认可度更高，拥有的关系、资源更多（第七章）。这也说明了为什么在大多数英国城市中，香港华人可以领导当地华人社群及春节委员会。

但是，自20世纪80年代开始，随着越来越多的中国内地学生和学者来到英国，内地华人群体迅猛发展，其整体优势和影响力都有很大提升，包括社会认知度、对（华人社群及英国社会）经济的贡献、积极参与社会活动等。这一情况还与中国国家实力的增强及中英关系的发展有关。在这样的背景下，内地华人想要加快社会上升，挑战华人社群的现有结构，与香港华人竞争华人社群的领导权（第七、八章）。在参加春节庆典时，内地华人群体与香港华人群体竞争借由春节庆典发展起来的私人关系、社会美誉等无形资产，双方的冲突就随之产生了。

但整体而言，来自内地的华人大规模移民（或移居）英国开始于20世纪70年代末期，他们和他们的社团在英国的发展历史较短①，直到近年来才逐渐活跃在社会舞台上。尽管他们质疑和挑战香港华人和社团的领导权，但他们现在还未改变这一局面。目前他们仍然没有足够的影响力充分调动华人社群、英国和中国的资源，领导春节庆典的组织、举办。正如一位受访者的观点："没有他们（香港华人）的帮助，我们不能举办像现在这样的大型庆典，因为他们有资金、时间、关系和其他资源，而我们却没有。"

概括起来，本研究探讨了春节委员会里的合作、冲突和权力关系，尤其是旅英华人社群里两个最大的华人群体——香港华人群体和内地华人群体之间的关系。尽管在其他节事（或活动）中利益相关者之间可能也有类似的关系，但是本研究的核心观点的独特之处在于：春节庆典体现的各华人群体的关系反映的不仅仅是节事利益相关者之间的动态关系，而是超越节日的更广阔的社会语境里的社会关系。春节庆典可以促进华人群体的团结，但也揭示了华人群体的本质性冲突，并引发了华人群体间的权力竞争。

---

① 19世纪中后期到20世纪初，内地华人曾经以海上劳工的身份来到英国，成为当时旅英华人社群的主体，他们的后代却没有积极参与英国的华人春节及其他华人活动。在那之后，内地华人移民到英国的现象出现了中断。

三、关系对春节委员会和华人社群的影响

本研究的另一大主要发现是关系对旅英华人社群的功能和影响，其与目前研究关系的学者的观点不完全相同。当前，研究华人关系的学者主要基于两个语境：一个是旅外华人社群，另一个是中国内地社会。基于这两个语境的研究往往持相反的观点。基于旅外华人社群的研究主要讨论关系的积极影响，例如促进旅外华人社群经济发展，增加其社会资本（Cheung，2004；Lew et al.，2004；Brinkherhoff，2006；Putnam，1993）。但是，基于中国内地社会的研究指出关系给中国内地社会带来负面影响，例如关系网络分化了中国社会，严重破坏了社会公平（翟学伟，2009）。

本研究发现关系在春节庆典的组织过程中发挥了重要作用，给华人社群的社群关系带来了双重影响。在积极影响方面，第六章讨论并分析了华人如何运用私人关系建立合作关系来组织和举办春节庆典。这不是说关系是在春节庆典中建立合作关系的唯一条件，因为其他条件也很重要，但关系是打开合作之门的钥匙。首先，华人社群的领导者运用其关系网络寻求各个华人社团领导人的帮助，以建立春节委员会。各社团领导人的团结一致是实现各个社团以及其代表的各个华人群体的联合的第一步。其次，旅英华人社群运用私人关系寻找来自华人社群、英国和中国的利益相关者的支持和参与，如资助、演员和技术人员，然后通过协商，最终建立合作。

因此，长期培育而建立的，与义务、信任等概念息息相关的私人关系促成了华人社群举办春节庆典的合作关系。这一发现表明私人关系能促进华人社群的团结。这样一来，华人社群的关系也促进了华人社群的社会资本的增长，即基于各种社会网络的资源得以整合了。这一论点对应了包括 Brinkherhoff（2006）和 Putnam（1993，1995a，1995b）在内的很多西方学者对关系功能的看法。但中国学者翟学伟（2009）却持不同的意见，他认为关系对社群团结和社会资本很少有积极影响。

但是，本研究还发现关系可能会激化华人群体间的竞争（第八章）。在春节委员会里，香港华人通常基于共同特征和长期互惠交换形成紧密关系，即“个人的关系网络中最核心的关系圈中的人际关系，以高度的情感联系和义务承担为特征”（Chen et al.，2009）[38]。他们的共同特征包括共同的母语、籍贯、血统和相似的家族移民经历等，这不仅帮助他们形成了共同身份，还决定了他

们有着互惠交换的义务，这种个人或社团成员间的互惠交换史早在他们参加社群春节庆典前就存在了。例如在谢菲尔德，香港社团的领导人会支持彼此的社团活动和个人生意。在他们加入春节联合委员会后，紧密关系促使他们继续履行义务，产生新一轮的互惠交换，并在多数时候向彼此提供无条件的帮助，否则就是不给对方面子，从而有可能终结紧密关系。这一发现与翟学伟(2009)关于中国内地的人际关系的研究比较接近。因此，香港华人由于紧密关系在春节联合委员会里结成利益团体。同时，又因为香港华人及其群体在春节联合委员会和华人社群掌握着最高权力，所以联合成为一个利益团体帮助他们控制春节联合委员会，掌握更多华人社群的权力。很显然，这对香港华人群体是有益的，但对"疏远关系"的群体来说情况正好相反。

内地华人就属于香港华人的疏远关系，即"个人的关系网络中外围关系圈中的人际关系，情感联系和义务承担相对较弱"(Chen et al., 2009)[38]。他们通常与香港华人没有密切联系。出于对香港华人权力垄断的不满，内地华人努力发展与非香港华人的私人关系，即通常与春节委员会里还未成为紧密关系团体的新成员建立私人关系。在谢菲尔德，内地华人社团——谢菲尔德学生学者联合会的领导人在近几年与孔子学院等春节联合委员会的新成员逐渐形成紧密关系。这些社团的一些成员有着共同特点，例如都说普通话，都来自内地，都是学生或学者。他们之间的紧密关系可以帮助他们增加对春节联合委员会的影响力。因此，紧密关系(团体)与疏远关系(团体)的形成加剧了旅英华人社群内部的分化，激化了华人群体之间的权力竞争，刺激了冲突的产生。

总之，以上讨论的关系是指华人社群在春节以外的社会环境里长期互动形成的私人关系，而不是突然在春节庆典中出现的。因此，正如作者之前强调的，对春节庆典中各华人群体的社群关系的调查应该超出节日本身。作者也为此进行了长期的实地考察，参与了大量春节之外但与春节有关的活动，如华人私人聚会等，以调查这些旅英华人及其社团之间的互动和关系。

尽管研究关系的学者不在少数，但几乎没有以华人的文化生活，如以节日为背景进行的关系研究。本研究以英国的华人社群为视角，发现华人的私人关系在社群里既有正面影响也有负面影响。一方面，关系帮助旅英华人建立春节庆典里的合作关系，促进社群团结，增加华人社群的社会资本；另一方面，关系的紧密与疏远之分揭露了春节委员会内外不同华人社群的分化，这导致不同利益集团的形成，进而在春节庆典中产生冲突和权力竞争，最终影响华人社群的团结。

四、华人社群的关系在春节庆典中的表征

除了调查春节庆典组织和举办的过程，本研究还考察了节日的表征（第六章）。Magliocco（2006），Misetic 和 Sabotic（2006）等研究节日的学者也采用了这种方法。中华文化的表征方式主要有两种：通过春节展现的传统元素（包括庆典装饰和表演）以及特定节目表达的民族（国家）自豪感。人们通过春节庆典的表征，定义华人的身份认同，建立自己与他人以及与整个华人社群的联系。Kaeppler（1987）指出，旅外社群节日可以构建、申明、强化民族认同。各个华人群体和社团通过春节庆典的中华文化的表征强调彼此的共同性，从而增强了整个华人社群的团结。因此，春节庆典作为“集体活动”（Brinkherhoff，2006），体现了旅英华人社群的团结。这个结论与调查春节庆典的组织和举办过程得出的结论一致。

但是，为了迎合不同华人群体而形成的节目类型的差异也反映了华人社群的异质性，这也是社群冲突的根源之一（第七章）。当香港华人群体和内地华人群体在节目上持不同观点时，他们大多会考虑当地香港华人和英国观众的艺术品位和理解，而不是考虑内地华人观众。例如，2005—2009 年谢菲尔德、纽卡斯尔、曼彻斯特和利物浦的春节庆典中都有舞龙舞狮表演，而相声、小品这类普通话表演却未能登台（第八章）。Labrador（2002）指出，节日如何表征是由控制表征权的群体决定的。正是这造成了民族社群内部和民族社群之间的纷争（Rattansi，1995；Labrador，2002）。一个民族社群的子群或不同民族社群竞相使用叙事或图像的表征塑造他们的集体身份认同，这反映了他们之间的冲突和权力斗争（Rattansi，1995；Labrador，2002）。在本研究中，竞争的结果是香港华人群体有权力让舞龙舞狮表演登上春节庆典的舞台，他们之所以这样做是为了构建和表现他们的华人身份认同。

在讨论春节庆典的表征时，我们发现华人社群的合作和团结可以通过春节庆典里象征中华文化的符号予以表现，如表演和装饰等。但是，冲突和权力关系很难被察觉。这证实了 Magliocco（2006）的论述，即节日的组织过程而非单个表演或整个节日庆典可以反映社群的矛盾冲突与权力竞争。这一发现再次佐证了本研究的方法论的合理性。

五、贡献、局限性与建议

本研究有以下四个方面的贡献。首先，本研究以旅外华人的节日为研究对象，拓宽了旅外社群节日研究的范围。在目前有限的旅外社群节日研究里，大多数都关注由前西方殖民地社群举办的节日，如加勒比和南亚地区的海外移民社群等，鲜有研究考察旅外华人社群的节日。有关狂欢节的研究很可能是旅外社群节日研究领域最主要的一个部分，其通常以跨民族的互动为背景，从反抗压迫、解放、自由、乡愁、民族自豪等主题考察旅外社群节日的意义(Cohen，1982；Johnson，2007)。人们对旅外社群的内部结构及其内部子群之间的关系甚少关注。因此，本研究以英国华人社群举办的春节庆典为视角填补了这一研究空白，而且本研究还通过考察旅外社群的内部复杂性拓宽了对旅外社群节日的研究。

其次，本研究对旅外社群节日研究的研究思路有一定的贡献。本研究创新性地结合了旅外社群节日研究的两种传统思路：人类学和社会学研究思路及节日管理研究思路。Getz(2010)认为长期以来这两种研究思路的分离限制了旅外社群节日研究的发展，因为在事实层面这些研究的主题和背景都是紧密联系、不可分离的。本研究通过结合这两种研究思路，考察了春节委员会里华人群体的互动，同时研究了这些群体在节日庆典外的生活和互动，探讨后者如何影响前者。如果本研究只运用其中一种方法，就无法发现华人社群的复杂本质——在春节庆典中出现的节日利益相关者之间的互动与关系是深受"人类关系"(Picard et al.，2006)[4] 影响的，而非突然出现的。

再次，本研究对目前有关私人关系的理论探讨有一定的贡献。目前对私人关系的研究有两种完全相反的观点。一种是基于对旅外华人私人关系的研究，另一种是基于对中国内地社会的私人关系的考察。本研究以旅外华人的文化活动(英国春节庆典)为背景，考察旅英华人的关系网络，发现关系对华人社群既有积极影响也有消极影响。这对当前容易得出的单一结果的关系研究做出了补充。

最后，本研究对节日管理实践者有一定的启示意义。第一章论述过，节日利益相关者的关系对于保证节日的顺利组织和举办非常重要。毫无疑问，考察旅外社群节日中节日利益相关者间的关系是非常重要的，但本研究考察得更深入，运用实证数据揭示华人社群的本质是如何影响春节庆典的举办的。

因此，旅外社群节日的利益相关者需要考虑旅外社群间的社群关系，理解社群的性质，这有助于发展健康的利益相关者关系。

但是，除了以上贡献，作者也认识到本书仍有一些局限性。首先是作者本人的个人背景对本研究产生的潜在影响。Hall(2004)[150]提醒学者从事社会科学研究时要保持自省(reflexivity)，即反思自己在研究中的身份和立场的能力及责任。作者在开展研究时运用了参与式观察，成为谢菲尔德春节联合委员会的志愿者，参与组织和举办春节庆典，以求更深入地了解华人社群如何互动来举办春节庆典。作者在中国内地出生、成长，之后在英国生活多年，既有爱国情怀，也有和英国社会互动的丰富经历。和其他参与式观察者一样，作者的个人属性受本人的出生和成长经历影响，如意识形态、价值观、社会地位、语言和教育背景等，这些也成为本人的局限，其或多或少地影响了作者的研究兴趣、观察立场、对华人社群的理解、与其他华人群体成员的互动。例如，作者的学者背景可能让内地华人感觉不安，而内地华人的身份又让非内地华人感到疏远；由于作者不会讲粤语，所以与香港华人社群的交流主要用英语进行，造成研究最初阶段彼此交流有些困难。但这种情形在长期与观察对象的接触过程中得到了很大程度的改善。另外，不可否认的是，作者的个人属性也有积极影响，比如有助于作者理解中华文化。

其次，此次研究的目标是在春节庆典的语境下考察各华人群体的关系。但是，实际研究发现，来自中国内地和香港地区的华人群体是春节庆典和华人社群的主力军，来自东南亚等其他地区的华人很少参与春节庆典，比如，只有一位马来西亚华人积极参与了谢菲尔德的春节庆典(第七章)。尽管来自中国内地和香港地区以外的华人不是旅英华人社群最主要的群体(在春节庆典里更是如此)，但是不能排除在其他语境里其他华人群体会有较大的影响，因此本研究的结果可能无法完全适用于其他华人群体。

再次，由于本研究探讨的华人社群内部的社会关系深受英国、中国内地和香港地区的相互关系的影响，因此本研究的结果可能不能完全适用于其他旅外社群及其节日。其他旅外群体可能有着不同的互动方式，这受制于他们各自的环境。但是，不管是在理论还是方法论方面，本书就春节及华人社群内部关系的相关性研究对旅外社群与其节日的相互关系的研究是有价值和适用意义的。

参考文献

ABDEL-HADY D, 2004. Global Belongings: The Lebanese Diasporic Community in New York, Montreal and Paris[EB/OL]. [2011-03-12]. http://www.allacademic.com/meta/p_mla_apa_research_citation/1/1/0/1/2/p110127_index.html.

AHMED Z U, 1992. Islamic Pilgrimage (Hajj) to Ka'aba in Makkah (Saudi Arabia): An Important International Tourism Activity[J]. Journal of Tourism Studies, 3(1): 35-43.

AKILLI S, 2003. Chinese Immigration to Britain in the Post-WWII Period [EB/OL]. [2010-02-11]. http://www.usp.nus.edu.sg/post/uk/mo/sakilli10.html.

ALLEYNE-DETTMERS P T, 1998. Ancestral Voices [J]. Journal of Material Culture, 3: 201-221.

ANDERSON B, 1983. Imagined Communities[M]. London: Verso.

ANG I, 2001. On Not Speaking Chinese: Living Between Asia and the West [M]. London: Routledge.

ARCODIA C, WHITFORD M, 2007. Festival Attendance and the Development of Social Capital[J]. Journal of Convention & Event Tourism, 8(2): 1-18.

ASHCROFT B, 1998. Key Concepts in Post-colonial Studies[M]. London: Routledge.

AVIELI N, 2005. Roasted Pigs and Bao Dumplings: Festive Food and Imagined Transnational Identity in Chinese-Vietnamese Festivals[J]. Asia Pacific Viewpoint, 46(3): 281-293.

BACKMAN M, 1999. Asian Eclipse: Exposing the Dark Side of Business in Asia[M]. Singapore: Wiley.

BAERT P, 2005. Philosophy of the Social Sciences: Towards Pragmatism [M]. Malden: Polity Press.

BAKHTIN M, 1984. Rabelais and His World[M]. Bloomington: Indiana University Press.

BANKSTON C L, HENRY J, 2010. Spectacles of Ethnicity: Festivals and the Commodification of Ethnic Culture Among Louisiana Cajuns[J]. Sociological Spectrum, 20(4): 377-407.

BARRETT R J, 1973. Convergence and the Nationality Literature of Central Asia[M]// EDWARD A. The Nationality Question in Soviet Central Asia. London: Pall Mall Press, 19-34.

BAUMAN R, 1992. Folklore, Cultural Performances, and Popular Entertainments[M]. Oxford: Oxford University Press.

BAUMAN R, SWAIN P, 1991. The Politics of Participation in Folklife Festivals[M]//KARP I, LAVINE S D. Exhibiting Cultures: The Poetics and Politics of Museum Display. Washington D. C.: Smithsonian Institution Press, 288-314.

BECKER C, 2002. We Are Real Slaves, Real Ismkhan: Memories of the Trans-Saharan Slave Trade in the Tafilalet of South-eastern Morocco [J]. The Journal of North African Studies, 7(4): 97-121.

BECKER H, GEER B, 1957. Participant Observation and Interviewing: A Comparison[J]. Human Organization, 16(3): 28-35.

BEEZLEY W H, MARTIN C E, FRENCH W E, 1994. Rituals of Rule, Rituals of Resistance: Public Celebrations and Popular Culture in Mexico[M]. Wilmington and Delaware: SR Books.

BENTON G, GOMEZ E T, 2001. Chinatown and Transnationalism: Ethnic Chinese in Europe and Southeast Asia[M]. Canberra: Australian National University.

BENTON G, GOMEZ E T, 2011. The Chinese in Britain, 1800-present: Economy, Transnationalism, Identity[M]. Basingstoke: Palgrave Macmillan.

BENTON G, PIEKE F N, 1998. The Chinese in Europe[M]. Basingstoke: Macmillan.

BERNARD H R, 2000. Social Research Methods: Qualitative and

Quantitative Approaches[M]. Thousand Oaks: Sage Publications.

BHABHA H K, 1994. The Location of Culture[M]. London: Routledge.

BHATTACHARYA G, 2008. The Indian Diaspora in Transnational Context: Social Relations and Cultural Identities of Immigrants to New York City[J]. Journal of Intercultural Studies, 29(1): 65-80.

Birmingham City Council, 2012. Chinese New Year in Birmingham[EB/OL]. [2012-12-09]. http://www.birmingham.gov.uk/cny.

BOURDIEU P, 1986. The Forms of Capital[M]//RICHARDSON J G. Handbook of Theory and Research for the Sociology of Education. New York: Greenwood, 241-259.

BOURNE J, 2007. In defence of Multiculturalism[M]. London: Institute of Race Relations.

BRAH A, 1996. Cartographies of Diaspora: Contesting Identities[M]. London: Routledge.

BRENNEIS D L, 1993. Some Contributions of Folklore to Social Theory: Aesthetics and Politics in a Translocal World[J]. Western Folklore, 52(2/4): 291-302.

BRINKHERHOFF J, 2006. Diasporas, Skills Transfer and Remittances: Evolving Perceptions and Potential [M]//WESCOTT C, BRINKERHOFF J. Converting Migration Drains into Gains: Harnessing the Resources of Overseas Professionals. Manila: Asian Development Bank, 1-24.

BRUNER E M, 1983. Text, Play, and Story: The Construction and Reconstruction of Self and Society[M]. Washington D. C.: The American Ethnological Society.

BRUNER E M, 1996. Tourism in Ghana: The Representation and the Return of the Black Diaspora[J]. American Anthropologist, 98(2): 290-304.

BRYMAN A, 1988. Quantity and Quality in Social Research[M]. New York: Routledge.

BRYMAN A, 2001. Social Research Methods[M]. Oxford: Oxford University Press.

BUTCHER J, 2009. Scene is Set for Colourful Start to Year[J]. Evening

Chronicle, February 5.

BUTTERFIELD F, 1982. China: Alive in a Bitter Sea[M]. London: Hodder and Stoughton.

CARNEGIE E, SMITH M, 2006. Mobility, Diaspora and the Hybridisation of Festivity: The Case of the Edinburgh Mela[M]//PICARD D, ROBINSON M. Festivals, Tourism and Social Change: Remaking Worlds. Clevedon: Channel View Publications, 255-268.

CARTIER C, 2005. Introduction[M]//CARTIER C, LEW A A. Seductions of Place: Geographical Perspectives on Globalization and Touristed Landscapes. London: Routledge, 1-16.

CHAN S, 1999. What is This Thing Called Chinese Diaspora[J/OL]. Contemporary Review, 274(1597): 87 [2010-11-12]. http://findarticles.com/p/articles/mi_m2242/is_1597_274/ai_54140910/?tag=content;col1.

CHEN C C, CHEN X P, 2009. Negative Externalities of Close Guanxi Within Organizations[J]. Asia Pacific Journal of Management, 26(1): 37-53.

CHENG Y, 1996. The Chinese: Upwardly Mobile[M]//PEACH C. Ethnicity in the 1991 Census Vol. 2: the Ethnic Minority Populations of Great Britain. London: HMSO.

CHEONG Y R, 2003. Chinese Business Networks and Their Implications for South Korea[M]// BERGSTEN C F, CHOI I. The Korean Diaspora in the World Economy. Washington, D. C.: Institute for International Economics, 31-55.

CHEUNG G C K, 2004. Chinese Diaspora as a Virtual Nation: Interactive Roles Between Economic and Social Capital[J]. Political Studies, 52: 664-684.

China-Britain Business Council, 2008. Going for Goal[EB/OL]. [2010-10-01]. http://ols.cbbc.org/the_review/review_archive/company_profiles/20.html.

CHRISTIANSEN F, 1998. Chinese Identity in Europe[M]//BENTON G, PIEKE F N. The Chinese in Europe. Basingstoke: Macmillian, 42-63.

CHRISTIANSEN F, 2003. Chinatown, Europe: An Exploration of Overseas

Chinese Identity in the 1990s[M]. London: RoutledgeCurzon.

CLIFFORD J, 1992. Travelling Cultures[M]//GROSSBERG L, NELSON C, TREICHLER P. Cultural Studies. New York: Routledge.

CLIFFORD J, 1994. Diasporas[J]. Cultural Anthropology, 9(3): 302-338.

COHEN A, 1982. A Polyethnic London Carnival as a Contested Cultural Performance[J]. Ethnic and Racial Studies, 5(1): 23-41.

COHEN R, 1997. Global Diasporas: An Introduction[M]. London: London University College Press.

CORBETTA P, 2003. Social Research: Theory, Methods and Techniques [M]. London: Sage Publications.

COYAUD M, 1987. Japanese Festivals: A Preliminary Semiotic Analysis [M]//FALASSI A. Time Out of Time: Essays on the Festival. Albuquerque: University of New Mexico Press, 197-210.

CreativeSheffield, 2008. China Delegation Signs Sheffield Trade Accord[EB/OL]. [2009-03-02]. http://www. creativesheffield. co. uk/locate-in-sheffield/International/SheffieldChinaBusinessNetwork/News/Sheffieldtradeaccord/.

CreativeSheffield, 2009a. Chinese Awakening in Sheffield[EB/OL]. [2009-03-02]. http://www. creativesheffield. co. uk/locate-in-sheffield/International/SheffieldChinaBusinessNetwork/News/ChineseawakeninginSheffield/.

CreativeSheffield, 2009b. Key Events [EB/OL]. [2009-03-02]. http://www. creativesheffield. co. uk/locate-in-sheffield/International/Sheffield ChinaBusinessNetwork/Events/.

CreativeSheffield, 2010. Trade Mission on Target to Net Goals[EB/OL]. [2009-03-02]. http://www. creativesheffield. co. uk/MarketingSheffield/News/ChinaTradeMission. htm? p=2.

CRESPI-VALLBONA M, RICHARDS G, 2007. The Meaning of Cultural Festivals[J]. International Journal of Cultural Policy, 13(1): 103-122.

CRICHOW M A, ARMSTRONG P, 2010. Carnival Praxis, Carnivalesque Strategies and Atlantic Interstices [J]. Social Identities, 16 (4): 399-414.

CRISSMAN L W, 1967. The Segmentary Structure of Urban Overseas

Chinese Communities[J]. Man, 2: 185-204.

CULLEN C, 2000. Global Graphics[M]. Gloucester: Rockport Publishers.

DAY R, DAY J, 1977. A Review of the Current State of Negotiated Order Theory: An Appreciation and a Critique[J]. Sociological Quarterly, 18 (1): 126-142.

DECROP A, 1999. Triangulation in Qualitative Tourism Research[M]. Amsterdam: Elsevier.

DENSCOMBE M, 1998. The Good Research Guide: For Small-scale Social Research Projects[M]. Buckingham: Open University Press.

DENZIN N K, LINCOLN Y S, 2000. The Discipline and Practice of Qualitative Research[M]//DENZIN N K, LINCOLN Y S. The SAGE Handbook of Qualitative Research. Thousand Oaks: Sage Publications, 1-32.

DJURIC I, 2003. The Croatian Diaspora in North America: Identity, Ethnic Solidarity, and the Formation of a "Transnational National Community"[J]. International Journal of Politics, Culture and Society, 17(1): 113-130.

DOBBS J, GREEN H, ZEALEY L, 2006. Focus on Ethnicity and Religion [M]. London: HMSO.

DU W, 1998. Xiaopin: Chinese Theatrical Skits as Both Creatures and Critics of Commercialism[J]. The China Quarterly, 154: 382-399.

DUBEY A, 2006. Culture, Media and Market in Three Asian Regions[J]. India Media Studies Journal, 1(1): 11-24.

DUNDES A, FALASSI A, 1975. La Terra in Piazza: An Interpretation of the Palio of Siena[M]. Berkeley: University of California Press.

DURKHEIM E, 1976. The Elementary Forms of the Religious Life[M]. London: George Allen & Unwin Ltd.

EAGLETON T, 1981. Walter Benjamin: Or Towards a Revolutionary Criticism[M]. London: New Left Books.

EBERHARDT N, 2009. Rite of Passage or Ethnic Festival? Shan Buddhist Novice Ordinations in Northern Thailand[J]. Contemporary Buddhism, 10(1): 51-63.

ECO U, 1984. The Frames of Comic "Freedom"[M]//SEBEOK T A.

Carnival!. Berlin: Mouton Publishers.

EDERHARD W, 1987. The Dragon-boat Festival[M]//FALASSI A. Time Out of Time: Essays on the Festival. Albuquerque: University of New Mexico Press, 286-299.

EDMONDSON L, 1986. Black America as a Mobilizing Diaspora: Some International Implications[M]//SHEFFER G. Modern Diasporas in International Politics. London: Croom Helm, 164-211.

ESMAN M J, 1986a. The Chinese Diaspora in Southeast Asia[M]//SHEFFER G. Modern Diasporas in International Politics. London: Croom Helm, 130-163.

ESMAN M J, 1986b. Diaspora and International Relations[M]//SHEFFER G. Modern Diasporas in International Politics. London: Croom Helm, 333-349.

ESMAN M J, 2009a. Diasporas and International Relations[M]//ESMAN M J. Diasporas in the Contemporary World. Cambridge: Polity Press, 120-132.

ESMAN M J, 2009b. Diasporas in the Contemporary World[M]. Cambridge: Polity Press.

EVANS M, 1988. The Researcher as Research Tool[M]//EYLES J, SMITH D M. Qualitative Methods in Human Geography. Cambridge: Polity Press, 197-218.

EZZY D, 2002. Qualitative Analysis: Practice and Innovation[M]. Crows Nest, Australis: Allen & Unwin.

FALASSI A, 1987. Time Out of Time: Essays on the Festival[M]. Albuquerque: University of New Mexico Press.

FERRIS L, 2010. Incremental Art: Negotiating the Route of London's Notting Hill Carnival[J]. Social Identities, 16(4): 519-536.

FEUERWERKER A, 1974. China and the Overseas Chinese: A Study of Peking's Changing Policy, 1949-1970[J]. The China Quarterly, 57: 170-172.

FJELL L, 2007. Contemporary Festival: Polyphony of Voices and Some New Agents[J]. Studia Ethnologica Croatica, 19(1): 129-149.

FLICK U, 1998. An Introduction to Qualitative Research[M]. Thousand

Oaks: Sage Publications.

FREEMAN R, 1984. Strategic Management: A Stakeholder Approach[M]. Boston: Pitman Publishing.

FU Y, 2005. Being Chinese-British in the Third Scenario: Identities Represented in Diasporic Fiction [D]. Coventry: University of Warwick.

FU Y, LONG P, THOMAS R, 2015. Diaspora Community Festivals and Tourism: A UK Perspective[M]//NEWBOLD C, MAUGHAN C, JORDAN J, et al. Focus on Festivals: Contemporary European Case Studies and Perspectives. Oxford: Goodfellow Publishers, 201-213.

GALANI-MOUTAFI V, 2000. The Self and the Other Traveler, Ethnographer, Tourist[J]. Annals of Tourism Research, 27(1): 203-224.

GARAPICH M P, 2008. Odyssean Refugees, Migrants and Power: Construction of the "Other" and Civic Participation Within the Polish "Community" in the United Kingdom[M]//REED-DANAHAY D, BRETTELL C B. Citizenship, Political Engagement, and Belonging: Immigrants in Europe and the United States. Piscataway: Rutgers University Press, 124-143.

GAUTHIER J L, 2009. Selling Alberta at the Mall: The Representation of a Canadian Province at the 2006 Smithsonian Folklife Festival [J]. International Journal of Cultural Studies,12(6): 639-659.

GEERTZ C, 1973. Ritual and Social Change: A Javanese Example[M]// GEERTZ C. The Interpretation of Cultures. New York: Basic Books.

GETZ D, 1997. Event Management and Event Tourism[M]. New York: Cognizant Communication Corporation.

GETZ D, 2008. Event Tourism: Definition, Evolution, and Research[J]. Tourism Management, 29(3): 403-428.

GETZ D, 2010. The Nature and Scope of Festival Studies[J]. International Journal of Event Management Research, 5(1): 1-47.

GETZ D, ANDERSSON T, LARSON M, 2007. Festival Stakeholder Roles: Concepts and Case Studies[J]. Event Management, 8(3): 127-139.

GHORASHI H, 2004. How Dual is Transnational Identity? A Debate on

Dual Positioning of Diaspora Organisations [J]. Culture and Organization, 10(4): 329-340.

GILROY P, 1993. The Black Atlantic: Modernity and Double Consciousness [M]. London: Verso.

GLUCKMAN M, 1963a. Order and Rebellion in Tribal Africa[M]. London: Cohen & West.

GLUCKMAN M, 1963b. Rituals of Rebellion in South-east Africa[M]// GLUCKMAN M. Order and Rebellion in Tribal Africa. New York: The Free Press, 110-136.

GOLD R L, 1969. Roles in Sociological Field Observation[M]//MCCALL G J, SIMMONS J L. Issues in Participant Observation: A Text and Reader. London: Addison Wesley, 30-39.

GOODSON L, PHILLIMORE J, 2004. The Inquiry Paradigm in Qualitative Tourism Research[M]//PHILLIMORE J, GOODSON L. Qualitative Research in Tourism: Ontologies, Epistemologies and Methodologies. London: Routledge, 30-45.

GOULBOURNE H, 1991. Ethnicity and Nationalism in Post-imperial Britain [M]. Cambridge: Cambridge University Press.

GOVE P B, 1961. Webster's Third New International Dictionary [M]. London: Bell.

GREEN G L, SCHER P W, 2007. Trinidad Carnival: The Cultural Politics of a Transnational Festival [M]. Bloomington: Indiana University Press.

Guangzhou Daily, 2010. The New Generation of Overseas Chinese MA Students in the UK[EB/OL]. [2011-01-10]. http://cg. yuloo. com/yguo/jywh/391717. html.

GUBA E G, LINCOLN Y S, 1994. Competing Paradigms in Qualitative Research[M]// DENZIN N K, LINCOLN Y S. The SAGE Handbook of Qualitative Research. Thousand Oaks: Sage Publications, 105-117.

GUMMESSON E, 1996. Relationship Marketing and Imaginary Organisations: A Synthesis[J]. European Journal of Marketing, 30 (2): 31-44.

HALEY G T, TAN C T, HALEY U C V, 1998. New Asian Emperors: The

Overseas Chinese, Their Strategies and Competitive Advantages[M]. Oxford: Butterworth Heinemann.

HALL M, 2004. Reflexivity and Tourism Research: Situating Myself and/with Others [M]// PHILLIMORE J, GOODSON L. Qualitative Research in Tourism: Ontologies, Epistemologies and Methodologies. London: Routledge, 137-155.

HALL S, 1990. Cultural Identity and Diaspora[M]//RUTHERFORD J. Identity: Community, Culture, Difference. London: Lawrence & Wishart, 222-237.

HELLGREN B, STJERNBERG T, 1995. Design and Implementation in Major Investments: A Project Network Approach[J]. Scandinavian Journal of Management, 11(4): 377-394.

HELWEG A W, 1986. The Indian Diaspora: Influence on International Relations[M]//SHEFFER G. Modern Diasporas in International Politics. London: Croom Helm, 103-129.

HO P, 1962. The Ladder of Success in Imperial China[M]. New York: Columbia University Press.

House of Commons, 1985a. 2nd Report from the Home Affairs Committee: Chinese Community in Britain (Volume 1)[R]. London: HMSO.

House of Commons,1985b. 2nd Report from the Home Affairs Committee: Chinese Community in Britain (Volume 2)[R]. London: HMSO.

House of Commons, 1985c. 2nd Report from the Home Affairs Committee: Chinese Community in Britain (Volume 3)[R]. London: HMSO.

HUMPHREY C, 2001. The Politics of Carnival: Festive Misrule in Medieval England[M]. Manchester: Manchester University Press.

HUXHAM C, 1996. Collaboration and Collaborative Advantage [M]// HUXHAM C. Creating Collaborative Advantage. London: Sage Publications, 1-18.

HYLTON K, 2010a. Talk the Talk, Walk the Walk: Defining Critical Race Theory in Research[EB/OL]. [2011-01-20]. https://core.ac.uk/download/pdf/29018817.pdf.

HYLTON K, 2011b. Introduction: "Race" and Culture in Tourism, Leisure and Events[J]. Journal of Policy Research in Tourism, Leisure and

Events, 3(2): 105-108.

IONESCU D, 2005. Engaging Diasporas as Development Partners, for Home and Destination Countries[C]. New York: United Nations.

JACKSON P, 1987. Street Life: The Politics of Carnival[J]. Environment and Planning D: Society and Space, 6(2): 213-227.

JACKSON P, 1992. The Politics of the Streets: A Geography of Caribana [J]. Political Geography, 11(2): 130-151.

JACOBS J B, 1979. A Preliminary Model of Particularistic Ties in Chinese Political Alliances: Kan-ch'ing and Kuan-hsi in a Rural Taiwanese Township[J]. The China Quarterly, 78: 237-273.

JAMAL T B, GETZ D, 1995. Collaboration Theory and Community Tourism Planning[J]. Annals of Tourism Research, 22(1): 186-204.

JOHNSON D, 1985. Communication, Class, and Consciousness in Late Imperial China[M]//JOHNSON D, NATHAN A J, RAWSKI E S. Popular Culture in Late Imperial China. Berkeley: University of California Press, 34-73.

JOHNSON H, 2007. "Happy Diwali!" Performance, Multicultural Soundscapes and Intervention in Aotearoa/New Zealand [J]. Ethnomusiology Forum, 16(1): 71-94.

JONES D, 1979. The Chinese in Britain: Origins and Development of a Community[J]. New community, 7(3): 317-402.

JOPPKE C, 1996. Multiculturalism and Immigration: A Comparison of the United States, Germany, and Great Britain[J]. Theory and Society, 25(4): 449-550.

KAEPPLER A L, 1987. Pacific Festivals and Ethnic Identity [M]// FALASSI A. Time Out of Time: Essays on the Festival. Albuquerque: University of New Mexico Press, 162-170.

KASINITZ P, 1992. Caribbean New York: Black Immigrants and the Politics of Race[M]. New York: Cornell University Press.

KELLY T, 2010. The Peking Pound: China's Gucci Generation Splurge £1bn in UK Sales[EB/OL]. [2011-01-02]. http://www.dailymail.co.uk/femail/article-1342311/UK-SALES-Chinas-Gucci-generation-splurge-1bn.html.

KING A Y-C, 1991. Kuan-hsi and Network Building: A Sociological Interpretation[M]//TU W M. The Living Tree: The Changing Meaning of Being Chinese Today. Stanford: Stanford University Press, 109-126.

KIRSHENBLATT-GIMBLETT B, 1998. Destination Culture: Tourism, Museums, and Heritage[M]. Berkeley: California University Press.

KUMAR V, 2004. Understanding Dalit Diaspora[J]. Economic and Political Weekly, 39(1): 114-116.

LABRADOR R N, 2002. Performing Identity: The Public Presentation of Culture and Ethnicity Among Filipinos in Hawai'i[J]. Journal of Cultural Research, 6(3): 287-307.

LAI H M, 2003. Organisations Among Chinese in America Since the Second World War[M]//WANG L C, WANG G W. The Chinese Diaspora: Selected Essays (Volume I). Singapore: Eastern Universities Press, 293-344.

LARSON M, 2002. A Political Approach to Relationship Marketing: Case Study of the Storsjöyran Festival[J]. International Journal of Tourism Research, 4(2): 119-143.

LARSON M, WIKSTR M E, 2001. Organizing Event: Managing Conflict and Consensus in a Political Market Square[J]. Event Management, 7: 51-65.

LAU S C K, 2002. Chinatown Britain[M]. London: Chinatown Online.

LEUNG K F K, 1996. The Leisure Experience of Chinese Women in Sheffield[D]. Sheffield: University of Sheffield.

LEW A A, WONG A, 2004. Sojourners, Guanxi and Clan Associations: Social Capital and Overseas Chinese Tourism to China[M]//COLES T, TIMOTHY D J. Tourism, Diasporas and Space. London: Routledge, 202-213.

LIM P P H, 2000. Genealogy and Tradition Among the Chinese of Malaysia and Singapore[M]//HUANG C, ZHUANG G, KYOKO T. New Studies on Chinese Overseas and China. Leiden: International Institute for Asian Studies, 47-66.

LITTLE S L, FARRELL P, 1989. Conflict Resolution Process for

Successful Leisure Service Delivery [J]. Journal of Park and Recreation Administration, 31-41.

LIU X, 1997. Space, Mobility, and Flexibility: Chinese Villagers and Scholars Negotiate Power at Home and Abroad [M]//ONG A, NONINI D. Ungrounded Empires: The Cultural Politics of Modern Chinese Transnationalism. New York: Routledge, 91-114.

LOFLAND J, LOFLAND L H, 1984. Analysing Social Settings: A Guide to Qualitative Observation and Analysis[M]. Belmont: Wadsworth.

LONG P, 1997a. Researching Tourism Partnership Organisations: From Practice to Theory to Methodology [M]//MURPHY P. Quality Management in Urban Tourism. Chichester: John Wiley, 235-252.

LONG P, 2000b. After the Event: Perspectives on Organizational Parternerships in the Management of a Themed Festival Year[J]. Event management, 6(1): 45-59.

LONG P, SUN X, 2006. Recreating China in the North of England: Forms and Functions of Chinese New Year Festivals [J]. Festivals and Events: Beyond Economic Impacts. Vol 2: Case Studies in Festival and Event Marketing and Cultural Tourism, LSA No. 92: 105-124.

LOUIE A, 1997. Re-negotiating and Re-rooting Chinese Identities in the "Diaspora"[D]. Berkeley: University of California.

LU S H-P, 1997. Art, Culture, and Cultural Criticism in Post-new China [J]. New Literary History, 28(1): 111-133.

LYMAN S M, 1974. Chinese Americans[M]. New York: Random House.

LYNN I L, 1982. The Chinese Community in Liverpool: Their Unmet Needs with Respect to Education, Social Welfare and Housing [M]. Liverpool: University of Liverpool.

MA L J C, 2003. Space, Place, and Transnationalism in the Chinese Diaspora[M]//MA L J C, Cartier C. The Chinese Diaspora: Space, Place, Mobility, and Identity. Lanham: Rowman & Littlefield, 1-49.

MACALOON J J, 1983. La Pitada Olímpica: Puerto Rico, International Sport, and the Constitution of Politics[M]//BRUNER E M. Text, Play, and Story: The Construction and Reconstruction of Self and Society. Washington D. C.: The American Ethnological Society, 315-355.

MACDONALD J S, MACDONALD L D, 1964. Chain Migration Ethnic Neighborhood Formation and Social Networks[J]. The Milbank Memorial Fund Quarterly, 42: 82-97.

MACKIE J, 2003. Thinking About the Chinese Overseas[J]. American Asian Review, XXI (4).

MACLEOD N E, 2006. The Placeless Festival: Identity and Place in the Post-modern Festival[M]//SMITH M K, ROBINSON M. Cultural Tourism in a Changing World: Politics, Participation and Representation. Clevedon: Channel View Publications, 222-236.

MACLINCHEY K A, 2008. Urban Ethnic Festivals, Neighbourhoods, and the Multiple Realities of Marketing Place[J]. Journal of Travel and Tourism Marketing, 25(3): 251-264.

MAGLIOCCO S, 2006. The Two Madonnas: The Politics of Festival in a Sardinian Community[M]. 2nd ed. Long Grove: Waveland Press.

MAY J P, 1978. The Chinese in Britain 1860-1914[M]//HOLMES C. Immigrants and Minorities in British Society. London: Allen and Unwin, 114-124.

MAY T, 2001. Social Research: Issues, Methods and Process[M]. Buckingham: Open University Press.

MAYFIELD T L, CROMPTON J, 1995. Development of an Instrument for Identifying Community Reason for Staging a Festival[J]. Journal of Travel Research, 33: 37-44.

MELUCCI A, 1996. Challenging Codes: Collective Action in the Information Age[M]. Cambridge: Cambridge University Press.

Meridien pure, 2006. Community Profile: Chinese[M]. Warrington: Meridien pure.

MEYER J-B, BROWN M, 1999. Scientific Diasporas: A New Approach to the Brain Drain[C/OL]. Budapest: UNESCO-ICSU [2011-01-10]. http://unesdoc.unesco.org/images/0011/001163/116330eo.pdf.

MILES M B, HUBERMAN M A, 1994. Qualitative Data Analysis: An Expanded Sourcebook[M]. Thousand Oaks: Sage Publications.

MISETIC A, SABOTIC I, 2006. Days of Radunica: A Street Festival in the Croatian Town of Split[M]//PICARD D, ROBINSON M. Festivals,

Tourism and Social Change: Remaking Worlds. Clevedon: Channel View Publications, 119-132.

MITCHELL R K, AGLE B R, WOOD D J, 1997. Toward a Theory of Stakeholder Identification and Salience: Defining the Principle of Who and What Really Counts[J]. The Academy of Management Review, 22(4): 853-886.

MORGAN G, 1986. Images of Organization [M]. Beverly Hills: Sage Publications.

MUIR I D, 1986. Use of Project Management in the Organization of Major Motor Sport Events[J]. Project Management, 4(2): 82-86.

NAIRN T, 1981. The Break-up of Britain: Crisis and Neo-nationalism[M]. London: Verso.

NEWELL V, 1989. A Note on the Chinese New Year Celebration in London and Its Socio-economic Background[J]. Western Folklore, 48(1): 61-66.

NG S, 1995. The Sheffield Chinese Community: Understanding Your Needs [M]. Sheffield: Sheffield Libraries.

Office for National Statistics, 2010. Current Estimates: Population Estimates by Ethnic Group Mid-2007(E)xperimental [R]. Newport: Office for National Statistics.

ONIONS C T, 1973. The Shorter English Dictionary [M]. Oxford: Clarendon Press.

OSTROM E, 2000. Social Capital: A Fad or Fundamental Concept? [M]// DASGUPTA P, SERAGELDIN I. Social Capital: A Multifaceted Perspective. Washington D. C. : World Bank, 172-214.

PAN L, 1999. Encyclopedia of the Chinese Overseas [M]. Cambridge: Harvard University Press.

PARKER D, 1995. Through Different Eyes: The Cultural Identities of Young Chinese People in Britain[M]. Aldershot: Avebury.

PATTON M Q, 1987. How to Use Qualitative Methods in Evaluation[M]. California: Sage Publications.

PATTON M Q, 2002. Qualitative Research and Evaluation Methods[M]. Thousand Oaks: Sage Publications.

People's Daily Online, 2010. No Need to Fuss over Confucius Institutes[EB/OL]. [2011-01-10]. http://www. chinadaily. com. cn/opinion/2010-08/14/content_11153143. htm.

PETRUCCI P R, MIYAHIRA K, 2008. International Collaboration and Management of Linguistic Resources at a Diaspora Festival in Okinawa[J]. Current Issues in Language Planning, 10(2): 199-220.

PFEFFER J, SALANCIK G, 1978. The External Control of Organizations: A Resource-dependence Perspective [M]. New York: Haper and Row.

PICARD D, ROBINSON M, 2006. Remaking Worlds: Festivals, Tourism and Change[M]//PICARD D, ROBINSON M. Festivals, Tourism and Social Change: Remaking Worlds. Clevedon: Channel View Publications, 1-31.

PIEKE F N, 1998. Introduction[M]//BENTON G, PIEKE F N. The Chinese in Europe. Basingstoke: Macmillan, 1-17.

PIEPER J, 1999. In Tune with the World: A Theory of Festivity[M]. Souch Bend: St. Augustine's Press.

PORTES A, 1998. Social Capital: Its Origins and Applications in Modern Sociology[J]. Annual Review of Sociology, 24(1): 1-24.

PUTNAM R, 1993a. The Prosperous Community: Social Capital and Public Life[J/OL]. The American Prospect, 4(13) [2010-06-10]. http://www. prospect. org/cs/articles? article=the_prosperous_community.

PUTNAM R, 1995b. Bowling Alone: America's Declining Social Capital[J]. Journal of Democracy, 6(1): 65-78.

PUTNAM R, 1995c. Tuning in, Tuning out: The Strange Disappearance of Social Capital in America[J]. Political Science and Politics, 28(4): 664-683.

RAO Y, 2007. The Origin and Development of the Culture of Dragon and Lion Dancing[J]. Journal of PLA Institute of Physical Education, 26(1): 90-92.

RATTANSI A, 1995. Just Framing: Ethnicities and Racisms in a "Postmodern" Framework[M]//NICHOLSON L, SEIDMAN S. Social Postmodernism: Beyond Identity Politics. Cambridge:

Cambridge University Press, 250-286.

RITCHIE S, 1993. Ventriloquist Folklore: Who Speaks for Representation? [J]. Western Folklore, 52(2/4): 365-378.

ROBERTSON M, CHAMBERS D, FREW E, 2007. Events and Festivals: Current Trends and Issues[J]. Managing Leisure, 12: 2-3, 99-101.

ROCHE M, 1994. Mega-events and Urban Policy[J]. Annals of Tourism Research, 21(1): 1-19.

SAFRAN W, 1991. Diasporas in Modern Societies: Myths of Homeland and Return[J]. Diaspora, 1(1): 83-89.

SAID E W, 1978. Orientalism[M]. London: Penguin.

SANDERCOCK L, 2004. Reconsidering Multiculturalism: Towards an Intercultural Project[M]//WOOD P, LANDRY C. Intercultural City Reader: Planning for Diversity Advantage. Stroud: Comedia, 16-22.

SCHECHNER R, 2005. 人类表演学的现状、历史和未来[J]. 孙惠柱,译. 戏剧艺术,5:4-9.

SCHER P W, 1999. West Indian American Day: Becoming a Tile in the Gorgeous Mosaic: Western Indian American Day in Brooklyn[M]// PULIS J W. Religion, Diaspora, and Cultural Identity: A Reader in the Anglophone Caribbean. New York: Gordon and Breach, 45-66.

SHANG A, 1984. The Chinese in Britain[M]. London: Batsford Academic and Educational.

SHANG Q, 2004. The Cultural Origin of Lion Dance[J]. Journal of Nanjing Institute of Physical Education, 18(6): 183-184.

SHEFFER G, 1986. A New Field of Study: Modern Diasporas in International Politics[M]// SHEFFER G. Modern Diasporas in International Politics. London: Croom Helm, 1-15.

SHEFFER G, 2003. Diaspora Politics: At Home Abroad[M]. Cambridge: Cambridge University Press.

Sheffield Chinese New Year Joint Committee, 2004. Programme of Sheffield Chinese New Year Celebration 2004[R]. Sheffield: Sheffield Chinese Community Centre.

Sheffield City Council, 2003a. Sheffield 2001 Census Topic Report: Ethnic Origin[R]. Sheffield: Corporate Policy Unit.

Sheffield City Council, 2010a. Community Assemblies [R]. Sheffield: Sheffield City Council.

SHEN W, 2005. A Study on Chinese Student Migration in the United Kingdom[J]. Asia Europe Journal, 3: 429-436.

SHI Y, 2005. Identity Construction of the Chinese Diaspora, Ethnic Media Use, Community Formation, and the Possibility of Social Activism [J]. Continuum, 19(1): 55-72.

SHUKLA S, 1997. Building Diaspora and Nation: The 1991 "Cultural Festival of India"[J]. Cultural Studies, 11(2): 296-315.

SHUM K, 1997. Needs of Mandarin-speaking Chinese People in Sheffield [M]. Sheffield: Sheffield Libraries and Information Services.

SHUM K, 2006. Sheffield Chinese Community Directory [M]. Sheffield: Sheffield Libraries and Information Services.

SHUVAL J T, 2000. Diaspora Migration: Definitional Ambiguities and a Theoretical Paradigm[J]. International Migration, 38(5): 41-56.

SILVERMAN D, 1985. Qualitative Methodology and Sociology: Describing the Social World[M]. Aldershot: Gower.

SINN E, WONG W-L, 2005. Place, Identity and Immigrant Communities: The Organisation of the Yulan Festival in Post-war Hong Kong[J]. Asia Pacific Viewpoint, 46(3): 295-306.

SKELDON R, 1994. Reluctant Exiles? Migration from Hong Kong and the New Overseas Chinese[M]. Hong Kong: University of Hong Kong Press.

SKINNER G W, 1957. Chinese Society in Thailand: An Analytical History [M]. Ithaca: Cornell University Press.

SMITH G, WILSON A, 1997. Rethinking Russia's Post-Soviet Diaspora: The Potential for Political Mobilisation in Eastern Ukraine and North-east Estonia[J]. Europe-Asia Studies, 49(5): 845-864.

SNAVELY K, TRACY M B, 2000. Collaboration Among Rural Nonprofit Organizations[J]. Nonprofit Management and Leadership, 11(2): 145-165.

SOKEFELD M, 2006. Mobilizing in Transnational Space: A Social Movement Approach to the Formation of Diaspora [J]. Global

Networks, 6(3): 265-284.

SPIROPOULOS S, GARGALIANOS D, SOTIRIADOU K, 2006. The 20th Greek Festival of Sydney: A Stakeholder Analysis [J]. Event Management, 9: 169-183.

STAKE R, 1995. The Art of Case Research [M]. Newbury Park: Sage Publications.

STALLYBRASS P, WHITE A, 1986. The Politics and Poetics of Transgression[M]. Ithaca: Cornell University Press.

STARR D, 2009. Chinese Language Education in Europe: The Confucius Institutes[J]. European Journal of Education, 44(1): 65-82.

STEINFATT T M, ROGERS E M, 2004. Intercultural Communication [M]//WOOD P. Intercultural City Reader. Stroud: Comedia, 190-204.

STOELTJE B J, 1992. Festival [M]//BAUMAN R. Folklore, Cultural Performances, and Popular Entertainments: A Communications-centered Handbook. New York: Oxford University Press, 261-271.

SUM N-L, 1999. Rethinking Globalization: Re-articulating the Spatial Scale and Temporal Horizons of Trans-border Spaces [M]//OLDS K, DICKEN P, KELLY P F, et al. Globalisation and the Asia-Pacific: Contested Territories. London: Routledge, 124-139.

TAJADA G, 2008. Transnationalism and Diaspora Resources Having an Impact on Development in the Homelands [C]. Barcelona: International Sociological Association.

The Journal, 2009. I've Been Invited by the Prime Minister and Foreign Secretary to 10 Downing Street, the Only One from the North East [EB/OL]. [2011-01-02]. https://www. questia. com/newspaper/1G1-192152841/i-ve-been-invited-by-the-prime-minister-and-foreign.

THORELLI H, 1986. Networks: Between Markets and Hierarchies [J]. Strategic Management Journal, 7: 37-51.

TORRES M D L A, 2001. In the Land of Mirrors: Cuban Exile Politics in the United States[M]. Ann Arbor: University of Michigan Press.

TRIBE J, 2004. Knowing About Tourism: Epistemological Issues [M]// PHILLIMORE J, GOODSON L. Qualitative Research in Tourism:

Ontologies, Epistemologies and Methodologies. London: Routledge, 46-62.

TRIST E, 1977. Collaboration in Work Settings: A Personal Perspective[J]. Journal of Applied Behavioral Science, 13(3): 268-278.

TSAGAROUSIANOU R, 2004. Rethinking the Concept of Diaspora: Mobility, Connectivity and Communication in a Globalised World[J]. Westminster Papers in Communication and Culture, 1(1): 52-66.

TU W-M, 1994a. Cultural China: The Periphery as the Center[M]//TU W-M. The Living Tree: The Changing Meaning of Being Chinese Today. Stanford: Stanford University Press, 1-34.

TU W-M, 1994b. Preface to the Stanford Edition[M]//TU W-M. The Living Tree: The Changing Meaning of Being Chinese Today. Stanford: Stanford University Press, v-viii.

TURNER V, 1967. The Forest of Symbols: Aspects of Ndembu Ritual[M]. New York: Cornell University Press.

TURNER V, 1995. The Ritual Process: Structure and Anti-structure[M]. New York: Aldine De Gruyter.

VAHED G, 2002. Construction of Community and Identity Among Indians in Colonial Natal, 1860-1910: The Role of the Muharram Festival[J]. The Journal of African History, 43(1): 77-93.

Visit London, 2012. Chinese New Year 2013[EB/OL]. [2012-12-09]. http://www.visitlondon.com/.

WANG G, 1991. China and the Chinese Overseas[M]. Singapore: Times Academic Press.

WANG G, 1994. Among Non-Chinese[M]//TU W-M. The Living Tree: The Changing Meaning of Being Chinese Today. Stanford: Stanford University Press, 127-147.

WANG G, 2003a. Preface[M]//WANG L C, WANG G W. The Chinese Diaspora: Selected Essays (Volume I). Singapore: Eastern Universities Press, vii-ix.

WANG G, 2003b. The Status of Overseas Chinese Studies[M]//WANG L C, WANG G W. The Chinese Diaspora: Selected Essays (Volume I). Singapore: Eastern Universities Press, 1-13.

WATSON J L, 1975. Emigration and the Chinese Lineage: The Mans in Hong Kong and London [M]. Berkeley: Berkeley University of California Press.

WATSON J L, 1977a. The Chinese: Hong Kong Villagers in the British Catering Trade [M]//WATSON J L. Between Two Cultures: Migrants and Minorities in Britain. Oxford: Blackwell, 181-213.

WATSON J L, 1977b. Introduction: Immigration, Ethnicity, and Class in Britain[M]//WATSON J L. Between Two Cultures: Migrants and Minorities in Britain. Oxford: Blackwell, 1-20.

WATT D C, 1998. Event Management in Leisure and Tourism [M]. Harlow: Addison Wesley Longman Ltd.

WHITE P, WINCHESTER H, GUILLON M, 1987. South-east Asian Refugees in Paris: The Revolution of a Minority Community [J]. Ethnic and Racial Studies, 10(1): 48-61.

WHYTE W F, 1984. Learning from the Field: A Guide from Experience [M]. London: Sage Publications.

WILLMOTT D E, 1960. The Chinese of Semarang: A Changing Minority Community in Indonesia[M]. Ithaca: Cornell University Press.

WINTHROP R H, 1991. Dictionary of Concepts in Cultural Anthropology [M]. New York: Greenwood.

WONG B P, 1982. Chinatown: Economic Adaptation and Ethnic Identity of the Chinese[M]. London: Holt, Rinehart and Winston.

WONG M L, 1989. Chinese Liverpudlians: A History of the Chinese Community in Liverpool[M]. Liverpool: Liver Press.

WOOD E, THOMAS R, 2006. Measuring Cultural Values: The Case of Residents' Attitudes to the Saltaire Festival[J]. Tourism Economics, 12(1): 137-146.

WOON Y-F, 1989. Social Change and Continuity in South China: Overseas Chinese and the Guan Lineage of Kaiping County, 1949-87[J]. The China Quarterly, 118: 324-344.

WU D Y-B, 1994. The Construction of Chinese and Non-Chinese Identities [M]//TU W-M. The Living Tree: The Changing Meaning of Being Chinese Today. Stanford: Stanford University Press, 148-167.

XIE S, 2008. Sheffield Chinese Community Memory Book[M]. Sheffield: Sheffield Galleries and Museum Trust.

YAGHMOUR S, SCOTT N, 2009. Inter-organizational Collaboration Characteristics and Outcomes: A Case Study of Jeddah Festival[J]. Journal of Policy Research in Tourism, Leisure and Events, 1(2): 115-130.

YEUNG I Y M, TUNG R, 1996. Achieving Business Success in Confucian Societies: The Importance of Guanxi (C) onnections [J]. Organizational Dynamics, 25(2): 54-65.

YIN R K, 2003. Applications of Case Study Research [M]. 2nd ed. Thousand Oaks: Sage Publications.

YOUNG E V, 1994. Conclusion: The State as Vampire-Hegemonic Projects, Public Ritual, and Popular Culture in Mexico, 1600-1990 [M]//BEEZLEY W H, MARTIN C E, FRENCH W E. Rituals of Rule, Rituals of Resistance: Public Celebrations and Popular Culture in Mexico. Wilmington: SR Books, 343-374.

ZEITLER E, 2009. Creating America's "Czech capital": Ethnic Identity and Heritage Tourism in Wilber, Nebraska [J]. Journal of Heritage Tourism, 4(1): 73-85.

ZHANG Y E A, 1992. The Life of Overseas Chinese and Ethnic Chinese in Britain: A Handbook[M]. Hong Kong: Wen Wei Po.

ZHAO B, 1998. Popular Family Television and Party Ideology: The Spring Festival Eve Happy Gathering[J]. Media, Culture & Society, 20(1): 43-58.

ZWEIG D, CHEN C, ROSEN S, 1995. China's Brain Drain to the United States: Views of Overseas Chinese Students and Scholars in the 1990s [M]. Berkeley: University of California Press.

ZWEIG D, FUNG C S, HAN D, 2008. Redefining the Brain Drain: China's "Diaspora Option"[J]. Science Technology Society, 13: 1.

陈三井,1986. 华工与欧战[M]. 台北:台湾"中央研究院"近代史研究所.

陈向明,2000. 质的研究方法与社会科学研究[M]. 北京:教育科学出版社.

高丙中,2006. 日常生活的现代与后现代遭遇:中国民俗学发展的机遇与路向[J]. 民间文化论坛,(3):6-14.

李湘远,段丽梅,2004. 西南地区舞龙文化特征及其发展对策[J]. 湖北体育科技,23(2):257-259.

熊培云,2010. 重新发现社会[M]. 北京:新星出版社.

翟学伟,2009. 是"关系",还是社会资本[J]. 社会,29(1):109-121.

张平和,张薇薇,2005. 他们是春的使者——深圳市罗湖文化艺术团 2005 年春节赴欧洲侨界慰问演出侧记[N]. 深圳侨报,2005-03-12(5).

周金华,1997.《春节联欢晚会》的价值取向[J]. 电视研究,(2):43-47.

附　录

附录 1　研究日记(2007 年 8 月 1 日、7 日)

附录 2　研究日记(2008 年 11 月 20 日)

2008年11月20　　Sheffield.　中午.

今天跟 Avian 去拉赞助. 我们去了旺庭酒楼 Wang Ting Restaurant. [illegible]

[illegible]

Avian 跟我说 [illegible] Terry [illegible]

Avian: "你们[illegible] manager [illegible]?" — Cantonese + English.

Staff: "[illegible]" — Cantonese　　OP-LAN (WORK)

(leader)

Avian: "我们[illegible]" — Cantonese.

Staff: "[illegible]" — Cantonese.

Avian: "[illegible]"

Staff: "[illegible]"

Avian 说: It's always like this. u need to be patient.

我问他: 一般哪些人会赞助 CNY Festivals

他说: restaurants. banks. usually restaurants. [illegible] London Road [illegible]"

OP-FM/CHN (mostly)
Cross-Check.

① does it imply: He didn't know the boss of the restaurant very well. at least not as good as Jerry which made his job difficult? FM- personal relationships?

② way of seeking sponsorship. visit the restaurant + Find the key person (manager) or call his number. that means they have contact number close personal relationship?

③ most sponsors are Chinese
check documents

附录 3　研究日记(2008 年 10 月 25 日)

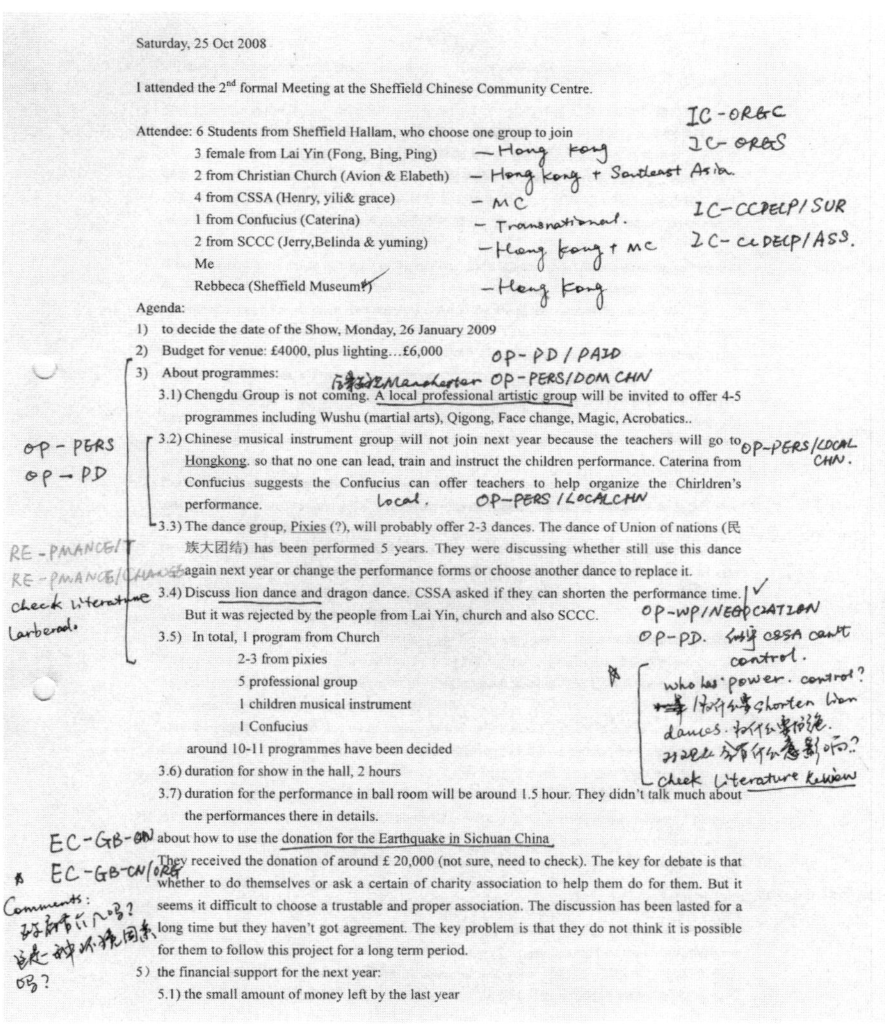

Saturday, 25 Oct 2008

I attended the 2nd formal Meeting at the Sheffield Chinese Community Centre.

Attendee: 6 Students from Sheffield Hallam, who choose one group to join
3 female from Lai Yin (Fong, Bing, Ping)
2 from Christian Church (Avion & Elabeth)
4 from CSSA (Henry, yili& grace)
1 from Confucius (Caterina)
2 from SCCC (Jerry,Belinda & yuming)
Me
Rebbeca (Sheffield Museum)

Agenda:
1) to decide the date of the Show, Monday, 26 January 2009
2) Budget for venue: £4000, plus lighting…£6,000
3) About programmes:
3.1) Chengdu Group is not coming. A local professional artistic group will be invited to offer 4-5 programmes including Wushu (martial arts), Qigong, Face change, Magic, Acrobatics..
3.2) Chinese musical instrument group will not join next year because the teachers will go to Hongkong. so that no one can lead, train and instruct the children performance. Caterina from Confucius suggests the Confucius can offer teachers to help organize the Chirldren's performance.
3.3) The dance group, Pixies (?), will probably offer 2-3 dances. The dance of Union of nations (民族大团结) has been performed 5 years. They were discussing whether still use this dance again next year or change the performance forms or choose another dance to replace it.
3.4) Discuss lion dance and dragon dance. CSSA asked if they can shorten the performance time. But it was rejected by the people from Lai Yin, church and also SCCC.
3.5) In total, 1 program from Church
2-3 from pixies
5 professional group
1 children musical instrument
1 Confucius
around 10-11 programmes have been decided
3.6) duration for show in the hall, 2 hours
3.7) duration for the performance in ball room will be around 1.5 hour. They didn't talk much about the performances there in details.

about how to use the donation for the Earthquake in Sichuan China
They received the donation of around £ 20,000 (not sure, need to check). The key for debate is that whether to do themselves or ask a certain of charity association to help them do for them. But it seems it difficult to choose a trustable and proper association. The discussion has been lasted for a long time but they haven't got agreement. The key problem is that they do not think it is possible for them to follow this project for a long term period.

5) the financial support for the next year:
5.1) the small amount of money left by the last year

附录4 同意书

Yi Fu
Centre for Tourism and Cultural Change
Old School Board
Calverley Street
Leeds
LS1 3ED
UK

Email: y.fu@leedsmet.ac.uk
Web: www.tourism-culture.com
Tel: +44 (0)1138129161
Mobil: +44 (0)7791992789

Briefing: This study is to explore the interrelationships between the Chinese subgroups in Britain through investigating the organisation, production and representation of their CNY festivals.

As a present owner of the copyright in the contributor content (i.e. the words spoken by the interviewee), I hereby assign, such copyright to this research project. I hereby waive any moral rights which I presently own in relation to this work on the understanding that the content will not be used in a derogatory manner and that the author of the contribution will be correctly identified in all uses of it. I understand that no payment is due to me for this assignment and consent. I understand that I am giving Yi Fu the right to use and make available the content of the recorded interview in the following ways:

- use in schools, universities, colleges and other educational establishments, including use in a thesis, dissertation or similar research.
- public performance, conference, lecture or talks
- use in publications
- public reference purposes in libraries, museums & record offices
- use on radio or television
- publication worldwide on the internet

Do you want your name to be disclosed Yes / No

Signed: Name:

Date: Telephone:

Address:

Postcode: Email:

附录 5　采访稿两页

Interview with the Chair of the Choi Lee Fut Kung Fu Dragon and Lion Association
(member of the Newcastle Festivity Group) in Newcastle on July 29, 2009

(FU) Er, is this association you established? Cai Li Fu Wu Hou De Gong Fu Dragon and Lion Association? Are you in charge of this Association?[1]

(A) Yes, I'm in charge of this association and..... I'm the Chairman as well. I'm teaching them Gong Fu.

(Fu)Teaching them Gong Fu, ok. How long has the Association been established?

(A) En, Since 1976. I started by teaching Gong Fu in Newcastle. It has been a long time, more than 30 years.

(Fu) When did you come to UK?

(A) 1976.. because our Chinese ppl were always discriminated by local British. So we can learn Gong Fu for physical fitness to protect ourselves. Because before 1976, those local British were tyrannical, they didn't pay for the food they ordered, or beat us. So some local Chinese here wish I could come to UK to teach them Gong Fu, and they can protect themselves. That's why I started teaching Gong Fu right after I got here, I had about 30 students at that time. I came here when I was 25. (Laughing) Now I'm getting old, hehe. But still healthy, hehe.

(FU) Did you come from Hong Kong or?

(A) I'm from Hong Kong.

(FU) Why did you come to UK at that time?

(A) It's a long story. My older sister owns a shop here, she needed some help. That's why I came here for the first reason. I was teaching Gong Fu in Hong Kong with a proper job at that time, but I still came to help my sister. Many local Chinese know I teach Gong Fu in Hong Kong, so they asked me to teach them. ..Because it's not good for you if you don't know any Gong Fu. Yes, to

[1] 我是这天中午到的，这是一家叫做 Fujiyama（富士山）的中餐馆，要采访的人就是这家餐馆的老板。中午 12 点的时候，饭店还没对外营业。老板头发好卷，不高，长得有点像霍元甲里的陈真。进去之后，就在饭店里面的墙上，看到老板和一些名人的照片，多数是武术表演的时候拍的而不是他们来饭店消费。饭店里很安静，能听清楚对方在讲话。但是因为他的英语口音很重，我有的时候听得不是很清楚，但是多数情况下还是清楚，不太影响交流。老板还在中国大陆有很多家餐馆，比如上海的衡山小馆，这是非常有名的。在上海的时候，我也去过。采访结束的时候，他带我到楼上去看他们舞龙舞狮的装备，楼上很拥挤，厅堂里，还挂着他师傅的像，插着香，似乎刚刚祭拜过。他跟我说，新徒弟的入门仪式也在这里完成。

1

Interview with the Chair of the Choi Lee Fut Kung Fu Dragon and Lion Association
(member of the Newcastle Festivity Group) in Newcastle on July 29, 2009

(Fu) How long is this association has been to the Chinese New Year Celebration in Newcastle?

(A) En...Since 1977.

(Fu) Since you came here?

(A) Yes, I started it right after I got here. It was not an UK association at first, it was Northeast Chinese Association. Yes, we founded one of two associations at that time which was called Chinese Association. They recommended me to teach Gong Fu there, after I had been teaching Gong Fu in Northeast Association for 5-6 years, I decided to start my own association, and have performance every year since then. There weren't so many Chinese take away at that time. Because most of us were doing catering such as take away or restaurant, they need to work in the evening. When they finish work at about 10:30pm or 11:00pm, we all went to a night club called 'Tiffney' where we normally celebrate Chinese New Year at 70th. We usually practise Gong Fu, chatting, drinking, it was a good time to gather all Chinese together. It changed a bit when 80th coming because more shops open. Since then we started Dragon and Lion Dancing.

(Fu) So in 80th?

(A) Yes, because Dragon and Lion Dancing is a team working, you cannot do it by yourself. So we started Dragon and Lion dancing since 1987. Many local British ppl were really interested in it and asked us about Chinese New Year and when is it. Each year in February they would like to come to watch our performance, many media like TV, newspaper and magazine would have some interviews with me before Chinese New Year, same as what you are doing now, asked me about when and where we were going to perform. We had been showed on TV many times, so ppl would know when exactly we had in China Town. (Showing pictures...) This is where we performed in Newcastle, everyone was excited for the New Year, as you can see, we had so many ppl there.

6

附录 6　一份田野笔记

2009.2.8

Newcastle Chinatown.　Traditional / ancient / classic

RE-DEC

The whole Newcastle Chinatown was full of Chinese elements. [illegible]

① [illegible] Chinatown was an "old China"

traditional.

The houses there were decorated or built with classic Chinese architecture features.

Such as the roofs. fake wooden doors. Carved dragon or phoenix.

[illegible]

[illegible] this design is for Chinatown, not particular for CNY ?

RE-COS.

② traditional costume

~~[illegible] interviewer [illegible] the local [illegible]~~

[illegible] 1. [illegible] Chinatown [illegible] staff of ~~[illegible]~~ restaurants. shopkeepers. representatives of Chinese communities who accompanied with the figures of city council. Lord Mayor ?

who ? government ?　EC-Dias-Bri

2. some white foreigners.

3. few Chinese visitors.

[illegible] (visitors) [illegible]

DE-PMANCE/T

③ performance.

mostly traditional performances. {武术 / drama (京剧). / Lion dance. / dragon dance. ([illegible] 传统服装)

[illegible] funfair. [illegible]

I also saw ~~[illegible]~~ some funfair activities, which was quite similar to Liverpool.

④ 红灯笼. 对联. 中国书法 [illegible]

⑤ [illegible]

DE-DEC.

? why to make such traditional atmosphere ? cross-Literature Review. [illegible] between

附录 7　对一张有关谢菲尔德华人社区中心的照片的描述

September 19th 2009

There is a donation list on the wall, which shows who give financial support for the foundation of this SCCC. The biggest amount is 1000 pounds. Then, 985 pounds, 500 pounds, 300 pounds, 100 pounds, 60 pounds, 50 pounds, 30 pounds and below 10 pounds. Almost all of them are Chinese people in terms of their names. Only one British people from Leicester Chinese community Centre. Most of financial supporters are individuals, but there are a few Chinese companies, one supermarket in Britain, one Chinese restaurant, one bank in Hong Kong, and one company (Far East Europe Ltd, maybe?).

There are some posters stuck on "the donation list" about: the England Open Table Tennis Championships, Karaoke singing party and one health examination. Thus, I see the SCCC contributes to improving the leisure lives of and the health of the local Chinese peoples. All the posters are in traditional Chinese language. On the poster about the Table Tennis match, the figure is a famous table tennis player in mainland China. The poster also lists the top three mainland China-origin table tennis players who will attend the match. One reason for this maybe just for the purpose of promoting the match. Another reason, I think, the Hong Kong-origin migrants are also proud of this. The sccc does not earn any money from the promotion. But they seem to be very excited to encourage me to buy the ticket. I guess they also acted in this way when they push other people come to the events, including Chinese and non-Chinese. Table tennis is called "national ball", symbolising PRC. From the poster, I do not see Hong Kong people's emotion of hating mainland china a lot, as some intellectuals said, at least for sports.

How do SCCC set up?

IC-CCDELP

IC-DELP/ASS function of SCCC

IC-DIAS-CHN DIAS-BRI

Interesting

附录 8　田野作业过程中获得档案文件的机构或地点

机　构	档案文件
谢菲尔德华人社区中心	1. 和谢菲尔德春节庆典（2004—2010 年）相关的文件，包括海报、传单、节目单、演讲稿、歌词、照片和录像（如：附录 9） 2. 谢菲尔德春节联合委员会管理文件（2004—2010 年），包括邀请函、基金申请、邮件、备忘录、会议纪要、预算报表、门票销售记录、座位安排记录和感谢信等（如：附录 10）
谢菲尔德市图书馆（Sheffield City Library）	1. 谢菲尔德华人社群索引（从 1995 年开始）（如：附录 11） 2. 谢菲尔德华人社群调查报告，包括关于整个社群（如：附录 12）的以及关于特定子群的（如：附录 13） 3. 部分谢菲尔德华人传记（如：附录 14） 4. 关于某些提供和中国和华人相关服务的华人社团和非华人组织的文件（如：附录 15） 5. 华人社群概况（如：附录 16） 6. 有关谢菲尔德华人社群的学术研究
谢菲尔德孔子学院	有关孔子学院、春节庆典和华人社群的文件，包括孔子学院的概况、孔子学院相关活动的海报以及课程等（如：附录 18）
纽卡斯尔中国城（2009 年纽卡斯尔春节庆典举办地）和华人社团	1. 有关 2009 年纽卡斯尔春节庆典的相关资料，包括活动安排、手册、海报、传单等（如：附录 19） 2. 有关纽卡斯尔春节庆典的媒体报道（如：附录 20） 3. 有关纽卡斯尔春节庆典的管理文件，包括策划书、基金申请、备忘录和会议纪要等（如：附录 21）
2008 年诺丁汉春节庆典的举办地点：老市场广场和皇家中心	有关 2008 年诺丁汉春节庆典的相关资料，包括活动安排、手册、海报、传单、赞助者名单等
诺丁汉迅疾旅行公司（2008 年在皇家中心举办的诺丁汉春节庆典的一个组织者）	有关 2008 年诺丁汉春节庆典的相关资料，包括活动安排、手册、海报、传单、赞助者名单、预算等（如：附录 22）
2009 年利物浦春节庆典的举办地点：中国城和华人社团	有关 2009 年利物浦春节庆典的相关资料，包括活动安排、手册、海报、传单、赞助者名单等（如：附录 23）
利物浦市图书馆	有关利物浦华人社群的调查报告和学术研究
2009 年曼彻斯特春节庆典的举办地点：中国城和华人社团	有关 2009 年曼彻斯特春节庆典的相关资料，包括活动安排、手册、海报、传单等（如：附录 23）
2009 年曼彻斯特学生学者联合会春节庆典的举办地点：皇家北方音乐学院	有关 2009 年曼彻斯特春节庆典的相关资料，包括活动安排、手册、海报、传单等（如：附录 24）

附录 9　谢菲尔德春节庆典海报(2004 年)

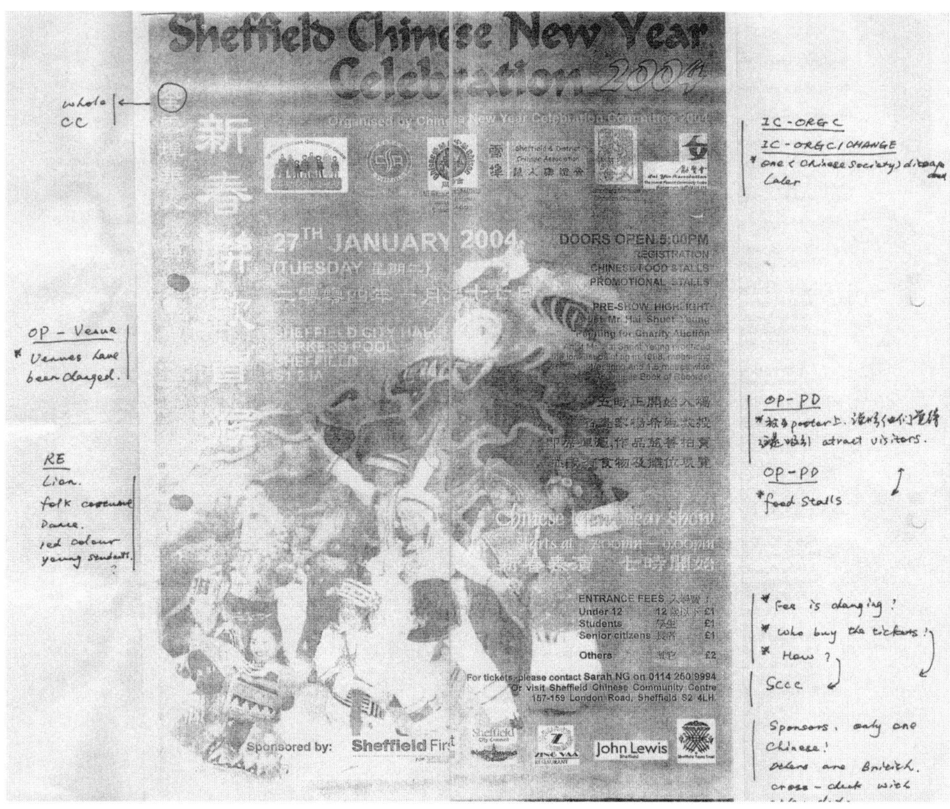

资料来源:谢菲尔德华人社区中心

附录 10　谢菲尔德春节联合委员会的一页会议纪要

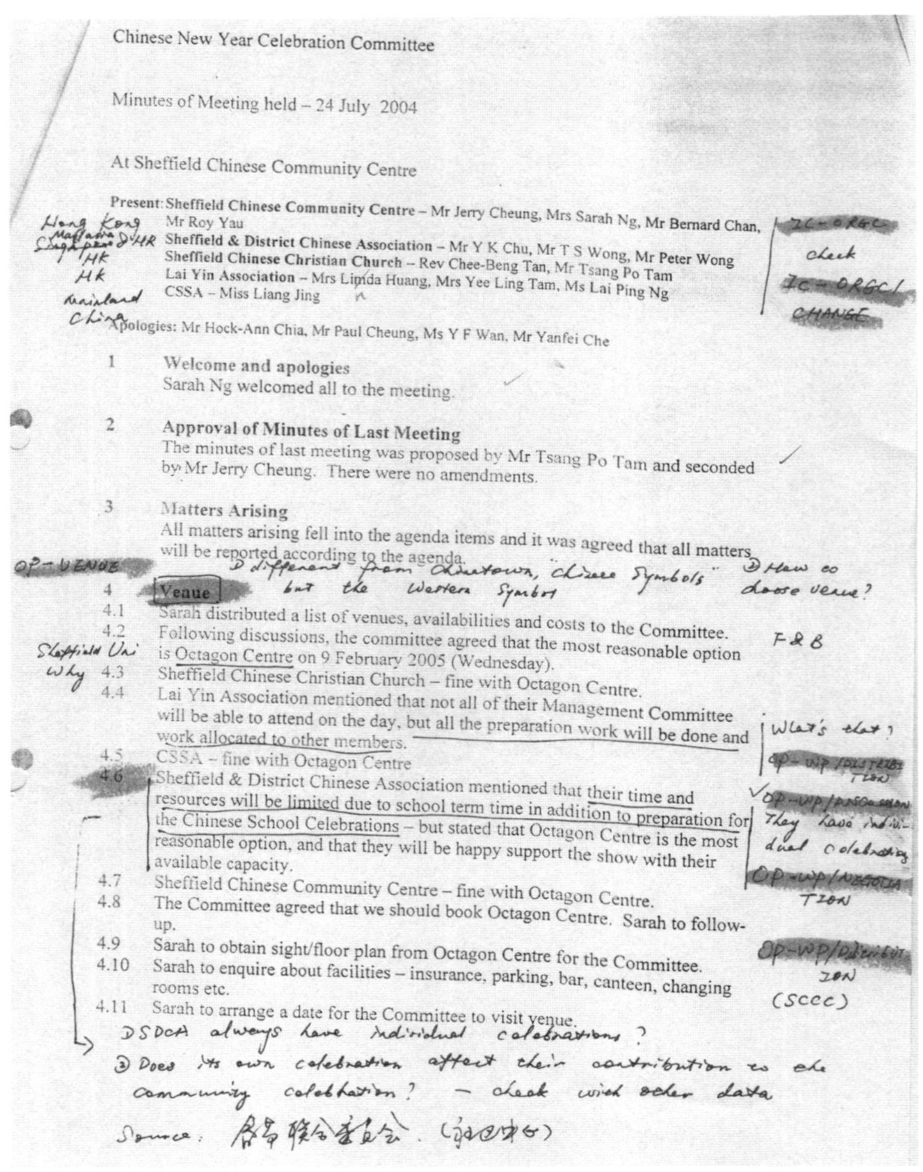

Chinese New Year Celebration Committee

Minutes of Meeting held – 24 July 2004

At Sheffield Chinese Community Centre

Present: Sheffield Chinese Community Centre – Mr Jerry Cheung, Mrs Sarah Ng, Mr Bernard Chan, Mr Roy Yau
Sheffield & District Chinese Association – Mr Y K Chu, Mr T S Wong, Mr Peter Wong
Sheffield Chinese Christian Church – Rev Chee-Beng Tan, Mr Tsang Po Tam
Lai Yin Association – Mrs Linda Huang, Mrs Yee Ling Tam, Ms Lai Ping Ng
CSSA – Miss Liang Jing

Apologies: Mr Hock-Ann Chia, Mr Paul Cheung, Ms Y F Wan, Mr Yanfei Che

1 **Welcome and apologies**
Sarah Ng welcomed all to the meeting.

2 **Approval of Minutes of Last Meeting**
The minutes of last meeting was proposed by Mr Tsang Po Tam and seconded by Mr Jerry Cheung. There were no amendments.

3 **Matters Arising**
All matters arising fell into the agenda items and it was agreed that all matters will be reported according to the agenda.

4 **Venue**
4.1 Sarah distributed a list of venues, availabilities and costs to the Committee.
4.2 Following discussions, the committee agreed that the most reasonable option is Octagon Centre on 9 February 2005 (Wednesday).
4.3 Sheffield Chinese Christian Church – fine with Octagon Centre.
4.4 Lai Yin Association mentioned that not all of their Management Committee will be able to attend on the day, but all the preparation work will be done and work allocated to other members.
4.5 CSSA – fine with Octagon Centre
4.6 Sheffield & District Chinese Association mentioned that their time and resources will be limited due to school term time in addition to preparation for the Chinese School Celebrations – but stated that Octagon Centre is the most reasonable option, and that they will be happy support the show with their available capacity.
4.7 Sheffield Chinese Community Centre – fine with Octagon Centre.
4.8 The Committee agreed that we should book Octagon Centre. Sarah to follow-up.
4.9 Sarah to obtain sight/floor plan from Octagon Centre for the Committee.
4.10 Sarah to enquire about facilities – insurance, parking, bar, canteen, changing rooms etc.
4.11 Sarah to arrange a date for the Committee to visit venue.

资料来源：谢菲尔德华人社区中心

附录 11　1995 年指南(一页)

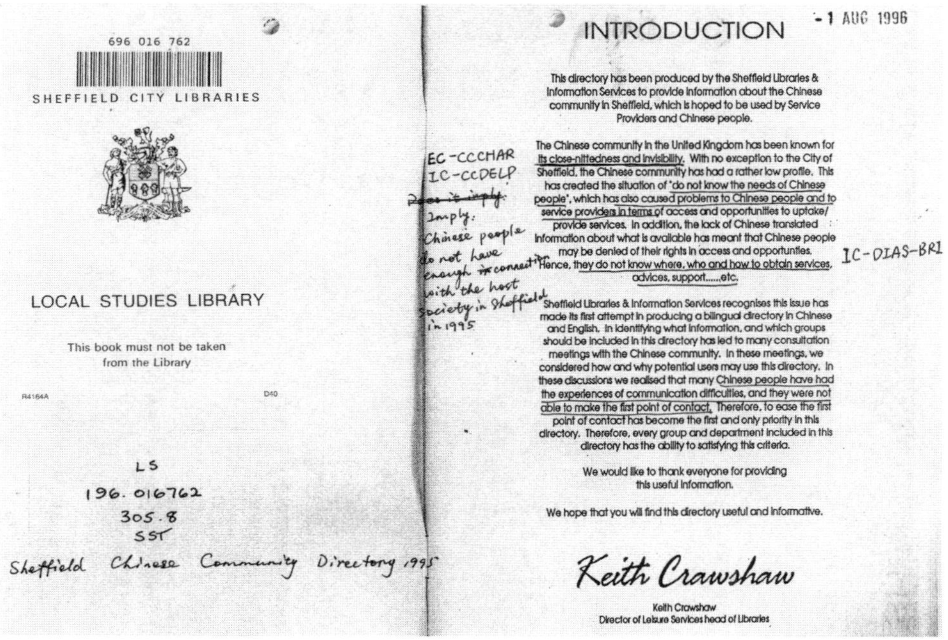

696 016 762

SHEFFIELD CITY LIBRARIES

LOCAL STUDIES LIBRARY

This book must not be taken from the Library

R4164A　　D40

LS
196. 016762
305.8
SST

Sheffield Chinese Community Directory 1995

EC-CCCHAR
IC-CCDELP
Imply:
Chinese people do not have enough connection with the host society in Sheffield in 1995

INTRODUCTION

-1 AUG 1996

This directory has been produced by the Sheffield Libraries & Information Services to provide information about the Chinese community in Sheffield, which is hoped to be used by Service Providers and Chinese people.

The Chinese community in the United Kingdom has been known for its close-nittedness and invisibility. With no exception to the City of Sheffield, the Chinese community has had a rather low profile. This has created the situation of "do not know the needs of Chinese people", which has also caused problems to Chinese people and to service providers in terms of access and opportunities to uptake/provide services. In addition, the lack of Chinese translated information about what is available has meant that Chinese people may be denied of their rights in access and opportunties. Hence, they do not know where, who and how to obtain services, advices, support......etc.

IC-DIAS-BR1

Sheffield Libraries & Information Services recognises this issue has made its first attempt in producing a bilingual directory in Chinese and English. In identifying what information, and which groups should be included in this directory has led to many consultation meetings with the Chinese community. In these meetings, we considered how and why potential users may use this directory. In these discussions we realised that many Chinese people have had the experiences of communication difficulties, and they were not able to make the first point of contact. Therefore, to ease the first point of contact has become the first and only priority in this directory. Therefore, every group and department included in this directory has the ability to satisfying this criteria.

We would like to thank everyone for providing this useful information.

We hope that you will find this directory useful and informative.

Keith Crawshaw

Keith Crawshaw
Director of Leisure Services head of Libraries

资料来源：Shum（2006）

附录 12 谢菲尔德华人社群调查(首两页)

THE SHEFFIELD CHINESE COMMUNITY

雪埠華人社區

明白你的所需

Understanding Your Needs

by

Sarah Ng

吳廖麗萍

November 1995

CONTENTS

资料来源：Ng(1995)

附录 13　谢菲尔德使用普通话的华人群体调查(首两页)

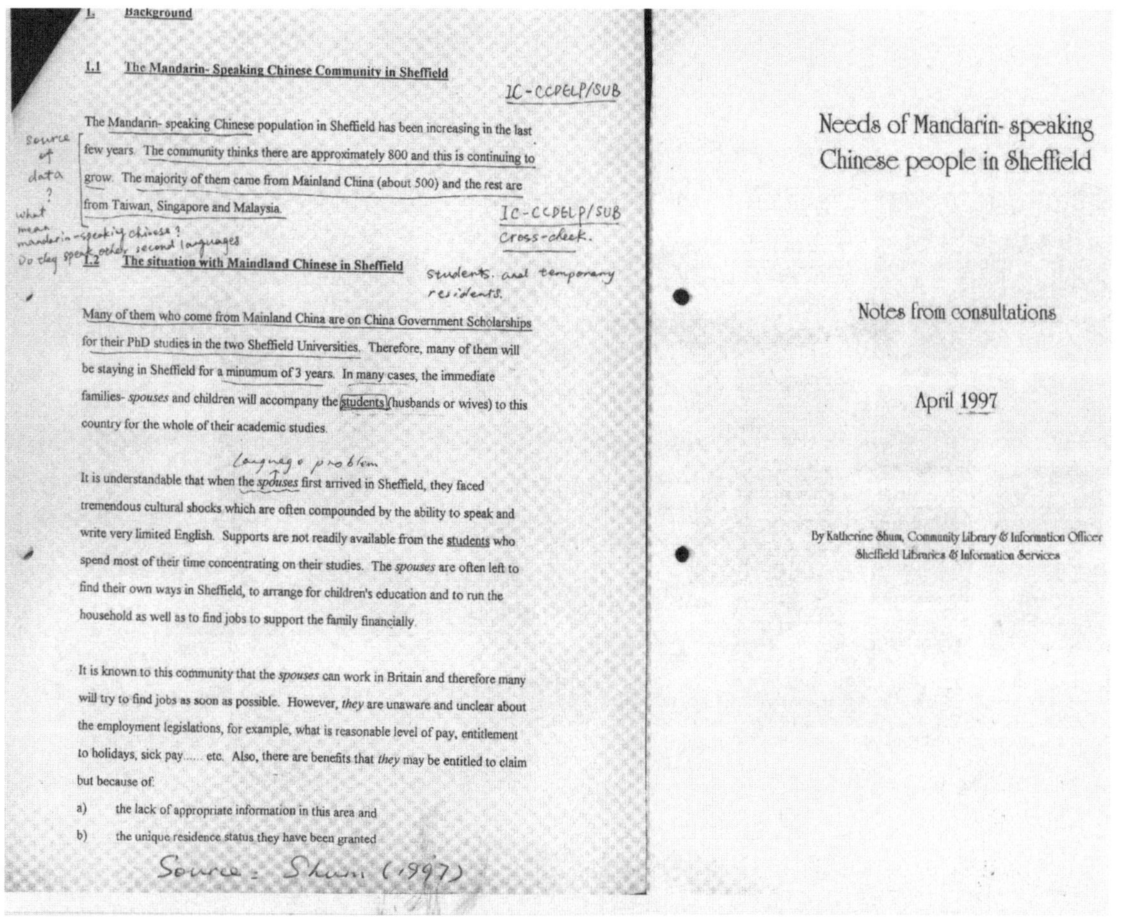

Needs of Mandarin- speaking Chinese people in Sheffield

Notes from consultations

April 1997

By Katherine Shum, Community Library & Information Officer
Sheffield Libraries & Information Services

1. Background

1.1 The Mandarin- Speaking Chinese Community in Sheffield

The Mandarin- speaking Chinese population in Sheffield has been increasing in the last few years. The community thinks there are approximately 800 and this is continuing to grow. The majority of them came from Mainland China (about 500) and the rest are from Taiwan, Singapore and Malaysia.

1.2 The situation with Maindland Chinese in Sheffield

Many of them who come from Mainland China are on China Government Scholarships for their PhD studies in the two Sheffield Universities. Therefore, many of them will be staying in Sheffield for a minumum of 3 years. In many cases, the immediate families- *spouses* and children will accompany the students (husbands or wives) to this country for the whole of their academic studies.

It is understandable that when the *spouses* first arrived in Sheffield, they faced tremendous cultural shocks which are often compounded by the ability to speak and write very limited English. Supports are not readily available from the students who spend most of their time concentrating on their studies. The *spouses* are often left to find their own ways in Sheffield, to arrange for children's education and to run the household as well as to find jobs to support the family financially.

It is known to this community that the *spouses* can work in Britain and therefore many will try to find jobs as soon as possible. However, *they* are unaware and unclear about the employment legislations, for example, what is reasonable level of pay, entitlement to holidays, sick pay...... etc. Also, there are benefits that *they* may be entitled to claim but because of:

a) the lack of appropriate information in this area and
b) the unique residence status they have been granted

资料来源：Shum (1997)

附录 14　谢菲尔德的旅英华人传记

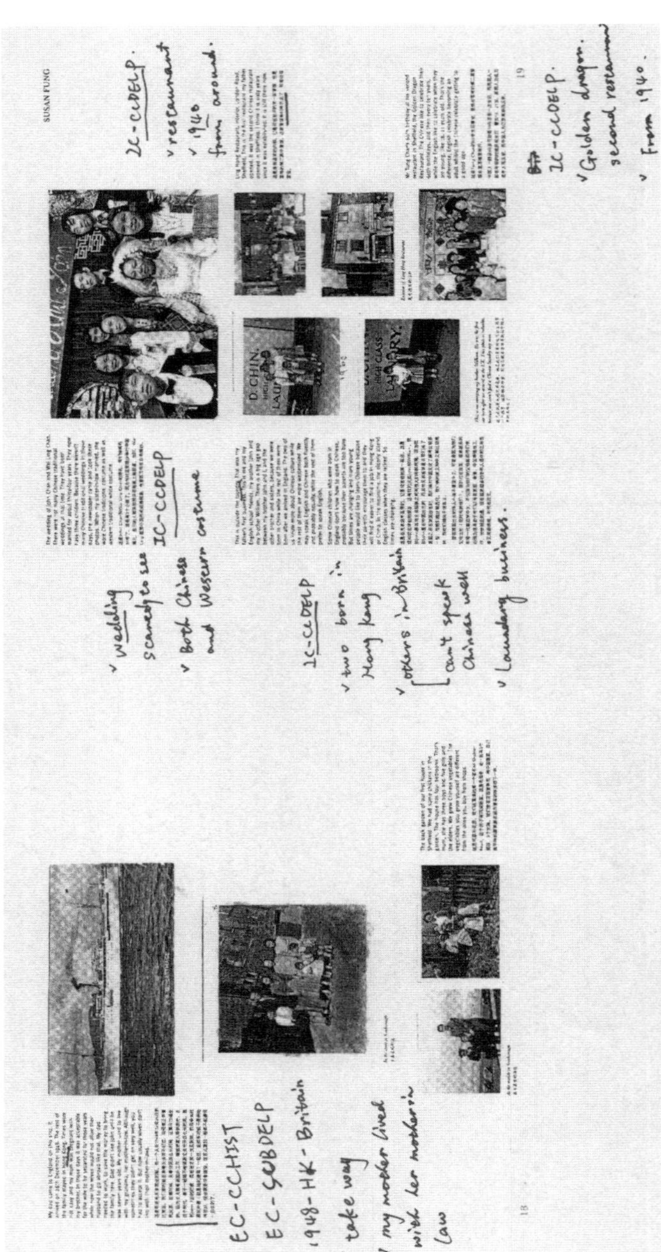

资料来源：Xie（2008）

附录 15　谢菲尔德励贤会的介绍

Introduction

The Association was established in 1986 by a small group of Chinese women volunteers. The name 'Lai Yin' literally means persistent, virtuous. The Association was set up to provide an opportunity for Chinese women, who were isolated within both their own and the host community, to come together and to gain mutual support.

Nowadays, the Association not only serves the Chinese community but also promote the benefit of people principally from ethnic minorities living in South Yorkshire. Membership has grown over the years to over 168. Funding to support some of these activities has come from Community Funding, Sheffield City Council and other local sources.

Aims

To promote the benefit of people principally from ethnic minorities living in South Yorkshire, without distinction of sexual orientation, race or of political, religious other opinions, by associating together the said inhabitants and the local authorities, voluntary and interests of social welfare for recreation and other leisure time occupation with the object of improving the conditions of life for the said inhabitants.

Lai Yin Activities

Culture & Leisure Activities and Trips

We run occasional activities such as Chinese New Year Celebration, Mid-autumn Festival gathering and etc During summer holidays, we also organize trips for families.

Walk-in Services

We provide high quality of translation and public service interpreting in Cantonese, Mandarin, and English. Also help with access to social, welfare and health matters.

Talks and Courses

Information talks focus around specific topics, such as Welfare Talk, Health Talk, DIY Demonstration; we also provide health classes and interesting classes, such as Yoga, Tai Chi, English Conversation Class, Mandarin Class and Bakery Class.

Library Service

There is a range of Chinese and English books for adults and children. They are free of charge for our members to borrow up to 5 books at a time.

勵志力行　賢慧共勉

勵賢會

Lai Yin Association

Registered Charity Number: 1085801

资料来源：谢菲尔德市博物馆

附录 16 谢菲尔德华人社群概况

Meridien pure

2 DEMOGRAPHY AND TRENDS

EC-CCHIST The first settlement of Chinese people in England dates from the early 19th century, in port towns such as London (particularly the Limehouse area) and Liverpool.

EC-CCHIST EC-SUBDELP The biggest wave of Chinese immigration took place in the 1950s and 1960s, mainly of male agricultural workers from the New Territories in Hong Kong and indirectly via Hong Kong the surrounding Guangdong province, in response to the rise in popularity of Chinese cuisine in the UK which led to the growth of the Chinese catering industry. This led to the formation of "Chinatown" areas in several major British cities (though not Sheffield) where restaurants became the focal points of the larger settled communities.

EC-SUBDELP More recently, there has been an increase in illegal economic migrants from mainland China entering the UK, who pay "snakeheads" to smuggle them into Western countries. Most work in the black economy. Due to historical and social reasons, a sizeable proportion originates from Fujian province.

IC-SUBDELP IC-CCPGLP (demographics) The 'Chinese' community in Sheffield has is origins in Hong Kong rather than mainland China and is well established but small compared to those found in other English cities. The 2001 Census states there are just over 2200 Chinese residents in the city. The LEA data on the ethnicity of schoolchildren (Years 1-11) indicates that there were 222 children of Chinese ethnicity, an unusually low figure in relation to population size. The birth rate for this group is just 8.6/1000 population one of the lowest rates of any ethnic group.

However, three-quarters of the community we surveyed on the doorstep had been Sheffield residents for fewer than five years.

Census 2001 identifies 3154 residents of Sheffield who were born in the Far East. Almost all, and perhaps all, of the small number - 174 - who were born in Japan will be ethnically Japanese, but the position with the other 2980 is more complex. They are analysed as follows:

IC-SUBDELP

Country of birth	Number	Percentage of Sheffield population
China	606	0.13%
Hong Kong	593	0.12%
Malaysia	715	0.14%
Singapore	237	0.05%
Other Far East (not Japan)	769	0.15%
Total	2,980	0.58%

2

资料来源：Meridien pure(2006)

附录 17　谢菲尔德华人社群的学术研究(两页)

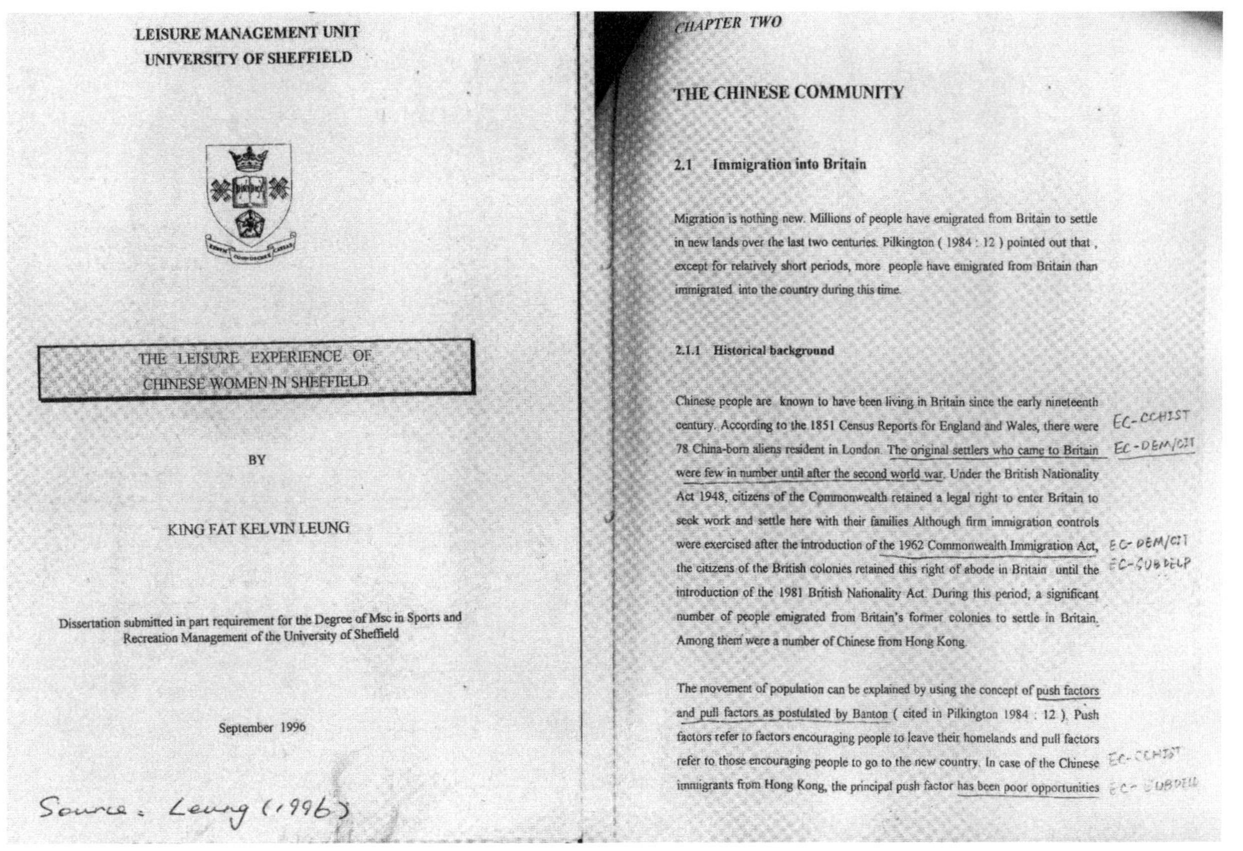

LEISURE MANAGEMENT UNIT
UNIVERSITY OF SHEFFIELD

THE LEISURE EXPERIENCE OF
CHINESE WOMEN IN SHEFFIELD

BY

KING FAT KELVIN LEUNG

Dissertation submitted in part requirement for the Degree of Msc in Sports and Recreation Management of the University of Sheffield

September 1996

Source: Leung (1996)

CHAPTER TWO

THE CHINESE COMMUNITY

2.1 Immigration into Britain

Migration is nothing new. Millions of people have emigrated from Britain to settle in new lands over the last two centuries. Pilkington (1984 : 12) pointed out that , except for relatively short periods, more people have emigrated from Britain than immigrated into the country during this time.

2.1.1 Historical background

Chinese people are known to have been living in Britain since the early nineteenth century. According to the 1851 Census Reports for England and Wales, there were 78 China-born aliens resident in London. The original settlers who came to Britain were few in number until after the second world war. Under the British Nationality Act 1948, citizens of the Commonwealth retained a legal right to enter Britain to seek work and settle here with their families Although firm immigration controls were exercised after the introduction of the 1962 Commonwealth Immigration Act, the citizens of the British colonies retained this right of abode in Britain until the introduction of the 1981 British Nationality Act. During this period, a significant number of people emigrated from Britain's former colonies to settle in Britain. Among them were a number of Chinese from Hong Kong.

The movement of population can be explained by using the concept of push factors and pull factors as postulated by Banton (cited in Pilkington 1984 : 12). Push factors refer to factors encouraging people to leave their homelands and pull factors refer to those encouraging people to go to the new country. In case of the Chinese immigrants from Hong Kong, the principal push factor has been poor opportunities

资料来源：Leung(1996)

附录 18　谢菲尔德孔子学院课程介绍

DISCOVER CHINA IN SHEFFIELD

Classes for Adults

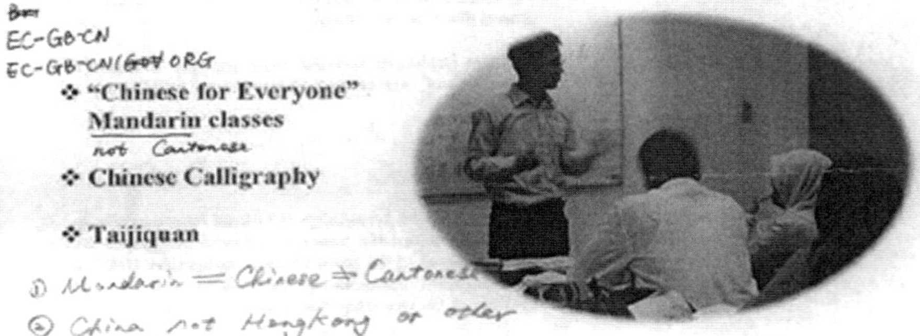

- **"Chinese for Everyone" Mandarin classes**
- **Chinese Calligraphy**
- **Taijiquan**

For more information, please contact:

Confucius Institute at the University of Sheffield
301 Glossop Road
Sheffield
S10 2HL

+44 (0) 114 222 8332

confucius@sheffield.ac.uk

附录 19　纽卡斯尔春节庆典手册

FUN FOR THE WHOLE FAMILY

from 11 am – 5pm

1 BATH LANE STAGE

A full programme of traditionalChinese entertainment, including:

- Circus Performance
- Dancing Drummers
- Traditional Chinese Dance
- Chinese Martial Arts
- Chinese Classical Music
- Modern Dance
- Chinese Pop Songs
- Peking Opera

Lucky money envelopes at 5 pm

1 BATH 街設有舞臺，舞臺上演出的娛樂節目包括：

- 雜技表演
- 鼓手舞蹈
- 傳統中國舞蹈
- 中國武術表演
- 中國古典樂器演奏
- 現代舞表演
- 中國流行歌曲演唱
- 京劇清唱

當日下午五點鐘，給在場觀看演出的兒童發放新年紅包。

资料来源：纽卡斯尔东北社团（2009 年 3 月 1 日造访）

附录 20　有关纽卡斯尔春节庆典的一篇媒体报道(2009 年)

www.chroniclelive.co.uk

EVENING CHRONICLE, Thursday, February 5, 2009

This Sunday, Newcastle's Chinatown will come alive to mark the Chinese New Year. **JOANNE BUTCHER** takes a look at the festivities planned to bring in the Year of the Ox

Scene is set for colourful start to year

THIS weekend dragons, lions and unicorns will burst on to the streets of Newcastle when the Chinese New Year celebrations kick off in style.

Crowds are expected to line the streets for a parade of colour and music as Newcastle's Chinatown welcomes the Year of the Ox.

Restaurants and shops on Stowell Street, at the centre of Chinatown, are already decked out with lanterns and decorations ready for the festivities.

On Sunday, traditional dragon, lion and unicorn dancers will make their way through the streets, against a soundtrack of firecrackers, to banish evil spirits and make way for good fortune and prosperity.

The annual spectacular marks the most important celebration for Chinese people all over the world. China has an awe-inspiring history of 5,000 years and the Chinese take pride in their cultural heritage.

Tom He, who works at Lau's Buffet King on Stowell Street, Newcastle, is busy with preparations for the weekend.

He explained: "New Year is the biggest day of the year for Chinese people – it is like Christmas.

"Everybody, wherever they are and whatever they are doing, will stop and go home to their families for the celebrations.

"It will also be our busiest day of the year in the restaurant. We are almost fully booked so we'll be working when everyone is partying.

"The lion dancers will come into the restaurant to bring good luck for the beginning of the new year. Everyone is really excited."

Michael Chan, manager of the New Royal Circle restaurant, also on Stowell Street, agreed. "It's going to be a very busy day," he said.

"All of our regular customers book tables. People who have been before come back year after year. They enjoy the atmosphere."

Every year, the Chinese Festivity Group organises the spectacular celebrations, bringing together families from throughout the North East to celebrate Chinese culture in a day packed with entertainment, arts, crafts and delicious Chinese food.

Florence Qiu, chair of the Chinese Festivity Group, said: "Chinese New Year is a celebration of revival, regeneration and revitalisation.

"Each year we look forward to this celebration of Chinese culture where East meets West and hundreds of families enjoy a great day out at this colourful event. We are very grateful to all of our supporters who make it possible for this event to grow in stature every year."

The Chinese Lunar Calendar follows 12 years, each named after an animal - the rat, ox, tiger, hare, dragon, snake, horse, ram, monkey, rooster, dog and pig.

2009 celebrates the Year of the Ox, and those born under this sign are said to be stable, persevering, tolerant and of strong character. Famous Oxen include film producer Walt Disney, singer Bruce Springsteen, actors Eddie Murphy, Meryl Streep, Robert Redford, Jane Fonda and Jack Nicholson.

What's on

CHINESE CEREMONIAL ARCH, Stowell Street: Dragon, lion and unicorn dances throughout Chinatown begin at noon.

BATH LANE STAGE: A full programme of traditional Chinese entertainment, including: circus performance, dancing drummers, martial arts, modern dance and lucky money envelopes at 4pm.

BATH LANE: Craft and food stalls.

STOWELL STREET: Chinese restaurants (early booking advised): North East Chinese Association: Exhibition of Chinese costumes, demonstration of traditional Chinese brush-painting and calligraphy and Chinese food.

WATERLOO STREET: Arts and crafts stalls: Chinese Centre, Waterloo Street: Making Chinese New Year cards, refreshments.

CHARLOTTE SQUARE: Children's Marquee: Lantern making, paper cutting, face painting and creating Chinese masks.

SPECTACULAR: The annual celebrations, including the ever-popular dragon dance, always draw huge crowds.

资料来源:Butcher (2009)

附录 21　纽卡斯尔春节庆典的基金申请(2005 年)

CIG　　22/03/2009

Newcastle City Council

5.1(a)

West Gosforth Ward Sub Committee

At the meeting of West Gosforth Ward Sub Committee on 16th November 2004 a set of strategic aims and objectives for grant aid from the Sub Committee was adopted by the Sub Committee. Those aims and objectives were in addition to the usual grant aid conditions that apply to those making an application to a ward sub committee.

It was agreed at the meeting that any subsequent application to West Gosforth Ward sub committee would be considered as to whether the application met these aims and objectives.

It is felt that the grant application from

Chinese Festivity Group

For

Chinese New Year Celebrations

Meets the following aims and objectives agreed upon by the West Gosforth Ward Sub Committee:

- ☑ Social inclusion　　MR-COM.
- ☑ Promoting community cohesion
- ☑ Capacity building initiatives
- ☐ Developing community resources
- ☐ Improving the image of the area
- ☑ Providing opportunities for all residents of the ward
- ☑ Promoting and celebrating diversity

> why not choose these two?

资料来源:纽卡斯尔东北社团(2009 年 3 月 1 日造访)

附录 22　诺丁汉春节庆典合作合同(2008 年)

① How to share tasks, expense, profitss... are clearly written in this contract.

② very commercialised.

Nottingham

OP-WP contract 唯 unique

2008 春晚合作协议书

甲方：诺丁汉中国学生学者联合会

乙方：瑞讯科技有限公司

为保证 2008 全英春节元宵晚会顺利开展，诺丁汉学联与瑞讯科技达成合作关系，经过双方协商同意，取得如下共识：

1. 晚会名称：全英春节元宵晚会暨中英科技创业大赛初赛典礼。
2. 本次晚会，由诺丁汉中国学联主办，瑞讯科技承办。
3. Royal Theater 场地费用由甲方与乙方各承担 50%。
4. 所有门票中，设立 200 张 VIP 票，由甲方乙方共同协商安排分配。
5. 所有门票中，设立 200 张演员及工作人员席位（位置主要安排在双侧看台），由甲方乙方共同协商安排分配。
6. 所有门票中，设立 600 张学生票（位置统一安排在第三层看台），价格由甲方决定，票款所得全部归属甲方。
7. 所有门票中，设立 1300 张普通门票，价格由乙方决定，票款收入中 80%归乙方，20%归甲方。
8. 乙方负责联系专业演出团体，提供 1 小时的高质量节目。甲方提供 1000 镑的演出费。甲方亦负责联系专业演出团体，提供 1 小时的高质量表演节目。另外安排 1 小时的学生表演节目，由甲乙双方共同把关，确保质量。
9. 所有的后勤工作均由甲方负责，并承担相应费用。
10. 甲乙双方共同负责晚会的宣传工作，具体分工为甲方负责学生学者方面的宣传，并负责印刷合作商家的宣传手册；乙方负责票务的商业宣传，商业宣传费用约 5000 镑由乙方负担。
11. 关于晚会的赞助分配：原则上，所有与甲方有过合作经历的商家均由甲方负责。具体分配上，甲方获取的归甲方支配，乙方所获取的归乙方支配。甲乙双方共同争取过来的款项，80%归甲方，20%归乙方。
12. 此合约作为甲乙双方今后合作的原则性条款，如遇具体事宜，双方协商解决。

opening ceremony of one technology competition

How to share expense?

OP-WP / DISTRIBUTION

OP-WP / NEGOTIATION

How to share profits?

OP-WP DISTRIBUTION

How to share profits

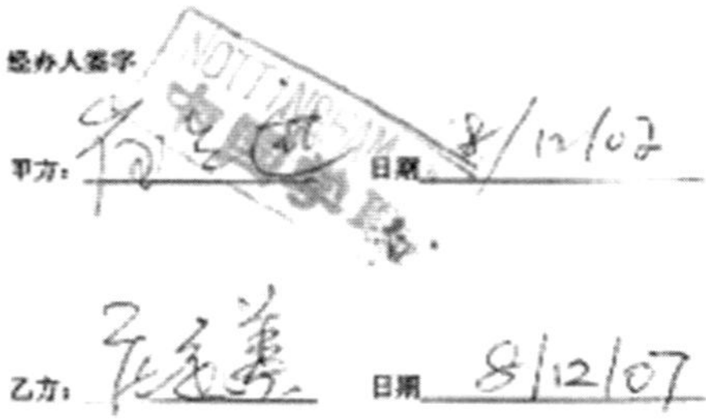

经办人签字

甲方：　　日期 8/12/07

乙方：　　日期 8/12/07

资料来源：诺丁汉迅疾旅行公司

附录 23　2009 年利物浦春节庆典的手册(一页)

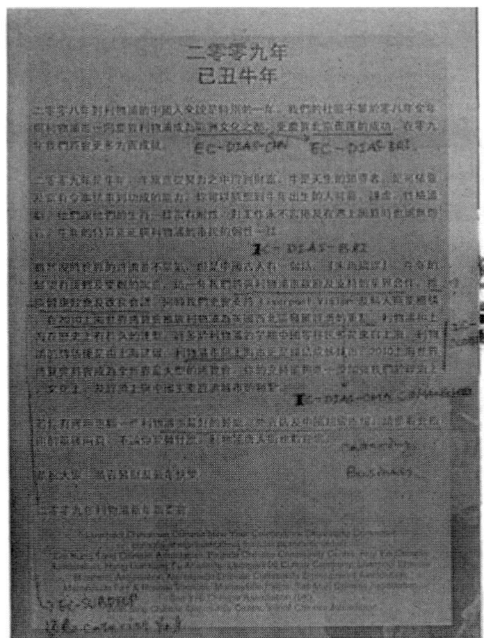
二零零九年
己丑牛年

Merseytravel
全體仝仁恭祝
大家農曆新年快樂

Helping you make the most of Public Transport

Merseytravel協助您充分享受使用公共交通

Merseytravel, through its Community Links Access Team works with communities on transport issues that affect their lives.

Merseytravel透過其社區連接服務小組幫助您的社區解決影響你生活的交通問題。

If you have a transport need you would like to discuss please contact us on 0151 330 1300.

资料来源：利物浦中国城

附录 24　2009 年曼彻斯特学生学者联合会春节庆典的节目单

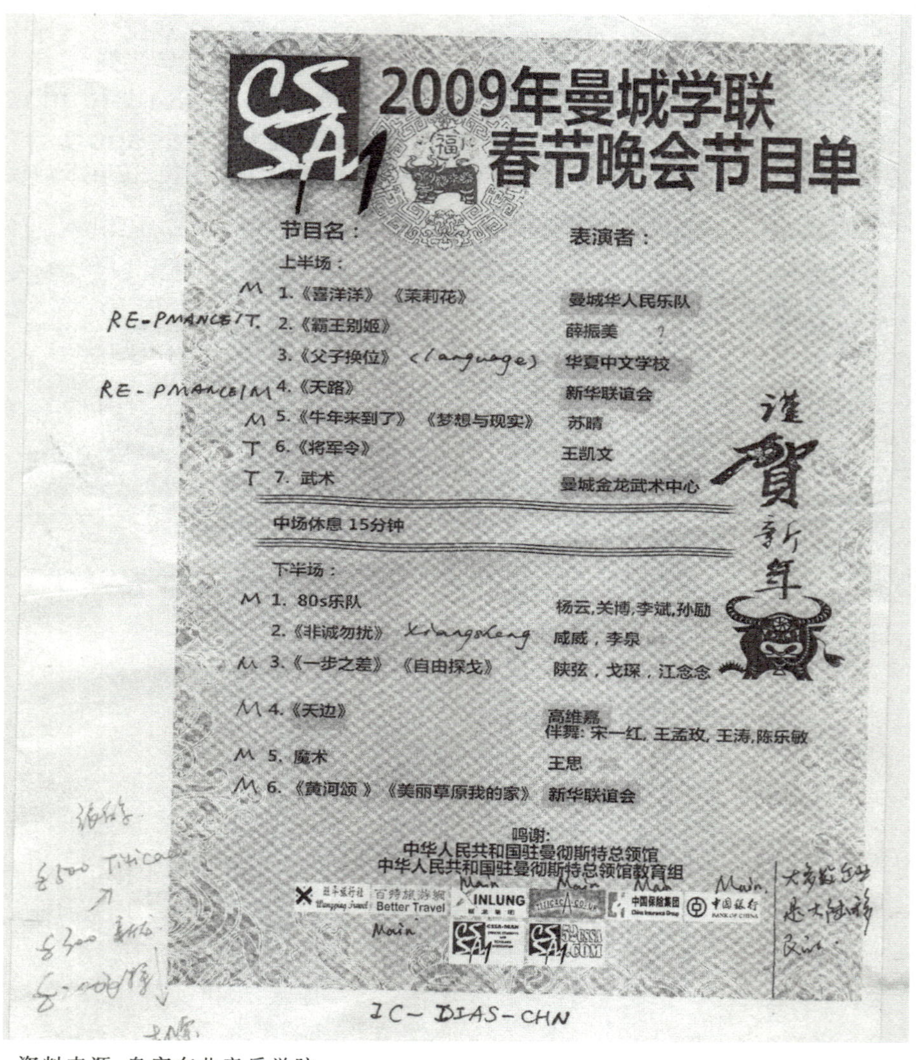
2009年曼城学联春节晚会节目单

节目名：　表演者：

上半场：

1.《喜洋洋》《茉莉花》　曼城华人民乐队
2.《霸王别姬》　薛振美
3.《父子换位》　华夏中文学校
4.《天路》　新华联谊会
5.《牛年来到了》《梦想与现实》　苏晴
6.《将军令》　王凯文
7. 武术　曼城金龙武术中心

中场休息 15分钟

下半场：

1. 80s乐队　杨云,关博,李斌,孙励
2.《非诚勿扰》　咸威，李泉
3.《一步之差》《自由探戈》　陕弦，戈琛，江念念
4.《天边》　高维嘉
伴舞：宋一红, 王孟玫, 王涛, 陈乐敏
5. 魔术　王思
6.《黄河颂》《美丽草原我的家》　新华联谊会

谨贺新年

鸣谢：
中华人民共和国驻曼彻斯特总领馆
中华人民共和国驻曼彻斯特总领馆教育组

Better Travel
INLUNG
中国保险集团
中国银行

资料来源：皇家东北音乐学院

附录 25　2005 年谢菲尔德春节庆典的一篇媒体报道

P5 特别报道

深圳侨报

他们是春的使者

——深圳市罗湖文化艺术团2005年春节赴欧洲侨界慰问演出侧记

资料来源：Zhang et al.(2005)

附录 26　数据分析的一个例子:确定主题和关系(翻译自英文)

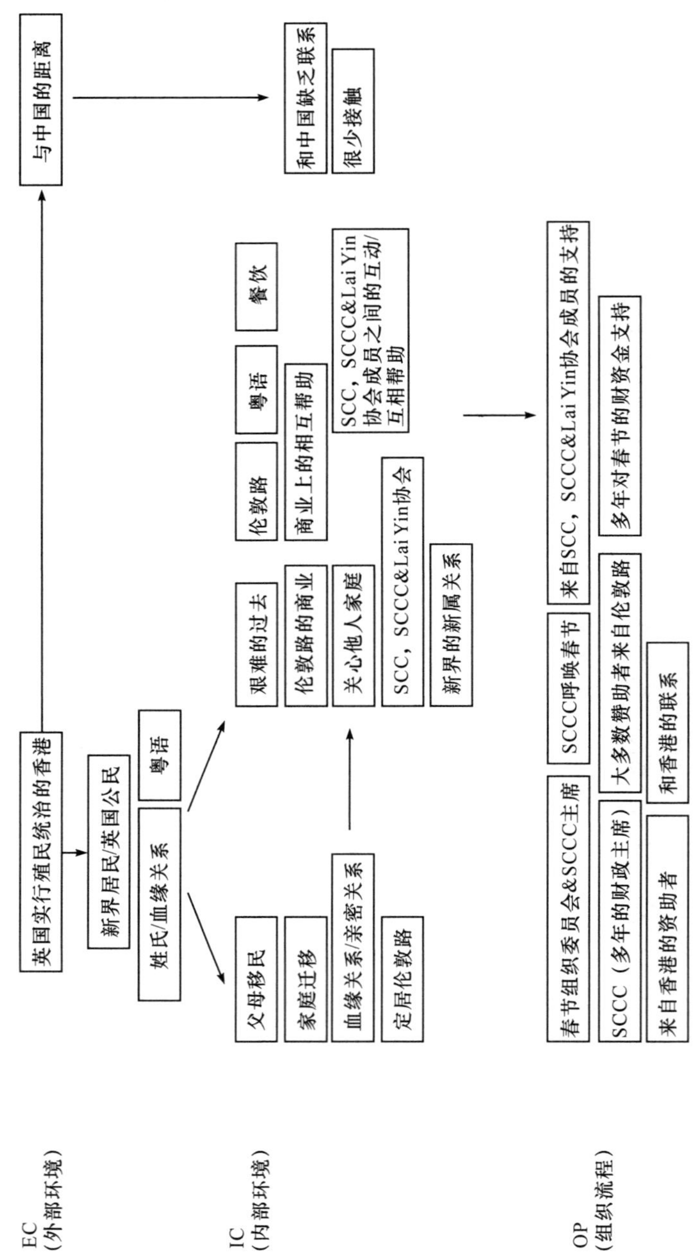

附录 27　一封感谢信

Halliwells

Halliwells LLP
City Place
Pinfold Street
Sheffield S1 2GU

Tel: +44 (0)870 365 8000
Fax: +44 (0)870 365 8001
DX 10525 Sheffield
www.halliwells.com

11th February 2005

感谢信

Mr Jerry Cheung
12 Hillcote Close
Fulwood
SHEFFIELD
South Yorkshire　S10 3PT

Our ref: SCL/CBL/Chinese New Year
Your ref:

directly to Jerry

Dear Jerry,

I wanted to drop you a line to say an enormous thank you for organising the performance by the Chengdu team on Tuesday. They were all spectacular and really crowned the event for us. We have had fantastic feedback with regard to the performances, from all who attended.

We were delighted to be able to welcome Mei Lin and yourself to enjoy the event with us. I think we have agreed to get together in the near future for dinner. Just let us know some dates?

Personal activity

Whilst writing, both Beverley and I would also like to thank you for the kind invitation to join you the evening before at the City Hall. We both enjoyed the evening immensely and were very honoured to be invited.

Best wishes for the New Year

Yours sincerely,

Suzanne Liversidge
Partner
Halliwells LLP

Direct Tel: +44 (0)870 365 9000
Direct Fax: +44 (0)870 365 9001
Suzanne.liversidge@halliwells.com

① EC-DIAS-BRI

② personal interacti[on] between Jerry and British people

资料来源：私人收藏

索　引